Passage des émigrants

W0218091

DU MÊME AUTEUR

CHEZ LE MÊME ÉDITEUR

Fins de journées

Partage de la soif

Les Passants

AUX ÉDITIONS GALLIMARD

La Terre et la Guerre

La Confession d'hiver

Les Mouettes sur la Saône

À LA MAISON DU LIVRE DE PÉROUGES

Rurales
avec des illustrations
de Jacques Truphémus

AUX ÉDITIONS LE TEMPS QU'IL FAIT

Élisa

Jacques Chauviré

Passage des émigrants

le dilettante
9-11, rue du Champ-de-l'Alouette
Paris 13e

© le dilettante, 2003.
ISBN 2-84263-080-7

PREMIÈRE PARTIE

CE FUT PAR UNE MATINÉE de fin d'automne que Maria et Joseph Montagard arrivèrent au Hardouin.

Joseph Montagard s'était assez bien remis de cette fièvre inexpliquée qui l'avait retenu à l'hôpital pendant les mois de juillet et d'août. On s'était d'abord penché sur son cas avec intérêt puis comme les médecins ne parvenaient pas à établir un diagnostic précis on l'avait peu à peu abandonné.

Il estimait pourtant avoir été bien soigné. On n'avait reculé devant aucun examen : prises de sang, radiographies, ponctions de la moelle des os, du foie, de la rate. C'était tout de même trop et, à la fin, la multiplicité de ces recherches avait paru à Montagard non seulement douloureuse mais superflue.

Au début d'août, le service de médecine s'était vidé. On avait fermé des chambres. Seuls quelques malades étaient demeurés. La plupart des médecins et des infirmières étaient partis en vacances. C'est alors que la fièvre avait quitté Montagard sans que personne ne sût pourquoi.

Lorsque le personnel était revenu, cette guérison avait suscité quelque surprise et un bref regain d'intérêt. Une flambée ! Puisque Montagard n'avait plus de fièvre, l'interne n'avait songé qu'à son départ. Il n'était pas sain de vivre sans comprendre. Et d'autres malades attendaient.

Durant son séjour à l'hôpital, sa femme, Maria, était venue lui rendre visite une fois par semaine. Il aurait aimé qu'elle vînt plus souvent. Mais de Relevant jusqu'à la ville, en passant par Châtillon, les communications étaient rares et incommodes.

Maria lui apportait des nouvelles du village et de la maison. Elle disait qu'il quitterait bientôt l'hôpital et qu'ils reprendraient leur vie commune à Relevant.

– Tu verras comme nous serons bien ensemble, ajoutait-elle. Il ne faudra pas te fatiguer. Je te soignerai et tu pourras te reposer sur moi.

Montagard n'avait jamais douté du dévouement de sa femme et il était confiant en contemplant son visage au profil régulier et aux traits fins. Elle avait été brune. L'âge ne l'avait pas alourdie. Au contraire, au fil des ans elle s'était amenuisée mais non flétrie. Ses membres étaient maigres, ses mains sèches. On eût dit que malgré son ossature frêle, elle puisait sa vivacité dans l'aridité de son corps.

Un jour, leur fils et leur belle-fille étaient apparus. Ils se rendaient en vacances au Maroc, sur une plage. Joseph Montagard n'avait pas très bien compris car il avait l'esprit simple. Lorsqu'on habite à côté de l'océan, on ne devrait pas traverser tant de pays pour le rencontrer.

– Tu comprends, lui avait dit son fils, nous cherchons le soleil.

– Pas possible !

Lui, il n'avait jamais songé à quitter sa maison. Le soleil, il le trouvait dans son jardin ou dans les champs. Pas tous les jours, mais l'alternance du beau et du mauvais temps possédait tout de même son charme.

Et c'étaient eux qui avaient insisté pour qu'il ne rentrât pas chez lui. Son fils connaissait, à côté de Beaulieu, dans l'ouest, une maison de retraite confortable et tranquille. Il serait sage d'y passer au moins l'hiver.

– Votre mère n'y consentira jamais, avait-il répliqué.

– Je lui en ai parlé. Elle n'y est pas hostile. Elle s'y trouvera plus en sécurité.

Montagard était resté songeur. Sa femme était-elle inquiète ?

– Il faut comprendre que, à vos âges, la solitude en hiver n'est pas souhaitable, surtout après cette alerte.

Des malades se promenaient à pas lents dans les allées de l'hôpital. Montagard réfléchissait.

– Si vous redoutez quoi que ce soit il faut m'en avertir. À soixante-dix ans, j'estime avoir fait mon temps.

– Nous ne songeons qu'à votre bien-être.

– J'ai toujours eu la plus grande confiance en ta mère. Je la suivrai où qu'elle aille. Elle ne prend aucune décision à la légère.

Jean, son fils, paraissait s'intéresser à leur sort. Il en était touché bien qu'il ne pût s'affranchir d'une certaine méfiance. Jean lui avait même proposé de s'occuper des formalités d'admission.

– Mon métier, mes occupations ne me permettent pas de me rapprocher de vous. Ne trouves-tu pas normal alors que vous songiez à vous déplacer vous-mêmes ?

– Tu as peut-être raison si ta mère partage cette opinion.

Il s'était assis sur son lit et son regard s'était perdu dans le vague :

– Ce qui m'importe, avait-il repris, à voix basse, c'est de ne pas perdre ta mère. Je n'ai jamais eu d'autre sécurité que sa présence. J'ai songé parfois qu'elle pourrait disparaître avant moi et cette pensée m'a toujours été insupportable. Je voudrais tout de même attendre…

L'avenir que lui proposait son fils ne l'enchantait guère.

Il redoutait de perdre sa liberté. Et puis, Beaulieu, Saint-Macroix, Le Hardouin, c'était loin ! Saint-Pierre-en-Sauveterre, un drôle de nom !

– Seulement, voilà, il y a les bêtes ! s'était-il exclamé.

– Vous n'allez tout de même pas vous gêner pour quelques lapins ou quelques poules !

Sa main paysanne s'abattit sur le lit :

– Oh ! je sais bien que tout te paraît simple. Pas à moi ! Saint-Pierre-en-Sauveterre ! avait-il répété en souriant.

Après tout, il connaissait Saint-Maurice-l'Exil, Saint-Nizier-le-Désert et ces villages n'étaient pas plus abandonnés que d'autres ! L'océan, pourquoi pas ? On disait que le climat de ses bords était vivifiant et il manquait singulièrement de force.

Ils réfléchiraient.

Lorsque Maria était revenue fidèlement le voir, il lui avait seulement reproché de lui avoir caché ses intentions. Elle l'avait embrassé et tout avait été décidé entre eux très vite. Il consentirait désormais à ce voyage et il était presque heureux de partir pour cette aventure en compagnie de sa femme.

Ils conserveraient la maison de Relevant et les trois hectares de bois, de prés et ce petit étang qu'ils possédaient sur cette commune. Hérités pour une faible part, acquis non par souci de richesse mais par goût de la terre et désir d'arrondir quelque peu leur domaine.

Leur fils, ils ne le connaissaient guère. Il avait fait de bonnes études. À seize ans, il avait commencé à préparer des concours. Il avait réussi. Ainsi, du moins, l'entendait Maria qui avait couvé cet oiseau étrange. Lui, il était demeuré plus réservé et il s'était trouvé assez vite indifférent à l'égard de ce garçon qu'on ne voyait revenir que pour flâner pendant les vacances.

Officier pendant son service militaire puis ingénieur dans une usine de Beaulieu, un mariage avec une femme qui n'appartenait pas à leur milieu social. La réussite, c'était ça ! Il en doutait. Sa réussite à lui était plutôt la fidélité à la terre et à sa femme. Il estimait les deux sentiments inséparables. Et pourtant, il avait trahi la terre ! Puisqu'il avait travaillé plus de trente-cinq ans à l'usine de Châtillon où il était devenu contremaître, le chef du service d'entretien. Ce qui veut tout et rien dire si ce n'est qu'on est jugé honnête, habile à accomplir des tâches diverses et prêt à se dévouer.

Sa trahison n'allait pas sans remords. Il avait été l'un des premiers à pressentir l'évolution qu'avaient dû suivre plus tard beaucoup de petits cultivateurs de son pays. Malgré tout, il était demeuré paysan. Autrefois, il avait encore aidé aux moissons et aux battages. Désormais quelques machines suffisaient à accomplir ces travaux.

Restaient le jardin potager, la basse-cour, une vigne. Sa femme et lui s'en occupaient encore.

Ils avaient tout abandonné.

Ils se trouvaient maintenant assis dans le hall d'accueil d'un hospice. Leurs valises étaient posées à côté d'eux. Maria, fatiguée par le voyage, s'était endormie sur sa chaise. Ils attendaient.

Lorsque Joseph tournait la tête, il apercevait un estuaire dont les rives et les eaux se perdaient dans le lointain. De temps en temps, il consultait sa montre à son poignet.

En entrant, Montagard et sa femme n'avaient aperçu qu'une employée assise auprès du standard téléphonique et il s'était présenté avec le plus de simplicité possible.

– Nous sommes attendus à la Résidence des Cèdres où une chambre nous a été réservée par notre fils.

– Un instant, avait répondu la téléphoniste. Vous êtes épuisés, je le vois. Vous avez mal choisi votre heure pour arriver.

– Notre fils nous avait promis de nous attendre à la gare. Un contretemps a dû l'en empêcher. Nous étions un peu perdus.

Sa femme et lui s'étaient sagement assis.

L'employée jetait de temps en temps un coup d'œil sur la pendule murale. Sur une longue banque étaient posés des dossiers.

– Mes collègues de la réception ne reprennent leur service qu'à quatorze heures. Il vous reste vingt-cinq minutes à attendre.

Maria n'avait pu résister au sommeil. Joseph en était attendri. D'une humeur plus inquiète, il admirait le caractère de sa femme qui s'adaptait à toutes les circonstances. De patience, Montagard n'en manquait pas. Mais tout de même ! Traverser le pays d'est en ouest pour venir jusque-là.

Tout s'était bien passé pendant la nuit précédente malgré les nombreux changements de trains auxquels sa femme et lui avaient dû se soumettre. Tandis que Maria tricotait dans le compartiment, il avait au hasard des rencontres lié conversation avec des paysans, des voyageurs de commerce, des matelots. Il avait même offert une cigarette à l'un de ses compagnons et tous deux avaient gagné le couloir pour bavarder. Des pays traversés, il n'avait guère aperçu que la nuit profonde et noire. De temps en temps se dessinaient les contours d'une ferme. Des troupeaux paissaient dans les prés. Les eaux d'une rivière scintillaient entre des peupliers. Mais ni ses compagnons ni lui ne connaissaient le nom de cette rivière.

Les choses avaient commencé à se gâter lorsqu'ils avaient dû attendre une correspondance sur le quai désert d'une gare. Des convois manœuvraient sur une voie de garage dont les rails luisaient. Un falot se balançait là-bas dans la nuit. Un halo de lumière flottait autour des lampes. Sa femme s'était plainte de l'humidité. Il s'était informé auprès d'un employé :

– La correspondance pour Beaulieu ?

– Quelle correspondance ? avait répliqué l'autre en relevant d'un coup sa sacoche de cuir dont la courroie marquait son épaule. Il n'y a pas de train dans cette direction. Du moins depuis hier. Le service d'hiver a été rétabli. Vous pourriez passer par… À midi, vous seriez rendu.

Montagard n'avait pas attaché d'importance au nom de cette petite ville dont d'ailleurs il ne se souvenait plus. L'employé avait paru plein de bonne volonté.

Montagard avait seulement balbutié :

– Si j'avais su !

– Si vous aviez su quoi ?

Il avait avoué qu'il s'était embarqué sans renseignements suffisants. L'employé avait paru satisfait de cette réponse et s'était éloigné.

– J'aurais dû consulter avec plus d'attention les horaires.

– Ne t'inquiète pas, lui avait dit Maria. Je suis avec toi.

Il était vrai que le monde ne lui semblait pas hostile. Montagard l'avait toujours considéré avec bienveillance à condition que sa femme fût auprès de lui. Ils avaient si peu voyagé au cours de leur vie que leur appréhension était compréhensible. Il essayait parfois de se morigéner. Que pouvait-il opposer contre cette anxiété qui le gagnait parfois comme elle envahissait sans doute tout être à certains moments de la vie.

L'aube paraissait. Un réconfort. Elle avait commencé à poindre lorsqu'ils se trouvaient dans l'autorail qui les conduisait à Cissey. Montagard et sa femme avaient découvert une campagne plate où les prairies étaient cernées de haies. Ils avaient aperçu quelques maisons basses aux murs de briques, aux toits indistincts et des cours de fermes abandonnées.

Bientôt étaient apparues des touffes d'ajonc. Tous deux, à leur place, se laissaient bercer par le balancement de l'autorail. Seuls, quelques voyageurs demeuraient dans la voiture. Montagard s'était informé auprès de l'un d'entre eux, un vieux :

– À n'en pas douter, nous avons emprunté une ligne secondaire, avait-il dit.

– Elle disparaîtra bientôt comme tant d'autres, avait répliqué le vieux.

Et celui-ci avait ajouté avec un sourire édenté :

– Nous arriverons dans une demi-heure à Cissey. Il n'y a pas grand monde par ici. Vous avez peut-être de la famille ? Vous êtes attendu à la gare, n'est-ce pas ?

– Certainement. Notre fils doit nous conduire, ma femme et moi, à Saint-Pierre-en-Sauveterre.

– C'est curieux. Il est rare que, à la fin de l'été... Je veux dire que le pays se dépeuple. Les gens de ces contrées partent pour les grandes villes. Ah ! l'été, c'est différent, pas tout à fait pareil ! Il y a l'océan. Pourtant on ne saurait affirmer que les plages soient connues par ici. Je fus instituteur dans ces pays. J'y suis demeuré attaché. Que voulez-vous, là ou ailleurs !

La brume, au lieu de se lever, stagnait maintenant au ras du sol. Pourtant une lumière délicate éclairait le ciel où le soleil commençait à poindre comme une pièce d'or nimbée dont les rayons cernaient les fuseaux des peupliers.

– La terre est pauvre ici, avait repris Montagard à mi-voix. Ce n'est qu'une constatation.

– C'est vrai, avait repris le vieil instituteur. Mais maintenant, riche ou pauvre, la terre est perdue.

Et il avait ajouté :

– Cissey, Saint-Pierre, Le Hardouin ! Après tout, d'autres y sont morts après y avoir vécu. La Maison de Retraite, l'Hospice…

Montagard s'était tourné vers sa femme. Une larme coula sur sa joue. Étaient-ce le froid, l'émotion qui piquaient ses yeux. Une seule larme. Plutôt le froid, la fatigue des paupières.

Il était revenu s'asseoir auprès de Maria. Elle lui paraissait triste. Elle lui avait souri :

– Je songeais seulement que j'avais oublié d'emporter le réveil.

Il avait maugréé :

– Passer l'hiver ici, j'y consens, mais ensuite ?

Son voisin lui avait frappé le bras. Deux coups secs comme pour le rappeler à l'ordre :

– Nous arrivons. Vous pouvez vous préparer à descendre.

Personne ne les attendait à la gare. Alors, ils s'étaient avancés sur la place presque déserte de ce bourg. Les maisons, les magasins leur avaient paru anciens ou plutôt prématurément vieillis.

Pourtant, là, la chance leur avait souri. Dans la mesure où l'on pouvait parler de chance lorsqu'on partait pour Saint-Pierre ou Le Hardouin. Le car qui assurait deux fois par jour la liaison entre Cissey et Saint-Pierre était sur le point de partir.

Dès lors le voyage avait été sans histoire. On avait atteint très vite la campagne. Le ciel était gris et déchiré par places d'un bleu très pâle. Par la fenêtre du car que le chauffeur avait laissé ouverte s'engouffrait un air léger chargé de senteurs que ni Montagard ni sa femme ne pouvaient définir parce qu'elles leur étaient inconnues. De part et d'autre de la route, les champs étaient couverts de cultures maraîchères : cardons, choux, poireaux, et çà et là quelques arpents de cultures florales décolorées en ce début d'automne. À l'horizon se dressaient des bosquets épars et sombres. Ces arbres pouvaient être des pins. Une odeur de résine flottait dans l'air légèrement humide. Le vent s'était levé. Il brossait le paysage plus par son insistance que par sa puissance. Son souffle continu inclinait doucement les cimes et, au ras du sol, les cultures.

Joseph avait posé sa main sur le bras de Maria, elle aussi attentive désormais.

– Drôle de pays !

L'étonnement avait encore grandi quand la couleur de la terre avait changé, d'abord bleutée sa teinte était devenue indécise, d'un jaune pâle poudré de gris et de rose. À nouveau, parmi les marais, se dressaient des ajoncs et des genêts. Pays désolé sans rien qui retienne l'attention si ce n'est la monotonie.

Et tout à coup, la silhouette d'un bourg carré s'était dessinée. On ne discernait que le clocher de son église. Le car s'était engagé sur une route en levée. Montagard s'était dressé un instant et avait découvert à l'extrémité de cette route une plaine immense et grise faiblement éclairée d'ourlets blancs : ce ne pouvait être que l'océan.

– Regarde, avait-il dit à Maria.

À droite, en contrebas, s'ouvrait la majesté d'un estuaire.

À peine avait-il reçu ce choc que le car s'était engagé sous la voûte d'un mur épais et avait débouché sur la place de Saint-Pierre. Elle aussi était entourée de magasins vétustes : une épicerie, une mercerie et un débit de boissons à l'enseigne du «Marronnier centenaire». L'église était là avec son porche roman, bien assise sur ses pierres grises. Au milieu de la place se dressaient une croix et un haut marronnier dont un banc de pierre polie cernait le tronc. Quelques vieillards, aux vêtements élimés, paraissaient y prendre quelque repos sous les feuilles jaunies.

– Un village mort, avait dit Joseph à sa femme.

– Je m'y attendais, avait-elle répondu.

Protégé par les murs, l'air était immobile. Montagard s'était assis sur sa valise et avait allumé une cigarette. Lorsqu'il avait porté cette cigarette à ses lèvres sèches, il s'était aperçu que ses doigts étaient imprégnés d'une saveur de sel.

Sa femme lui était alors apparue tout à coup timide, perdue.

– Allons, Maria, il faut marcher.

Il s'était emparé des deux valises après s'être renseigné. On lui avait désigné du doigt, au-delà d'un pont qui franchissait l'estuaire, un vaste bâtiment cubique et blanc, entouré de murs.

– Où se trouve la Résidence des Cèdres ?

L'homme avait paru soulagé qu'il apportât cette précision.

– Vous ne pouvez pas vous tromper. Empruntez la même route que pour vous rendre à l'hospice. La résidence se trouve à quelques centaines de mètres, à droite, avant d'y parvenir. Permettez-moi de me présenter : Kermadec. Je tiens le café « Au Marronnier centenaire ». Nous aurons très probablement l'occasion de nous revoir.

Une haleine alcoolisée était parvenue jusqu'à Montagard. L'homme paraissait aimable, de bonne volonté : la cinquantaine, le poil roux déjà grisonnant, un large tablier bleu.

Montagard s'était redressé et avait relevé le col de son imperméable. Il avait appelé sa femme et tous deux avaient pris la route. Il avait évalué qu'il leur restait un peu plus d'un kilomètre avant de toucher au but. Malgré la fatigue de la nuit ils avaient marché avec alacrité, heureux de retrouver un sol sur lequel ils pouvaient s'appuyer de tout leur poids. Joseph encourageait Maria à le suivre :

– Viens, viens, j'espère que nous serons heureux.

Le vent emportait ses paroles.

Parvenus au pont, ensemble, ils s'étaient accoudés au parapet. Au loin, des bancs de sable encombraient l'estuaire au-dessus duquel criaillaient de multiples oiseaux. Des eaux soudain ralenties s'élevait une buée. Au ras de l'horizon se mouvaient des formes changeantes et toujours renouvelées. Sur la droite et la gauche d'une plage, des dunes limitaient la vue. Les seuls repères auxquels pouvait s'accrocher leur regard étaient, au sud, le bourg de Saint-Pierre qu'ils venaient de quitter, au nord, une ligne de pins. Au nord ! On aurait dit plus volontiers au septentrion, il était impossible de juger d'une distance.

Montagard se souvenait qu'une sensation étrange l'avait alors envahi. Pour la première fois, il éprouvait le sentiment d'un dépaysement absolu. L'impression était à la fois inquiétante et vivifiante. Sa femme demeurait étonnée mais calme. Lui, il avait essayé de revenir sur cette nuit passée dans les trains et les gares, sur les incidents du voyage pour mieux se situer dans le temps et l'espace.

« Hier, cette nuit », se répétait-il en lui-même. Ces mots, les situations auxquelles ils se rapportaient n'avaient aucun sens et de l'espace qui s'ouvrait devant lui montait une sorte de vertige. Il était devenu soudain étranger à la terre qu'il foulait et ce qui s'offrait à sa pensée était l'idée de la fin d'un monde.

– Ne nous attardons pas là, lui avait dit sa femme qui percevait le trouble dont il était saisi.

Comme il estimait être un homme de caractère et qui aimait vivre dans l'instant, il s'était reproché ce moment de faiblesse.

Et ils avaient repris leur route vers l'hospice où devaient être accomplies les formalités d'admission, même pour les pensionnaires de la Résidence des Cèdres.

Le pont franchi, le poids des valises était devenu de plus en plus lourd. Ils avaient rencontré alors quelques pensionnaires de l'hospice : un peuple de gueux, aux vêtements sales, aux poches gonflées de bouteilles de vin. Ils allaient en file ou en groupes, hommes et femmes mêlés. Ils semblaient fuir l'hospice où ils venaient sans doute d'achever leur repas. Ceux-ci les avaient insultés lorsqu'ils les avaient croisés. Peut-être se rendaient-ils à leurs travaux d'hommes de peine ou de femmes de ménage ? Peut-être chez des fermiers du voisinage. Les vieux et les vieilles s'étaient éloignés.

– Je me demande quelle idée a pu traverser l'esprit de Jean ? avait bougonné Maria.

– Il n'est plus temps d'y penser, avait répliqué Montagard. Je suis crevé.

Il lui semblait que sa femme et lui-même avaient atteint un point de non-retour. Soudain, son regard avait été attiré par un panneau dressé au bord de la route qui portait cette inscription : « Attention. Vieillards. » Ainsi annonçait-on aux automobilistes un danger de chute de pierres ou de passage de troupeaux.

Enfin ils avaient touché au but. La Maison de Retraite qu'on semblait dénommer aussi Hospice était là. Ils avaient été agréablement surpris par la propreté des murs fraîchement crépis. Lorsque le mur s'était interrompu, ils avaient aperçu à travers les grilles d'une haute barrière de fer une cour où déambulaient à pas lents des vieux et des vieilles sous les frondaisons jaunies de tilleuls rabougris. Certains avaient pris place sur des bancs, d'autres, pour marcher, s'appuyaient à des béquilles ou à des cannes. Tout au fond de la cour, à l'abri d'un mur et sous un soleil blafard apparu depuis peu, des femmes encore jeunes étaient assises sur des voitures de paralytiques. Une couverture était jetée sur leurs genoux.

Tout à coup Montagard fut tiré de son songe et de ses souvenirs par l'irruption d'employées dans le hall d'accueil. C'est à cet instant qu'il s'aperçut que la tête de sa femme pesait sur son épaule. Maria s'était endormie. Il l'éveilla avec douceur. Les employées plaisantaient entre elles. Montagard se dressa et s'avança vers la plus âgée :

– Nous sommes attendus à la Résidence des Cèdres.

L'employée, sans le regarder, souleva une pile de dossiers, se retourna, compulsa un fichier :

– Ah ! voici, fit-elle. « Dossiers en attente. » Voyons. Montagard, c'est exact. Vous êtes attendus. Pensionnaires payants, n'est-ce pas ?

– Oui, j'espère que ma retraite suffira à couvrir les frais de séjour.

Brusquement l'employée se livrait à de rapides calculs :

– Je crains que votre retraite ne soit insuffisante. Mais je vois là que des dispositions particulières ont été prises. Il est possible que votre fils…

Montagard ne la laissa pas achever :

– Je ne veux rien devoir à mon fils. Nous avons quelques biens, ajouta-t-il, à la fois surpris et conciliant.

– À votre guise. Les affaires de famille ne nous concernent pas. D'ailleurs nous n'assurons ici que les fonctions d'accueil. Pour de plus amples renseignements, je vous engage à consulter le service des frais de séjour au bureau des entrées. Pensionnaires valides ?

– Certainement. Nous venons de loin.

– Il ne manque qu'une pièce à votre dossier : l'engagement de payer. Voulez-vous signer tout de suite ou rencontrer M. le Directeur ?

Montagard jugea cette démarche inutile. Il songeait à la fatigue de sa femme. Il signa.

– Enfin, reprit l'employée, vous voici au bord de l'océan, cette pensée doit vous être agréable. Il n'est pas donné à tout le monde d'achever ses jours dans une résidence confortable. Les Cèdres n'ont aucun rapport avec l'hospice, le vieil hospice. L'administration en est cependant commune mais c'est tout.

Montagard ne releva pas ces dernières paroles bien qu'il ne songeât nullement à finir ses jours ici. L'espoir ne l'avait pas abandonné. Une arrière-pensée le chagrinait pourtant :

– Le pays n'a pas l'air engageant, dit-il. Quant à l'océan, n'est-il pas téméraire de vouloir le découvrir à nos âges ?

L'employée ne l'écoutait plus :

– Je vais avertir le surveillant-chef. Il vous conduira aux Cèdres.

– Nous irons seuls. Inutile de le déranger.

– Pas du tout. Le surveillant-chef doit vous accompagner. C'est la règle. Une certaine discipline est nécessaire. D'ailleurs, il détient les clés de toutes les chambres.

Il regagnait sa chaise lorsque le surveillant-chef entra. C'était un homme dans la maturité de l'âge, de forte corpulence, au visage rougeaud, au front têtu, vêtu d'un costume marron. Il tenait en effet à la main un trousseau de clés qu'il faisait tinter les unes contre les autres.

Il salua Maria en s'inclinant :

– Si vous voulez bien me suivre... Voulez-vous que je porte vos valises ?

– J'y parviendrai, dit Montagard.

Ils abandonnèrent bientôt la route et ils s'engagèrent dans les allées d'un parc dont les pelouses étaient plantées d'arbustes et d'arbres d'essences rares et décorées de massifs aux fleurs maintenant fanées.

Maria, essoufflée par la marche, avait peine à suivre les deux hommes. Le parc était clos de barrières peintes en blanc.

– Le seul ennui réside dans la proximité de l'hospice, dit le surveillant. Regardez, ajouta-t-il en désignant une sorte de clochard endormi sur un banc. Et bien entendu, poursuivit-il d'un ton agacé, une bouteille de vin est à portée de sa main. Il va falloir que je rappelle à cet intrus que l'entrée du parc est réservée aux pensionnaires de la Résidence. Je me présente : Orsini.

– À première vue, ce pays paraît étrange, reprit Montagard. Vous n'êtes pas d'ici. Votre nom évoque d'autres contrées.

Orsini, tête baissée, marchait d'un pas lourd.

– Oui, fit-il en souriant. Les marins proviennent de tous les pays côtiers. Ils se fixent là où ils peuvent.

– Vous étiez donc marin ! dit Montagard. Vous aimiez la mer.

– Oui et non. Dès que quinze ans ont été accomplis, j'ai cherché un emploi dans l'Administration. Ici, je suis indépendant. J'assume des responsabilités. Je jouis de la confiance du directeur. J'aime l'ordre.

Ils avançaient dans les allées sinueuses qui serpentaient parmi les pelouses soigneusement tondues. Montagard observait :

– Il a fallu rapporter de la terre.

Orsini se mit à rire :

– C'est évident. Rien ne pousserait ici. Le sel dévore tout. Mais c'est une réussite, n'est-ce pas ? Nous la devons à M. le Directeur dont les préoccupations sociales à l'égard des personnes âgées sont grandes. Et puis, ajouta-t-il, sans doute avait-il un peu honte. Il faut vous rendre compte que la Maison de Retraite du Hardouin, fondée voici un siècle, était ce qu'on appelait autrefois un dépôt de mendicité ; c'est-à-dire qu'on y recevait non seulement des indigents, des paralytiques, mais aussi des asociaux et même des fous qui n'étaient pas toujours des vieillards : en somme le rebut des villes voisines mais aussi des campagnes. Les bâtiments de l'hospice et les conditions d'hébergement avaient été conçus pour ces gens-là.

« Aujourd'hui notre recrutement a changé. Nous n'acceptons plus guère que des vieillards. Les asociaux, les alcooliques seront éliminés petit à petit. Ceux qui ont été admis vieillissent ici. »

– Votre description est peu encourageante, fit observer Montagard. Et pourquoi avoir édifié cet hospice loin de tout ?

– Précisément pour que ses pensionnaires ne puissent gêner personne. Seulement, M. le Directeur, peut-être lassé de cette population, préoccupé par les difficultés qu'il rencontrait pour moderniser l'antique hospice, a voulu frapper un grand coup ; il est parvenu, il y a quatre ans, à faire édifier la Résidence des Cèdres dont le recrutement est évidemment tout différent de celui de l'hospice. Vous le verrez vous-même.

Ils débouchaient sur une terrasse sablée. Devant eux s'étendait un bâtiment aux formes allongées, d'un seul étage, aux toits plats en terrasse. Au-dessus de ceux-ci se balançaient les cimes et les palmes de trois grands cèdres sous le vent.

– Voici votre nouvelle demeure, dit Orsini, en saisissant le bras de Maria.

Il poussa les deux battants d'une porte vitrée :

– Veuillez vous asseoir dans ces fauteuils du hall. Je vais prévenir l'infirmière et la responsable de votre arrivée. Nous employons une infirmière, ajouta Orsini, parce qu'il nous arrive d'avoir des malades.

Montagard et sa femme obéirent. Silencieux, ils observaient. Tous deux étaient frappés par le confort presque luxueux de ce hall dont les murs étaient peints de couleurs vives et différentes. Sur l'un d'eux était tendue une tapisserie flamboyante : sur un fond d'un brun rouge, autour d'un soleil cosmique, des algues marines s'effilochaient et tressaient leurs entrelacs parmi des poissons et des coquillages.

À leur droite, s'ouvrait un grand salon prenant jour par de larges baies sur une pelouse d'où jaillissaient les cèdres. Des fauteuils étaient disposés autour de tables à jeux et devant le téléviseur. Deux femmes étaient assises là, inoccupées.

À leur gauche, le hall donnait sur une salle à manger meublée avec goût dans un style moderne. La lumière pourtant faible du jour était tamisée par des rideaux de voile. Du plafond descendait une multiplicité de lampes dont les globes brillaient comme autant de petits ballons multicolores.

Tout cela leur paraissait d'une audace merveilleuse. Ils ignoraient que toutes les résidences pour personnes âgées étaient décorées de ce clinquant ridicule.

Orsini revenait accompagné de l'infirmière. Montagard, soucieux de politesse, se leva et une fois de plus se présenta.

– Avez-vous vu mon fils ? demanda-t-il aussitôt.

L'infirmière réfléchit :

– Il est possible que votre fils soit venu, dit-elle.

Elle paraissait faire un effort pour se souvenir en même temps que l'expression de son visage trahissait un désintérêt absolu.

Orsini insista :

– Voyons, reprit-il. Le fils de M. Montagard a tenu à visiter la Résidence à son retour de vacances. C'est alors qu'il a décidé de retenir une chambre pour ses parents.

– C'est possible. Mais n'étais-je pas moi-même en vacances alors ?

L'infirmière était une femme maigrelette d'une

quarantaine d'années, au visage allongé, fendu, sous un nez pointu et pendant, par une immense bouche aux lèvres minces. Son corps se desséchait. De son attitude se dégageait une impression de fatigue.

– Vous étiez en vacances ! dit Montagard. Tout s'explique.

Il n'y avait nulle intention blessante dans cette remarque qui ne voulait être qu'une constatation.

– Eh bien, non, fit l'infirmière sur un ton pointu. Après mes congés, j'ai dû être opérée.

– Je comprends, murmura Maria.

Orsini, aussitôt, ébaucha un geste engageant :

– Voulez-vous me suivre ?

Ils empruntèrent un long couloir silencieux, miroitant, sur lequel s'ouvraient les chambres. Le trousseau de clés tintait dans la poche d'Orsini. L'infirmière, Mme Courtois, dont la blouse était serrée à la taille, les précédait. Elle était chaussée de socques et sa démarche assurée agaçait Montagard. Parvenue à l'extrémité du couloir, elle fit volte-face et Orsini, grivois, aperçut sous la blouse le sautillement de ses seins pointus. Il détacha une clé du trousseau, la remit à l'infirmière qui ouvrit la chambre.

– Chut, fit-elle. Il est l'heure de la sieste. Ne faites pas de bruit. Voici votre chambre.

– C'est beaucoup trop beau pour nous, dit Maria. Une table, deux lits, deux chaises, deux fauteuils.

Les sièges comme les lits étaient recouverts de cretonne. Des doubles rideaux voilaient les fenêtres.

– C'est l'une de nos plus belles chambres, dit Mme Courtois. L'une des fenêtres donne sur l'océan et l'autre s'ouvre sur la campagne.

– Je vois, dit Montagard en s'asseyant.

Il était épuisé, sa femme aussi. L'infirmière bourdonnait autour d'eux comme une mouche. Le regard de Maria chavira.

– Ne vous laissez pas aller ainsi, reprit l'infirmière. Vous êtes arrivés.

Orsini avait disparu. Maria se déchaussait.

– Une seule recommandation : le silence.

– Nous voudrions dormir, dit Montagard.

Il ôtait avec peine son imperméable.

– Ne disposez-vous pas d'une chambre avec un grand lit ? demanda-t-il à voix basse. Ma femme et moi avions l'habitude de dormir ensemble.

– Non, répliqua vivement Mme Courtois. Quelle demande saugrenue !

– Vous trouvez ?

Maria l'invitait à se taire.

– Eh bien, reprit-il, ce sera depuis bien longtemps notre première séparation.

Maintenant, Maria et lui étaient seuls, assis face à face. Le jour déclinait déjà. La brume descendait sur la Résidence.

– Demain, dit Joseph, je téléphonerai à Jean.

– Non, répondit Maria. Tu dois le laisser tranquille.

– C'est tout de même lui qui nous a conduits ici !

Peu à peu le sommeil le gagnait. Il entendit Maria se déshabiller. Les valises demeuraient sur le sol. Maria fouillait dans l'une d'elles.

Il se déchaussa à son tour, s'étendit sur son lit et s'endormit.

Lorsque Joseph s'éveilla, l'aube n'était pas encore levée. Il demeura étendu sur son lit, habillé, les yeux ouverts.

Il écouta la respiration régulière de sa femme endormie. Les images qui se présentaient à son esprit dans la pénombre de cette chambre inconnue se rapportaient à son enfance. Il revoyait la cour de la ferme, le cheval d'un gendarme maintenu par la bride à la barrière, la charrette au cul levé.

Il était entré dans la cuisine. Son père était là, sa mère aussi. Un télégramme était ouvert sur la table. L'horloge battait le temps. Le gendarme, contrit ou seulement gêné, demeurait debout.

C'était ainsi qu'il avait appris la mort de son frère aîné, tué à la guerre. C'était le printemps 17.

Sur le soir, il avait aidé son père à répandre la paille pour la litière des bêtes. La vie avait continué. Il s'empressa de chasser ses souvenirs. Il savait qu'on ne demeure un homme que lorsqu'on est parvenu à tuer l'enfance. Un homme ! Assurément ! Âgé peut-être mais qui n'avait rien abdiqué jusqu'ici. Il fallait aujourd'hui comme les autres jours vivre le présent.

Lorsque le jour se leva, il marcha à pas feutrés jusqu'à la fenêtre. Le silence était presque absolu. Il entendait pourtant un vague roulement lointain. La brume lui interdisait d'apercevoir l'océan. Il discernait seulement une lande pétrifiée sous une lueur blême. Quelques arbustes y poussaient. Il en distinguait les formes échevelées sous le vent qui soufflait sans reprendre haleine. Au-delà de ces silhouettes imprécises, se dessinait une longue plage pâle qui s'étendait à perte de vue : du sable et çà et là quelques pins noirs.

Un instant plus tard, des pas gagnèrent le couloir. Il entrouvrit la porte : des femmes de service commençaient à faire le ménage. Il était tôt, six heures et demie peut-être. Mais Montagard qui avait toujours eu l'habitude de se lever de bonne heure n'était pas surpris par cette précoce prise de travail.

Sa femme dormait paisiblement. Il contempla longtemps ce visage que n'éclairait qu'à peine la première lueur du jour. Tout à coup, Maria lui parut absente, morte. Il s'approcha du lit, effleura de ses doigts les joues, les paupières. Un vague sourire crispa les lèvres.

– Maria, chuchota-t-il.

Le corps se tendit soudain, perdit sur-le-champ cette innocence ou cette indifférence qui le maintenait jusque-là dans le mystère. Une voix lui répondit, l'appela :

– C'est toi, où sommes-nous ?

– Au Hardouin, murmura-t-il. Dors, je t'appellerai lorsqu'il sera l'heure.

Rassuré, il gagna le cabinet de toilette. Le temps s'écoula. Il achevait de se raser lorsque la responsable, Mme Legros, pénétra dans la chambre. Elle fureta, l'œil inquisiteur.

– Qui est là ? demanda Joseph apparaissant sur le seuil, le visage couvert de savon à barbe et un rasoir à longue lame à la main.

– Mme Legros. Je vous avertis que le petit déjeuner est servi à huit heures moins un quart.

Il était agacé par cette intrusion et par cette voix au ton impératif. Il dévisagea la responsable et haussa les épaules.

– Avant de vous rendre à la salle à manger, vous aurez soin de faire vos lits, de ranger vos vêtements et de mettre votre chambre en ordre. Vos valises traînent encore !

Cette fois, Maria était éveillée. Elle se tenait assise sur son lit, les paupières gonflées.

– Tu es déjà prêt ? dit-elle en voyant son mari habillé. Il y a longtemps que je n'avais aussi bien dormi.

Il grommela :

– Il faut te lever.

Tandis que sa femme était occupée à sa toilette, Montagard se mit à songer. Il comprenait que le rôle de l'infirmière ne devait être ici qu'accessoire et que Mme Legros détenait, sous l'autorité d'Orsini, la direction administrative. Elle n'était peut-être qu'un agent d'exécution. La Maison de Retraite du Hardouin possédait sans doute une structure hiérarchisée remarquable.

Et pendant ce temps, sa femme chantonnait.

À sept heures et demie, disciplinés, tous deux se trouvaient dans le hall où commençaient à s'assembler quelques-uns des pensionnaires qui allaient être leurs compagnons. Ceux-ci arrivaient à pas menus, traînant les pieds tout au long des couloirs ou descendaient l'escalier avec méfiance. Les uns avaient simplement passé leur robe de chambre sur leur pyjama et étaient chaussés de pantoufles, les autres, en pantalons, vestes et souliers, cravate nouée, se montraient prêts à sortir.

Montagard était étonné par l'indifférence que chacun témoignait à l'égard de son voisin. Nul propos de courtoisie ou de simple politesse. Ils paraissaient ne pas se connaître. Aucun, en tout cas, ne semblait prêter attention à leur présence nouvelle.

Joseph saisit Maria par le bras et l'entraîna auprès de l'un d'entre eux. Rien n'avait guidé son choix si ce n'est le désir de ne pas rester inconnu.

– Nous sommes les nouveaux arrivants, dit-il.

Il tendit la main à un petit homme très âgé, au dos voûté, à barbiche blanche, portant un veston d'intérieur sur un pyjama dont le tissu du pantalon tombait tire-bouchonné sur des savates éculées de cuir rouge. Celui-ci paraissait ne pas comprendre.

Maintenant, tous les pensionnaires étaient rassemblés dans le hall. Ils formaient une masse mouvante qui oscillait, s'entrouvrait, se fermait sur le passage de la responsable.

Enfin, le petit vieux, après avoir été bousculé, consentit à saisir la main de Montagard et jeta un regard peureux sur le visage de Maria.

– Veuillez excuser mon inattention, dit-il d'une voix chevrotante. J'avais entendu murmurer que nous attendions de nouveaux compagnons. J'avais oublié. Je vous souhaite la bienvenue. Souvent, ajouta-t-il, comme s'il eût voulu expliquer la défaillance de sa mémoire, de faux bruits circulent parmi nous. On nous annonce de temps en temps l'arrivée d'un pensionnaire et nous attendons en vain.

Le murmure des voix s'élevait de plus en plus confus autour d'eux. Une rumeur dense, égale et basse, emplissait le hall où tous les pensionnaires se trouvaient désormais pressés les uns contre les autres.

– L'arrivant annoncé, reprit le petit vieux en haussant le ton, a-t-il renoncé à entreprendre un long voyage, est-il tout simplement mort ? Nous ne le savons pas. Pourtant nous avons besoin de sang neuf !

Cette exclamation l'avait fatigué :

– Vous êtes jeunes, vous, ajouta-t-il d'une voix brisée en regardant Maria et Joseph Montagard.

Il y avait une nuance de reproche dans cette constatation.

– J'ai soixante-dix ans, reprit Maria, et mon mari soixante et onze…

– Ce qui fait cent quarante et un ans à nous deux, ajouta Joseph en souriant.

– Calcul saugrenu ! Bigre, à vos âges, que n'aurais-je pas entrepris. À nonante ans, que puis-je espérer ? Je ne me suis pas présenté, vous me le pardonnerez : je me nomme Auguste Bailly. Quinze ans de présence !

Une femme grande, portant beau malgré des épaules affaissées, s'était approchée d'eux. Le petit vieux ébaucha un mouvement de recul mais une violente bousculade le remit en place.

– Ah ! Mme Courvoisier, c'est la tempête ! Mais voici ma femme.

Mme Bailly paraissait enchantée de l'arrivée du nouveau couple. Elle se préparait à lui adresser quelques mots de bienvenue lorsque le bruit d'une sonnerie couvrit les voix. Mme Legros surgit du couloir et frappa dans ses mains :

– Le petit déjeuner est servi, cria-t-elle.

Alors un mouvement de flux porta chacun vers la salle à manger dont les portes vitrées venaient de s'ouvrir.

– Nous ne connaissons personne, dit Montagard à

M. Bailly. Nous permettez-vous de nous asseoir auprès de vous ?

Joseph et Maria essayaient de ne point perdre ce ménage vénérable dont ils venaient d'éprouver les bonnes dispositions à leur égard. Montagard se préparait à s'asseoir auprès d'Auguste Bailly lorsque Mme Legros le rappela à l'ordre :

– Monsieur Montagard, vous êtes le dernier arrivé, vous ne voudriez tout de même pas occuper la place de Mme Latour !

Celle-ci survint, fardée, pomponnée.

Mme Legros glapit :

– Pressez-vous ! Comme d'habitude, vous êtes en retard. Votre mari est plus exact. Monsieur et Madame Montagard, venez par ici, à l'extrémité de la table.

En gagnant les places qui leur étaient assignées, Joseph et Maria sentirent que les regards de cinquante vieillards avec lesquels ils allaient vivre les dévisageaient.

Durant la matinée, Joseph voulut téléphoner à son fils. Maria essaya en vain de l'en dissuader.

– Écoute-moi, lui dit-il, va mettre la chambre en ordre. Je sais tout de même ce que je fais. Il est naturel que j'avertisse Jean de notre arrivée.

– Jean n'est pas inquiet de notre sort, répondit Maria avec calme. Je ne comprends pas ton impatience.

– Tu es peut-être satisfaite d'être ici ?

– Pourquoi pas ! Nous sommes ensemble et il ne m'était jamais arrivée d'être servie.

– Ça suffit !

– Tu m'étonnes !

Elle s'éloigna en haussant les épaules. Elle n'était pas habituée à ce que son mari la traitât ainsi. Jamais Joseph n'avait élevé la voix en s'adressant à elle. Elle se retourna. Joseph était seul, assis dans un fauteuil du hall. Le couple Bailly avait disparu comme les autres pensionnaires qui, lentement, après avoir rangé leur serviette de table, avaient regagné leur chambre.

Tous, sauf trois hommes qui restaient debout auprès de la porte et qui semblaient guetter l'instant favorable pour s'enfuir, inaperçus. Ils avaient l'aspect de trois vieillards ascétiques.

Montagard s'adressa à l'infirmière et la pria de bien vouloir appeler son fils à Beaulieu. Mme Courtois le lui promit. Elle l'avertirait dès qu'elle aurait obtenu la communication.

Près de la porte, les trois compères semblaient somnoler. L'infirmière s'était éloignée. Une procession de pensionnaires se dirigeait vers le cabinet médical où l'infirmière, appuyée au chambranle, attendait sur le seuil.

– Pas de hâte, clamait-elle. La distribution des comprimés d'abord, les pansements ensuite, les piqûres pour terminer.

Un homme encore jeune traversa le hall à grands pas. Il était vêtu d'une blouse blanche. Un manteau était jeté sur ses épaules.

– Tiens, un médecin, murmura Montagard.

Lorsqu'il tourna la tête, les trois compères avaient pris la porte.

Le temps s'écoulait lentement et Montagard se demandait à quoi pouvait s'occuper sa femme. L'infirmière ne paraissait pas. Elle surgit enfin après une bonne heure d'attente.

– Les trois lascars ont filé ! s'écria-t-elle. Ils reviendront ivres une fois de plus. Cette fois, je les signalerai à Mme Legros qui avertira Orsini.

Elle se tourna vers Montagard :

– Je suis désolée. Jamais je ne pourrai obtenir Beaulieu avant le déjeuner. Je suis débordée de travail.

Montagard s'était dressé :

– J'ai tout de même le droit d'avertir mon fils de notre arrivée, nom de Dieu ! C'est lui qui nous a engagés à venir ici, parmi ces vieillards.

Rendue prudente par cette colère, Mme Courtois évoqua les difficultés des communications téléphoniques.

– Quel caractère ! La vie ne s'annonce pas facile avec vous. Puisque vous insistez...

Quelques minutes s'écoulèrent encore. La détermination de Montagard avait suffi. La voix de l'infirmière s'élevait dans le hall :

– Monsieur Montagard, au poste 412. C'est pour vous.

Il avait la communication avec Beaulieu. Incliné, appuyé à une tablette, les écouteurs aux oreilles, il entendait. Oui, cette voix était bien la voix de son fils. Mais, lointaine, très lointaine. Son fils demandait qu'on l'excusât. Il était très occupé.

– Eh bien, criait Montagard. Moi, je n'ai rien à foutre !

La voix affaiblie, méconnaissable, l'incitait à la modération.

– Vous êtes bien arrivés tout de même. Marianne et moi sommes plus tranquilles. Mais oui, nous irons vous voir bientôt. Vous vous êtes trompés de train ! Vous êtes arrivés par Cissey ? J'ai bien fait de ne pas aller vous attendre à la gare de Beaulieu. Voyons, tu n'es pas un enfant !

C'était tout. Il ne comprenait plus. Il alla rejoindre Maria dans leur chambre.

– Alors, que sais-tu de plus ? lui demanda-t-elle, moqueuse.

Elle était là, calme, le visage souriant, les cheveux blancs ramassés en un épais chignon qui dégageait sa nuque brune. Et Joseph la contemplait, prise dans cette simple robe noire qu'il lui connaissait depuis longtemps.

– Qu'as-tu fait pendant tout ce temps ? demanda-t-il.

– Rien. Je me suis reposée en t'attendant.

– Je ne comprends pas pourquoi Jean nous a incités à venir jusqu'ici, reprit-il. Finalement nous sommes aussi éloignés de lui que nous l'étions à Relevant.

– Tu ne pensais tout de même pas qu'il viendrait nous voir tous les jours ! D'autant que tu ne t'es jamais beaucoup occupé de lui !

– Nous lui avons tout de même permis de faire des études. Je ne comprends pas cette indifférence. Il a cherché à se défaire d'un souci en s'assurant que nous serions pris en charge par autrui. Je comptais qu'il montrerait plus d'affection.

– Tu es injuste, murmura Maria.

Au-dehors, le vent s'était calmé. Le ciel était gris.

– J'ai perdu ma matinée, bougonna Joseph.

– Le temps ne nous presse guère désormais. Il faudra que tu en prennes l'habitude.

– Ce sera difficile.

Il s'assit pesamment sur le lit, se pencha. Il regardait le carrelage brillant d'encaustique.

– Tu fais un drame de tout, dit doucement Maria.

La matinée était écoulée. La sonnerie du hall appelait les pensionnaires pour le déjeuner.

–Tu vois, dit Maria, nous ne nous sommes pas aperçus que le temps passait.

Il protesta :

– Moi, j'aime le temps. J'en ai besoin.

Les pensionnaires entouraient déjà la table en fer à cheval de la salle à manger. Montagard et sa femme gagnèrent sans hâte les places qui leur avaient été assignées au petit déjeuner. Chacun dépliait sa serviette. Les femmes de service déposaient les hors-d'œuvre. Déjà les conversations allaient leur train.

Maria se trouva placée auprès de M. Latour, vieillard au profil aquilin, au menton fort, aux joues creuses. Une moustache qui avait dû être rousse surmontait sa bouche perpétuellement agitée d'un tic de mâchonnement qui entraînait un pépiement humide des lèvres. M. Latour avait glissé sa serviette entre son cou et son faux col et son aspect demeurait très digne.

Les voix aiguës des femmes dominaient la rumeur. Le regard de Montagard furetait. Il avait remarqué qu'auprès de chaque couvert étaient placées des boîtes de comprimés ou des flacons compte-gouttes.

Brusquement les conversations cessèrent. Mme Legros surveillait l'assemblée. Quelques convives saisissaient dans une boîte un ou deux comprimés entre les pinces de leurs doigts, d'autres, inclinés vers la nappe comptaient avec précaution les gouttes d'une solution médicamenteuse.

Tout à coup, les mains se tendirent et l'on se disputa les carafes d'eau. Lorsqu'ils eurent rempli leurs verres, les pensionnaires les portèrent à leurs lèvres. Montagard était très attentif : il aperçut avec stupeur les têtes se rejeter en arrière, se tendre les cous flétris et les pommes d'Adam monter et descendre en un mouvement parfaitement synchronisé. Il poussa le coude de sa femme : une vieille, à l'autre bout de la table s'était étranglée en avalant un comprimé Elle toussait et ne parvenait pas à reprendre son souffle. Mme Legros, accourue, lui appliquait quelques tapes dans le dos et Montagard crut que la vieille ne pourrait jamais résister à une telle vigueur.

– Où sommes-nous tombés ? murmura-t-il.

Maria qui s'intéressait vivement au spectacle offert eut quelque difficulté à ne pas éclater de rire. Mais l'incident était clos et chacun semblait l'estimer banal. Mme Latour avala alors un deuxième comprimé avec un mouvement très étudié du bras dont la distinction ne voulait pas être absente.

À côté de Montagard et sans qu'il s'en fût rendu compte était venu s'asseoir un homme dont le vêtement contrastait avec celui des autres pensionnaires. Il portait sous une veste ample en velours côtelé un tablier de jardinier.

– Je m'appelle Pierre Bernard, lui dit le nouveau venu en s'appuyant familièrement à son bras. Vous êtes l'arrivant d'hier ?

Il se pencha vers Montagard :

– Un conseil, chuchota-t-il, méfiez-vous de la responsable. Elle moucharde.

Le murmure des conversations s'élevait à nouveau mais il était souvent dominé par l'appel des convives. Les uns réclamaient de l'eau minérale, les autres des biscottes. Bernard s'inclina à nouveau vers Montagard :

– Qu'êtes-vous venu faire ici ? dit-il à voix basse. Regardez-les !

– Ils sont donc tous malades ?

– Certains le sont ou le sont devenus, beaucoup croient l'être. Ils sont vieux et il leur est difficile de l'admettre. Ils se réfugient dans la maladie. Celle-ci n'est…

Il hésita :

– Comment dire ?

– Un subterfuge.

– C'est ça. Je n'aurais pas trouvé le mot, dit-il en s'essuyant la bouche d'un revers de main. Mais vous ?

– Oh, moi, reprit Montagard. C'est mon fils qui… Mais ma femme m'accompagne.

– Et vous ?

– Moi, je suis un franc-tireur. Je n'avais pas une mauvaise situation : représentant en vins. Alors, vous comprenez : les occasions. Je suis arrivé ici voici bientôt six ans. Mais on m'a muté à l'hospice par mesure disciplinaire. Dans une certaine mesure, je jouis d'un régime de faveur. Je suis logé dans un des dortoirs de l'hospice mais on m'autorise à déjeuner aux Cèdres. J'y rends quelques services. Des menus travaux : des réparations de plomberie ou de menuiserie, en somme les urgences. Il m'arrive d'être appelé chez le directeur comme chez Orsini aussi. De plus, j'aide de temps en temps les jardiniers.

Maria, très à l'aise, entretenait une longue conversation avec Mme Latour. Montagard était intéressé par les propos de son voisin. Les hors-d'œuvre avaient été excellents et un silence relatif régnait sur l'assemblée.

Montagard apercevait la barbiche de M. Bailly et son regard se posa un instant sur le visage cramoisi d'une vieille femme qui paraissait éprouver des difficultés avec son dentier.

Le silence fut brusquement troublé par les voix d'une dispute qui venait d'éclater en pleine table. M. Bailly poursuivait cependant de sa fourchette les fragments d'une tranche de jambon que sa femme avait préalablement réduite en chair à pâté à l'aide d'un masticateur. Montagard observait les mouvements réguliers de la barbiche blanche qui s'agitait juste au-dessus de la table. Mme Bailly, protectrice, surveillait son mari avec indulgence.

Les criailleries cependant continuaient :

– Que se passe-t-il donc ? demanda Montagard.

– Mme Coste réclame un œuf parce que sa voisine a obtenu du poisson. Il en est ainsi à tous les repas, ajouta Bernard. Elles sont jalouses et se haïssent.

– Elles sont jalouses de quoi ?

– On ne sait pas, de tout et de rien. De leurs régimes et de leurs médicaments surtout. Ici, les femmes s'épient constamment.

Le regard de Montagard était maintenant attiré par le buste d'une femme à la poitrine opulente, au maintien altier, dont le corsage était orné d'un camée. Elle semblait protéger de son aile une petite vieille bossue qu'elle morigénait de temps en temps.

– Mme Courvoisier et Mme Terrier n'ont pas fini de vous étonner, dit Bernard qui avait surpris l'intérêt que Montagard portait à ce couple. C'est ce qu'on appelle ici un ménage de femmes : deux veuves qui cohabitent dans la même chambre. L'une parvient toujours à dominer l'autre. Ah ! il ne faudrait pas que Mme Terrier essaie d'échapper à sa tutelle !

« Contemplez leurs voisins, le premier avec sa gueule tordue par une paralysie, c'est Tavernier, un officier en retraite, une vraie tête de mule, mais sympathique ; quant à l'autre, c'est Lebrun, un ancien journaliste, petit journaliste seulement. Il écrivait dans quelque feuille provinciale. Sa profession l'a gâté, comme il arrive souvent. Un peu faux témoin. »

Peu à peu, tandis que les serveuses présentaient aux pensionnaires des mets différents, l'ordre se rétablit.

– On déjeune à la carte, ici, fit remarquer Bernard. À l'hospice, c'est la tambouille. J'exagère. La bonne et grasse nourriture : andouillettes, hachis, tripes, pot-au-feu parfois et quand ils servent de la tête de cochon ils appellent ça de la hure de porc. Quelle bidoche ! Faites comme moi, steak et frites, ajouta-t-il devant l'indécision de Montagard à choisir. N'hésitez jamais.

Et il commanda :

– Trois steaks et des pommes. D'ailleurs, ajouta-t-il, je suis sûr que vous-même et votre femme n'attachez aucune importance à la nourriture. Au début, on n'y pense pas. Prenez donc un coup de vin !

Montagard était heureux d'avoir à ses côtés un aussi joyeux compagnon. Il commençait à entrevoir que Bernard pourrait lui apporter son aide et guider ses pas dans cette nouvelle vie.

Il se pencha vers sa femme :

– La nourriture est tout à fait convenable ici, murmura-t-il.

Maria se préparait à transmettre cette opinion à Mme Latour lorsque celle-ci se leva précipitamment de table, le corps tout entier soulevé par une crise de hoquet.

Maria se leva aussitôt pour porter secours à sa voisine. Bernard l'arrêta :

– Il arrive souvent que Mme Latour soit incommodée à la fin de son repas. Une hernie à l'estomac, dit-on.

Comme personne ne paraissait ému par le départ de Mme Latour et que son mari lui-même continuait à mâchonner, Maria se rassit.

– Elle terrorise son mari, reprit Bernard. Ils ne peuvent

plus se supporter l'un et l'autre. Que voulez-vous, de si vieux couples !

Le ton des conversations avait baissé.

– Ils sont rassasiés, dit Bernard. Ah ! ils ne m'ont pas accepté facilement ici ! Ils auraient voulu me confiner à la cuisine. Je leur ai offert le choix : s'ils acceptaient mes services, ils devaient souffrir ma présence. Les pourboires ne suffisent pas.

Montagard roulait une boulette de mie de pain sous son index et il se demandait quelle pouvait avoir été la vie de Bernard. Mme Latour n'avait pas reparu et Maria semblait esseulée.

– Je vous ai dit que j'avais été représentant en vins mais j'ai fait un peu tous les métiers, reprit Bernard. J'aimais le changement.

On apportait le dessert. Un brouhaha de chaises envahissait la salle à manger. Montagard se tourna vers Bernard qui, silencieux autant qu'il avait été disert, roulait une cigarette entre ses doigts jaunis par le tabac.

– Dites-moi, reprit Montagard, tous ces vieillards vous font-ils pitié ?

– Non. Je les trouve ridicules et parfois dégoûtants.

Une question obsédait Montagard.

– Il est tout de même curieux qu'on ait songé à établir un hospice ici, loin de tout. Je sais bien qu'Orsini m'a expliqué sa raison d'être voici un siècle. Mais maintenant...

– Loin de tout, oui et non, fit Bernard. Loin des villes, peut-être, mais tout près de l'océan.

– L'océan ne peut être un réconfort.

– Les villes non plus, à mon avis, dit Bernard.

D'ailleurs, le recrutement des pensionnaires de l'hospice a beaucoup changé. Certes, il y demeure encore des asociaux, des alcooliques, des paralytiques, mais on y admet surtout des gâteux et des gâteuses, des déments séniles dont les familles ne veulent plus s'encombrer.

Bernard tirait sur sa cigarette :

– Remarquez que l'isolement et du Hardouin et de Saint-Pierre est bien plus réel qu'il ne paraît. Je vous accorde qu'une vingtaine de kilomètres nous sépare de Saint-Macroix et de Beaulieu. Mais comment atteindre ces villes ? Les communications sont difficiles. Pas de trains, quelques cars, pratiquement aucun moyen d'accès. Reconnaissez que le lieu d'implantation de cet hospice fut assez bien choisi.

Montagard songeait au littoral, à la plage immense qui devait s'étendre jusqu'aux faubourgs de ces villes que Bernard venait de citer. Maria n'écoutait que d'une oreille distraite. Elle se trouvait à l'aise. Les pensionnaires quittaient peu à peu la table où, seuls, tous trois s'attardaient. Leurs compagnons rangeaient soigneusement leurs serviettes dans les casiers disposés pour les recevoir.

L'étonnement de Montagard grandissait :

– En somme, la Résidence des Cèdres est une création pour vous presque bourgeoise.

– Bourgeoise serait trop dire, répliqua Bernard. Vous vous apercevrez que la population qui l'habite est assez mélangée. Je veux bien admettre qu'une certaine sélection a lieu au départ selon l'origine sociale, les manières, le souci de l'ordre. La grande erreur de M. Legrain fut, à mon avis, de faire construire cette résidence dans le voisinage de l'hospice.

– Vous trouvez cette proximité gênante ? demanda Montagard.

– Pour la plupart des pensionnaires, certainement. Mais vous verrez que seules les femmes parviennent à maintenir, grâce à leur mesquinerie, une dignité. Elles paradent comme elles le feraient ailleurs. Les hommes sont différents : ils se laissent glisser plus volontiers mais ils recherchent des copains. On pourrait même dire que le grand âge abolit la notion de classe et encore plus toute idée de lutte des classes.

Bernard se mit à rire franchement puis se calma tout à coup.

– La lutte des classes ! fit-il en haussant les épaules. Chez des vieillards ! Soyons sérieux. Il n'en demeure pas moins vrai que l'hospice continue à abriter ceux dont la vie a été la plus dure et la plus misérable.

Les pensionnaires refluaient vers le hall. Mme Legros vint intimer l'ordre à Bernard, à Montagard et à sa femme de se retirer.

Lorsque Montagard se leva, il s'aperçut que son voisin avait disparu. Il gagna le hall en compagnie de Maria. Quelques pensionnaires s'y attardaient encore. L'un d'eux s'approcha en traînant la jambe. Il était grand, maigre. Son menton était fort et son grand nez légèrement pendant était busqué. Il soutenait sa main gauche gantée de noir de sa main droite. Son bras semblait paralysé.

– Je me présente : mon nom est Tavernier. Faites attention à Bernard. Inutile de vous en dire davantage.

Il s'éloigna en boitant. La plupart des pensionnaires avaient regagné leur chambre.

Joseph et Maria se trouvèrent seuls au milieu du hall. Mme Legros causait avec l'infirmière. Un ronronnement parvenait de la cuisine : celui du lave-vaisselle.

Montagard se demanda ce qu'il faisait là. Sa présence en ce lieu lui paraissait absurde. Il pensa qu'il avait été victime de l'une de ces erreurs dont on est parfois le jouet dans la vie. Il murmura :

– Maria, qu'allons-nous faire ?

– Nous reposer. Il me semble que nous prenons ensemble nos premières vacances.

Il était étonné. Il n'aurait jamais cru que sa femme, si travailleuse, pût se satisfaire de l'inaction.

Il la suivit pourtant dans leur chambre où ils s'étendirent sur leurs lits. Le jour était gris. Le vent s'était à nouveau levé. Devant l'une des fenêtres passait une route qui ne semblait conduire nulle part.

– Drôles de gens et drôle de maison, dit Montagard.

– Je ne trouve pas, dit Maria. Ils sont vieux.

– Je me demande ce qu'ils peuvent attendre ?

– Ils n'attendent rien. À leur âge !

La voix de Maria était douce. Son mari la regarda.

– Tu ne vas tout de même pas dormir.

– Quelle tranquillité et quel calme ! répondit-elle.

Ce que Montagard ne pouvait supporter était justement cette attente qui commençait. Comment allait-il affronter les heures qui s'offraient à lui ? Allait-il lui aussi se laisser saisir par cette glu ? Il aurait aimé marcher.

– Tu ne veux pas que nous sortions ensemble ?

– Un autre jour. Le temps ne nous manque pas. Nous n'avons qu'à nous laisser vivre.

Cette résignation révolta Joseph. Il n'avait jamais éprouvé le sentiment que le temps était compté. Puisque l'océan était voisin, il pouvait marcher jusqu'à lui. Il ne l'avait jamais approché. C'était un but de promenade.

Il se dressa, se chaussa et sortit de la chambre en bougonnant.

Il quitta la Résidence et, après avoir franchi le pont jeté sur l'estuaire, il s'engagea en direction du bourg de Saint-Pierre. Tout en marchant, il songeait au repas auquel il venait d'assister et déjà les traits de quelques visages s'étaient gravés dans sa mémoire.

Le ciel demeurait sans espoir d'éclaircies. Au loin, apparaissait en bordure de route un alignement d'arbres malingres, aux formes arrondies, des acacias-boule sans doute. La route était déserte. L'air commençait à cuire son visage. Une auto vint du bourg, grossit, le croisa. Au passage, le conducteur lui adressa un salut amical de la main. Il devait en être ainsi lorsque l'un des rares commerçants du village rencontrait un pensionnaire de la Résidence. Lorsqu'il atteignit les premières maisons, il hâta le pas. Il avançait sur cette sorte d'avenue, plantée en effet d'acacias chétifs, qui bordait l'estuaire élargi.

Les volets des fenêtres étaient clos. Le bourg apparaissait ainsi fermé sur lui-même, abrité des intempéries et de toute présence par ces murs de briques et de torchis. Il apercevait maintenant très nettement le rivage et au fur et à mesure qu'il avançait l'espace s'ouvrait de plus en plus large devant lui. Il distinguait le flux et le reflux des vagues qui déferlaient doucement sur la plage sablonneuse. Une pluie fine, chassée par le vent, lui caressait le visage.

Parvenu à l'extrémité de l'avenue, il s'arrêta : l'océan s'offrait à lui pour la première fois. Il lui sembla respirer avec de plus en plus de difficulté. À sa droite comme à sa gauche, la plage s'étendait dans sa parfaite courbure monotone aussi loin que pouvait embrasser le regard. Les vagues léchaient le sable. Leurs crêtes étaient surmontées d'une frange d'écume blanche. À l'immensité de la nue répondait l'étendue marine. La couleur du ciel était uniforme et le lointain barré par une bruine où l'eau de la pluie se confondait avec celle de l'océan. Des oiseaux criards tournoyaient au ras des vagues puis s'élevaient tout à coup pour disparaître dans le crachin. Ils revenaient sans cesse sur ce tourbillon des eaux douces de l'estuaire lorsqu'elles s'abandonnaient à la puissance de l'océan. Quelques barques, tirées sur le rivage, y somnolaient.

Montagard s'avança sur la plage. Le sable humide pénétra dans ses chaussures. Il marcha jusqu'au rivage. La marée montante y déversait des algues et des varechs. Une jeune fille, cheveux au vent, promenait un chien sur la plage.

– Mauvais temps ! cria-t-elle.

Il s'arrêta. La jeune fille s'éloignait.

– Pourquoi ces maisons sont-elles fermées ? hurla Montagard.

– La belle saison est finie, répondit la fille que la mer égayait. Le bourg a pris ses quartiers d'automne. L'hiver viendra bientôt.

Suivie par le chien qui gambadait dans l'eau en essayant de mordre les vagues, elle s'élança en courant vers l'extrémité de la plage où, à proximité d'un bosquet de pins, s'élevaient un portique, un toboggan, des balançoires.

Montagard recula un peu. Tout lui était étranger. Il se trouvait même saisi d'une sorte de dégoût. Il gagna l'avenue du front de mer. Là aussi les maisons étaient fermées. La barrière rouillée d'une villa grinça sur ses gonds. Des palmiers s'élevaient dans un jardin étroit. Il passa devant un hôtel dont seul le bar demeurait ouvert. Dans le salon, des chaises étaient empilées sur des tables et les fauteuils étaient recouverts de leurs housses.

Plus loin, se dressait un immeuble neuf qu'une société immobilière avait édifié à l'intention d'éventuels estivants. Les volets clos étaient déjà rongés par le sel et la pluie. Cet essai ne paraissait pas avoir été couronné de succès. Un store s'était décroché et pendait devant une fenêtre comme un vieux drapeau délavé.

En revenant sur ses pas, Montagard devina au septentrion l'une des lèvres de l'estuaire. Au-delà se poursuivait la plage immense sur laquelle dans un extrême lointain il lui parut que s'élevaient des fumées. Étaient-ce des nuages chargés de pluie ou des vapeurs industrielles chassées de Beaulieu et de Saint-Macroix par le noroît. Beaulieu et Saint-Macroix ! À la fois proches et lointaines. Grosses cités marchandes de plus de deux cent mille âmes chacune, avec leurs financiers, leurs banquiers, leurs armateurs, leurs dockers, leurs ouvriers de chantiers navals et d'arsenaux, leurs marins et leurs pêcheurs. Villes dont l'industrialisation avait progressé à grands pas, disait-on. Ces nuées grises n'étaient peut-être que le fruit de son imagination.

– Foutu pays ! murmura-t-il.

Il songea à sa femme comme autrefois il lui arrivait de penser à elle lorsqu'il quittait l'usine pour regagner sa maison.

L'après-midi touchait à sa fin lorsque, d'un pas égal, les bords de son chapeau rabattus, le cou engoncé dans son imperméable, il reprit le chemin de la Résidence.

Sa femme l'attendait, vaguement inquiète de son retard.

– Qu'as-tu fait ? lui demanda-t-elle.

Il se pencha sur elle pour l'embrasser. Ses lèvres effleurèrent sa nuque, ses cheveux dont il respira l'odeur.

– Maria, je suis heureux de te retrouver. Si tu n'étais pas là, auprès de moi...

Il ôta lentement son imperméable trempé de pluie.

– J'ai vu l'océan, reprit-il. C'est un spectacle plus difficile à supporter que je ne le pensais. Cette immensité n'a pas de sens pour un homme comme moi habitué à des prés, à des étangs, à des arbres.

– Ils ont allumé le chauffage, dit Maria. Il commençait à faire froid.

– On étouffe, dit Montagard.

Il ouvrit la fenêtre. Maria ramena un châle sur ses épaules.

– Toi qui n'avais jamais froid !

– Il faut croire que je vieillis. Nous devrons bien en prendre notre parti. Tu verras, lorsque nous aurons pris nos habitudes, nous serons très heureux ici.

– Des habitudes ! s'exclama Joseph. Tu parles comme si nous étions là pour y finir nos jours.

Au cours du repas du soir, ils demeurèrent seuls à l'extrémité de la table. Le ménage Latour était absent. Bernard aussi. Un billet était placé entre leurs deux assiettes. Ils étaient convoqués pour une visite médicale. Ils étaient attendus dès le surlendemain par le médecin de l'hospice.

Après le dîner, ils s'assirent un instant dans le hall. La nuit était depuis longtemps tombée. La lueur de l'écran du téléviseur éclairait faiblement le salon. Deux ou trois ombres s'y attardaient. Le sommeil les gagnait peu à peu.

Ils sortirent sur la terrasse. La plupart des chambres de la Résidence étaient éclairées. Des silhouettes passaient de temps en temps devant les lampes. La mouvance des cimes des cèdres balayait le ciel nocturne. Ils comprirent que beaucoup de pensionnaires avaient gagné leurs chambres et sans doute leurs lits.

Pour parvenir jusqu'au bureau du docteur Desportes dont l'autorité s'étendait non seulement sur la Résidence mais aussi sur l'hospice, Maria et Joseph Montagard avaient dû, avant d'en pénétrer les cours, en longer une grande partie de la façade.

Maintenant, ils attendaient, tout en songeant, assis sur des chaises, à la porte du bureau du médecin.

C'était tout de même quelque chose que cet hospice ! Une sorte de forteresse, peut-être de prison, avec son bâtiment central, aux murs épais, régulièrement troués de fenêtres sans rideaux. Bâtiment central auquel étaient réunies par des passerelles aériennes deux annexes qui possédaient le même aspect cubique, massif, au sud et au nord. Et ces grilles de fer qui délimitaient les cours.

Le premier être vivant qu'ils avaient rencontré dans la cour était un gros rat. Il grignotait un morceau de pain qu'un pensionnaire avait sans doute jeté par l'une des fenêtres des dortoirs. Il s'était enfui à leur approche sans précipitation et avait disparu par un soupirail des sous-sols. Des chats étiques, aux poils collés par la pluie, se promenaient en quête de nourriture.

Puis ils avaient gravi les marches de pierre grise qui, une porte franchie, donnaient accès à un long couloir. Ils y avaient rencontré quelques vieilles femmes. L'une sortait de latrines à la turque en tenant dans ses mains une feuille de papier journal. Elle fumait une cigarette. Sa mise était plus que négligée. D'autres achevaient leur toilette à un lavabo commun devant lequel était tendue, en guise de paravent, une pièce de tissu.

Là, un autre couloir s'était offert à eux. Ils s'étaient perdus. Une femme de ménage qui lavait le carrelage leur avait indiqué la direction à suivre : un long et haut corridor. Leurs pas y résonnaient. Le badigeon des murs s'écaillait. Les fenêtres prenaient jour sur une cour semblable par sa rigueur et son austérité à celle d'une caserne ou d'une école. Le milieu en était occupé par un massif de fleurs fanées d'où jaillissait un haut lampadaire. Montagard songea que l'aspect de cette cour devait être encore plus triste la nuit lorsque la lumière de la lampe en éclairait les sinistres façades. Aux fenêtres étaient suspendus des linges de toilette, des mouchoirs et des chemises.

Sur ce long corridor où Joseph et Maria avançaient avec circonspection s'ouvraient les dortoirs. L'une des portes était entrebâillée. On y comptait six lits rangés côte à côte. Dans l'étroit espace qui les séparait était placée une table de nuit métallique sur laquelle s'entassaient de vieux journaux, des paquets de biscottes et de cigarettes, des morceaux de sucre.

Joseph serra le bras de Maria. Une puissante odeur où se mêlaient les relents de cuisine, de tabac et de latrines flottait dans l'air.

Une vieille femme était assise au fond du dortoir, auprès de la fenêtre. Elle demeurait immobile, les mains croisées sur les genoux. Joseph eut envie de fermer cette porte. Mais une infirmière menue, brune, s'avançait à leur rencontre. D'une voix nasonnée, elle leur demanda d'attendre dans une petite salle hexagonale. Ils y entendaient le crépitement d'une machine à écrire et ils apercevaient une salle de pansements, où l'infirmière sèche et jeune accueillait quelques vieilles pour leur distribuer des comprimés.

Une dispute venait d'éclater dans le couloir : deux vieilles étaient proches d'en venir aux mains. Aussitôt la femme de ménage était intervenue :

– C'est encore vous ! Madame Rosenthal et Madame Créach ! Vous avez déjà bu !

Alors la Créach dont le rouge épaississait les lèvres s'était écriée, les mains aux hanches :

– La Rosenthal est une salope. Elle essaie de me prendre mon homme !

Les cris avaient redoublé et l'employée avait poussé l'une et l'autre dans leur dortoir.

Un homme mince, au dos légèrement voûté, aux tempes dégarnies, au visage aigu dont le regard s'abritait derrière des lunettes à fine monture d'or, se présenta au même moment aux Montagard. C'était le docteur Desportes.

Tous trois pénétrèrent dans un vaste bureau meublé seulement d'une table, de trois chaises, d'un lit d'examen et d'une armoire dont les armatures chromées brillaient comme les boîtes métalliques contenant des instruments. Les murs étaient presque nus. Pourtant y étaient suspendues quatre gravures représentant les cours de vieux hôpitaux ou hospices.

Desportes invita Joseph et Maria à s'asseoir devant son bureau tandis que lui-même se laissait glisser dans son fauteuil.

Il expliqua que tout arrivant était soumis à une visite médicale. Il ajouta qu'il aurait aimé se rendre plus souvent aux « Cèdres » mais qu'il était trop occupé chaque matin par les soins donnés aux pensionnaires de l'hospice.

– Savez-vous que notre maison abrite encore plus de huit cents pensionnaires ? La population d'un village dont la moyenne d'âge serait de soixante-dix ans pour les hommes et de soixante-dix-sept ans pour les femmes.

Il inclina la tête et paraissait fatigué. Derrière lui, à travers les vitres de la fenêtre et malgré les rideaux, on pouvait distinguer, au-delà des grilles de l'hospice, la levée et l'estuaire. Une fumée blanche, des vapeurs s'élevaient au-dessus d'un toit proche. Une chanson leur parvenait d'un dortoir voisin. La voix était forte bien qu'éraillée :

Viens danser quand même
La valse d'amour,
Viens danser puisque je t'aime
Et que le bonheur est si court

Desportes jaillit de son fauteuil :

– C'est encore Mme Créach !

Il ouvrit la porte et hurla. La chanson se tut.

Joseph et Maria demeuraient immobiles et impassibles. Ils n'avaient jamais beaucoup fréquenté les médecins. Le docteur Desportes serra plus fortement la ceinture de sa blouse et revint à sa table. Il consulta quelques feuillets épars, attira à lui deux fiches et saisit son stylo.

– Vous me permettez sans doute de vous poser quelques questions, dit-il en souriant.

L'expression de son visage était malgré tout peu engageante, tantôt souffrante, tantôt peut-être ironique.

Joseph et Maria durent décliner leurs noms et prénoms, dates et lieux de naissance.

– En somme vous êtes tous deux d'origine rurale et vous n'avez jamais quitté votre pays.

– Sauf pour la guerre, dit Montagard.

– Bien sûr, fit Desportes. Il y a toujours des guerres dans une vie.

– Sauf pour venir jusqu'ici, ajouta Maria.

– Puis-je vous demander les raisons qui vous ont incités à entrer dans une maison de retraite ?

– Aucune raison précise. Mon mari a été malade durant l'été et nous avons jugé bon de nous rapprocher de notre fils.

– De votre fils qui est ingénieur dans une usine de Beaulieu.

Desportes était décidément bien renseigné. Maria avait répondu de cette voix douce et polie dont elle ne pouvait se départir. Joseph demeurait très droit, bien campé dans une attitude sévère tandis que le médecin commençait à écrire.

– En somme vos vies ne contiennent aucun fait marquant.

– Si ce n'est pour moi les cinq ans de captivité passés à l'étranger, dit Joseph.

– Assez banal pour un homme de votre génération, remarqua Desportes.

– Croyez que ce fut une grande humiliation, répondit vivement Montagard irrité.

Desportes n'écoutait plus. Sa plume continuait à courir sur le papier. On entendait le bruit des gouttes qui tombaient d'un robinet mal fermé dans la cuvette du lavabo.

– Croyez-moi, tout cela ne compte pas, fit Desportes.

Votre décision, à tous deux, est tout de même assez étrange. Vous me dites avoir été malade au cours du dernier été. Rien de sérieux, je suppose ?

Joseph comprit que cette question lui était adressée.

– Vos confrères ne sont pas parvenus à expliquer la nature de la fièvre qui m'a tenu alors. D'ailleurs, je suis guéri.

Desportes poursuivait son idée.

– Étrange, continua-t-il en essuyant les verres de ses lunettes à un pan de sa blouse, étrange parce que je ne suis pas accoutumé à recevoir ici, même à la Résidence, des hommes ou des femmes d'une santé telle que la vôtre. Tout au moins, en apparence. Notre habitude est d'accueillir des personnes âgées certes mais souvent malades ou peu valides. Mais vous ! Je sais que certains pensionnaires de la Résidence ont été attirés par la proximité de l'océan qui d'ailleurs était inconnu de beaucoup. Quelques-uns l'avaient aperçu à l'occasion d'un voyage et en avaient conservé la nostalgie.

– Ce n'est absolument pas notre cas, dit Montagard. Nous sommes des gens simples.

– Alors, la crainte de l'hiver, de la maladie, de la solitude ?

– À peine. Admettons-le, dit Maria.

– Il ne faut pas tout vouloir interpréter, dit sèchement Joseph. Nous aurions pu rester chez nous !

Il sentit la main de sa femme se poser sur son genou. Maria tentait de le calmer.

– Tout a été fait si vite, dit-il seulement. Je regrette un peu cette hâte.

Desportes ne comprenait pas le sens de cette migration qui entraînait tant de vieillards auprès de ce rivage pour y achever leurs jours. Tout un peuple d'émigrants se mettait en route pour venir jusqu'ici. Ces vieux semblaient avoir été chassés non par des guerres ou des révolutions mais par des maux plus subtils, moins précis et pourtant évidents : l'âge, l'incertitude du futur.

Ils étaient bien des émigrants qui se fuyaient eux-mêmes autant que les difficultés sociales qui les condamneraient bientôt.

Peut-être, songeait Desportes, avaient-ils espéré goûter ici en même temps que le calme une poésie grandiose. Mais la poésie n'appartenait qu'à des instants fugitifs. Combien le quotidien devait les décevoir puisqu'ils ne sortaient presque jamais de leurs chambres ou de leurs dortoirs. L'océan n'offrait ses promesses qu'à ceux qui étaient nés auprès de lui et qui savaient en apprécier les perpétuelles métamorphoses.

Il en avait tant vu arriver jusque-là ! Ces vieux n'avaient-ils pas plutôt subi l'attrait du dernier voyage ? Parvenu à ces rives on ne pouvait aller plus loin. Ce voyage était à l'image de leur vie finissante. Ils avaient marché jusque vers les eaux originelles dont ils avaient rêvé peut-être depuis longtemps dans le secret espoir inconscient de s'y anéantir pour en émerger, un jour, plus vivants que jamais.

Depuis qu'il était médecin de cet hospice, Desportes ne pouvait demeurer étranger au spectacle qui s'offrait à lui tous les jours : celui de la lente désincarnation des êtres, de l'affaiblissement progressif de leur mémoire, du déclin de toutes leurs facultés intellectuelles. C'était là une vérité trop évidente pour qu'il pût désormais l'oublier. Il savait que s'il s'en était ouvert à quiconque on l'aurait accusé de pessimisme et de ne connaître qu'une vérité gauchie par l'unique fréquentation de la vieillesse.

La voix de Montagard le tira de sa réflexion :

– Il n'est pas certain que nous restions ici. Nous tentons une expérience. Nous partirons dans un mois ou deux si nous ne nous trouvons pas à l'aise.

Cette remarque ne surprit pas Desportes. Il avait souvent entendu les arrivants tenir des propos pareils.

– Vous pouvez démissionner tout de suite, dit-il.

– Nous ne le pouvons pas, reprit Montagard. J'ai acquitté le montant de nos pensions pour un mois.

Desportes, les coudes appuyés à son bureau, écoutait avec intérêt :

– Il me suffirait d'établir un certificat attestant que votre santé ou celle de Mme Montagard ne peut supporter le climat marin. Vous seriez remboursés et vous seriez libres.

Joseph était tenté. Il regarda Maria. Il savait qu'elle le suivrait dans sa décision. Il hésita un instant :

– Non, dit-il, nous resterons. Je crois que c'est la sagesse et que…

Tandis que Maria approuvait son mari d'un mouvement discret de la tête, Desportes interrompit Montagard.

– Je dois vous examiner tous les deux, dit-il. Si je suis convaincu que votre état de santé est satisfaisant, je vous laisserai encore le choix de partir ou de rester. Vous aurez encore votre chance.

– Que voulez-vous dire ? demanda Montagard.

– Oh ! rien d'extraordinaire. Voulez-vous seulement vous dévêtir ? Si nous commencions par vous, madame…

L'examen était terminé. Montagard nouait sa cravate devant la glace du lavabo.

– Votre santé est excellente, dit Desportes. J'ai simplement noté que Mme Montagard était atteinte d'une hypertension artérielle modérée qui ne mérite pas d'être soignée pour le moment. Si vous demeurez ici, je me bornerai à en vérifier le chiffre tous les trois ou six mois.

Il posa sa main sur le bras de Montagard :

– Quant à vous, pas la moindre trace de cette maladie dont je n'entrevois pas la nature. Puis-je vous donner un conseil à tous deux ? Ne restez pas, votre place n'est pas ici.

Joseph et Maria parurent balancer à nouveau devant le regard presque suppliant de Desportes. Mais si la fermeté était un trait marquant de leurs caractères, elle n'allait pas sans une certaine obstination.

– Non, reprit Maria. Nous avons longtemps réfléchi et nous n'aimons guère nous déplacer. Notre fils nous a invités à passer l'un de ces prochains dimanches auprès de lui.

– Parfait, dit Desportes sur un ton redevenu indifférent. Mon intention n'était pas de vous contrarier. Donnez-vous alors de l'exercice. La marche vous sera salutaire.

– Justement, dit Joseph, j'aimerais explorer un peu la région. Pourriez-vous m'indiquer un magasin où trouver une carte ? L'arrière-pays paraît désert. Il doit bien exister quelques villages qui seraient pour nous des buts de promenade.

– Les cartes sont rares ici, dit Desportes. Personne ne cherche à les consulter. Mais rien ne me sera plus facile que de vous faire parvenir l'une des miennes.

Montagard crut percevoir une intention ironique dans le ton du médecin. Cette impression se dissipa vite lorsque Desportes les accompagna jusqu'au seuil de son bureau.

– Croyez-moi, dit-il, il est réconfortant d'accueillir un couple tel que le vôtre. Je vais vous reconduire jusqu'au portail de l'hospice.

Lorsqu'ils parvinrent dans la cour, Desportes s'arrêta. Il embrassa du regard les bâtiments de l'hospice et désignant du doigt l'annexe des femmes :

– Voyez, tout cela m'appartient. Ce sont les infirmeries où les malades et les invalides sont rassemblées. Le deuxième niveau abrite celles qui sont le moins atteintes. Le premier étage est une salle de transition. Quant au rez-de-chaussée…

Il s'interrompit et hocha la tête. Une bouffée de vent souleva la jupe de Maria et découvrit ses jambes fines.

– Paralytiques plus ou moins conscientes, démentes séniles, des grabataires ayant perdu tout jugement et toute autonomie. Il faut toujours distinguer la vieillesse de ce que je nomme le « grand âge ».

– En somme, reprit Montagard, l'important est de ne pas changer d'étage.

– Vous avez compris. Il ne faut pas descendre au rez-de-chaussée. Tel est le jeu, si je puis dire.

– Et c'est vous qui présidez à ces mutations ?

– Hélas oui, dit Desportes. Je n'ai pas encore trouvé le moyen d'y échapper. Ces mutations sont dans la nature des choses et des vies. Je suis confronté à des situations souvent difficiles. Ma tâche est souvent ingrate. J'y suis attaché cependant. Mon attitude doit vous paraître contradictoire.

Ils se dirigèrent ensemble lentement vers la route.

– Je vous avertis, dit Desportes, il se peut que je vous paraisse parfois d'humeur changeante, parfois distant, ou ironique. N'y prêtez pas attention. L'ironie est une faiblesse mais elle permet parfois de nous protéger contre nous-mêmes. Sans elle, la vie ne serait pas toujours supportable. Ah, dit-il, je suis content que vous veniez de Châtillon !

– Vous connaissez ? demanda Maria.

– Oui et non, j'y suis passé autrefois au cours d'un voyage. C'est un pays qu'on n'oublie pas.

– Vous nous flattez, dit Joseph.

– Mais non, mais non !

Desportes souriait. Il leur tendit la main et les regarda s'éloigner.

– Qu'est-ce qu'il a voulu dire ? demanda Maria à Joseph, alors qu'ils marchaient vers les « Cèdres ». L'ironie ?

– Je ne sais pas, dit Montagard. C'est un homme singulier…

– Bizarre, dit Maria.

Un mois s'était écoulé depuis l'arrivée des Montagard à la Résidence. L'automne commençait. Ils avaient passé un dimanche à Beaulieu en compagnie de leur fils et de leur belle-fille. Au cours de cette journée, ils avaient échangé des propos sans importance et le souvenir qu'en conservait Joseph était gris. Au contraire, Maria avait découvert avec intérêt l'appartement de Jean et de Marianne. Elle avait été sensible aux attentions qui lui avaient été prodiguées et n'avait cessé de tenir le dé de la conversation. Elle était satisfaite de la promotion sociale de son fils.

Celui-ci avait profité de la liberté que lui laissaient les congés de la Toussaint pour rendre visite à son tour à ses parents. Il leur avait fait remarquer sa satisfaction du confort dans lequel ils vivaient à proximité de Beaulieu.

Joseph, pour se soustraire à l'agitation qui régnait dans le hall et dans le salon, avait préféré recevoir son fils dans sa chambre. Il était resté presque constamment silencieux.

Ce fils unique, il le connaissait mal. Tous deux n'avaient aucun souvenir commun. Le monde rural ou ouvrier dans lequel Joseph avait vécu était étranger à Jean. De plus, ils n'appartenaient plus au même milieu social. Et Joseph se souvenait du conseil de Desportes :

« Ne restez pas ici. » L'attitude ambiguë qu'avait prise le médecin lors de leur rencontre hantait sa mémoire.

Jamais comme en ce jour de fête, les heures ne lui étaient apparues aussi longues. Le parking avait été envahi par les voitures des visiteurs. Des enfants se poursuivaient dans le hall, grimpaient sur les fauteuils, se cachaient derrière les rideaux.

Maria avait été peinée de l'attitude de son mari.

Lorsque Jean était parti aucun rendez-vous n'avait été pris pour une prochaine rencontre.

Dans les jours qui suivirent, Joseph songea à adresser sa démission au directeur. Le bonheur que Maria semblait trouver dans cette nouvelle vie l'avait retenu. Elle était heureuse.

Un soir, il essaya de lui parler de leur vie passée, de la maison qu'ils avaient quittée. Elle parut ne pas vouloir l'écouter.

– Vis au présent, lui dit-elle. Profitons de ce que nous pouvons saisir.

– Tu ne saisis rien, lui répliqua Joseph. Les jours s'écoulent entre nos doigts.

Alors Maria évoqua le futur et ses incertitudes. Il ne répondit pas. Maria trouvait sa sécurité dans son nouvel entourage. Montagard ne l'espérait que de la présence de sa femme auprès de lui.

Aux « Cèdres », la vie était bien réglée et Joseph accepta peu à peu de se plier à une certaine discipline. À condition qu'on ne se levât pas trop tôt, qu'on ne se couchât pas trop tard – les portes de la Résidence étaient fermées, le soir, dès neuf heures –, l'existence pouvait être supportable par sa monotonie qui brisait peu à peu toutes les velléités d'indépendance.

Joseph et Maria commençaient à se familiariser avec les visages et les manies de leurs nouveaux compagnons. Ils ne pouvaient encore les connaître tous car beaucoup vivaient retirés dans leur chambre et auraient même souhaité qu'on leur y servît leurs repas. Mais Mme Legros veillait.

En vertu des lois de la longévité, les femmes étaient les plus nombreuses. Parfois discrètes, le plus souvent agressives ou irascibles, elles s'assemblaient par groupes de trois ou quatre amies pour constituer des clans. Pendant quelques jours, leur entente semblait parfaite. Elles en profitaient pour railler leurs voisines de leur coiffure ou de leur vêtement.

D'autres constituaient l'apparence de ménages partageant la même chambre : telles Mme Courvoisier et Mme Terrier, Mme Bard et Mme Pic. Quelques-unes, comme Mlle Touraine que chacun taxait d'indépendance voire d'originalité, demeuraient solitaires et silencieuses.

Le comportement des hommes était différent. Dès les premières semaines, Joseph avait pu constater qu'on pouvait les classer en deux groupes : d'abord celui des amoureux du dehors et de la liberté, ceux qui, chaque soir, dès le repas terminé, se rendaient au village de Saint-Pierre pour y boire et jouer aux cartes. Ils se réunissaient au « Marronnier centenaire », au café que tenait Kermadec. Souvent pris de boisson, ils rentraient à la Résidence en provoquant quelque tapage. Le trio le plus célèbre était constitué par Kupfer, Roche et Lehureau. S'ils rentraient après la fermeture des portes, Bernard, qui buvait avec eux et qui était parvenu à subtiliser une clé, les leur ouvrait. Par leur volubilité, leur trogne, leur rondeur, ils différaient d'une autre race d'alcooliques qui ne quittait guère la Résidence. Abrutis, assis dans le hall où ils semblaient s'attarder à lire le journal, ils attendaient que quelque membre du personnel consentît à leur apporter leur opium. Petits vieillards décharnés, au visage couperosé, à l'haleine fleurant l'alcool, ils avaient les faveurs de Mme Legros qui acceptait facilement leurs propos grivois. Orsini était probablement au courant.

D'autres enfin étaient les véritables sédentaires, dignes comme Lebrun, Tavernier, Renaudin. Montagard tout en restant discret ne craignait pas leur compagnie.

Lebrun aimait à recueillir les potins. Il observait ses compagnons et rédigeait, disait-on, un journal.

Tavernier retenait l'attention par sa rigueur toute militaire et l'esprit de fronde qui l'animait. Il avait déjà confié à son entourage qu'il filerait bientôt à l'anglaise de cette maison où ses enfants l'avaient confiné. « Ils ne m'auront pas comme ça, disait-il. Officier, deux guerres, deux captivités, quatre tentatives d'évasion ! »

Montagard avait souri en l'écoutant. Ce Tavernier était probablement un brave homme. Soixante-quinze ans, comme Lebrun, et il vivait là depuis trois ans. Trois ans de Résidence, c'était tout de même long !

– Il y aurait de quoi se flinguer, ajoutait-il. Mais j'ai mes projets.

Quant à Renaudin, beau vieillard soigné, souvent vêtu d'un veston d'intérieur et d'un pantalon gris au pli parfait, il ne dédaignait pas de montrer quelque attention à l'égard de Mme Courvoisier.

Maria avait organisé sa vie. Elle s'intéressait surtout le matin au ménage et à la cuisine. Ne pouvant rester inactive, elle aidait volontiers les employées dans leur tâche quotidienne et Mme Legros l'appréciait.

Très vite, elle avait essayé de nouer des relations avec ses nouvelles compagnes. C'est ainsi qu'elle avait commencé à fréquenter Mme Courvoisier et Mme Terrier.

Cette dernière, bossue, rhumatisante, marchait avec difficulté en s'appuyant à une canne. Elle avait besoin de Mme Courvoisier qui la protégeait avec rudesse. Toute protection se paie. Mme Courvoisier avait peu à peu envahi toute la chambre et refoulé le lit de sa compagne au fond de la pièce, contre le mur. Mme Terrier ne disposait ainsi que d'un espace exigu. Aussi, Mme Courvoisier avait placé la table à écrire près de la fenêtre et y avait disposé sous-main, plumes, encrier et loupe. Elle entretenait avec des parents éloignés, des amies, une correspondance. Sa haute écriture, pointue, assurée, à l'encre violette, ne manquait pas de distinction.

Toutes deux recevaient parfois quelques amies à goûter dans leur chambre et c'est ainsi que Maria fut conviée, un jour, à partager les biscottes, le beurre, la confiture de ses voisines. Mme Courvoisier avait préparé le thé. On s'installa. Mme Courvoisier furetait. Elle ouvrit la porte de l'armoire.

– Ce sera juste, dit-elle, en posant le sucrier.

Et se tournant vers Maria :

–Vous n'avez pas songé à apporter quelques morceaux de sucre ?

– Je ne savais pas, dit Maria, confuse. Je réparerai cet oubli.

– Ce n'est rien, reprit Mme Courvoisier. Il est dans nos habitudes, lors de nos goûters, que l'une fournisse des gâteaux secs, une autre la confiture. Mais ne soyez pas tracassée pour si peu. Nous nous contenterons de ce que nous avons. Je vous en prie, ne soyez pas humiliée.

Enfin, le thé fut servi. On causa. On s'entretint surtout du temps, des maladies, des traitements nouveaux.

Maria admirait l'aisance de Mme Courvoisier et ses sourires. Elle surprit les regards de mépris qu'elle jetait de temps en temps sur Mme Terrier.

– Ma pauvre Félicie, que vous êtes donc maladroite ! Si je n'étais pas auprès de vous pour vous surveiller que deviendriez-vous ?

– Vous n'êtes guère charitable, dit en soupirant Mme Terrier.

Et elle expliqua que ses rhumatismes lui interdisaient presque de se servir de ses mains.

– Mais non, mais non, fit l'autre. Ne vous réfugiez pas ainsi dans votre impotence, toute relative du reste. La vérité est que vous ne prêtez attention à rien.

On grignota. Maria qui n'avait jamais bu de thé jusqu'alors trouva cette boisson agréable. Mme Terrier l'interrogea sur sa vie passée. Maria se montra discrète.

Le temps passa vite. Mme Courvoisier invita sa compagne à débarrasser la table et à faire la vaisselle. Maria crut devoir l'aider. Ce fut elle qui finalement, penchée sur le lavabo, accomplit l'ouvrage. Mme Courvoisier se borna à remettre les sièges en ordre.

– Nous espérons vous revoir bientôt, dit-elle à Maria.

– Assurément, dit Maria tout en se promettant de ne pas revenir. Veuillez excuser seulement mon inexpérience.

– Vous ne pouviez pas savoir ! Je m'en veux. J'espère seulement ne pas vous avoir blessée. Voulez-vous que nous bavardions encore quelques instants ensemble ? Nous ne savons rien des raisons qui vous ont conduite jusqu'ici.

– Mon mari m'attend, reprit Maria. Quand il m'a perdue, il ne sait plus où il en est. Nous nous aimons beaucoup.

Mme Courvoisier sourit :

– Ma pauvre petite, vous avez tort de l'habituer à une telle dépendance. Jamais je ne me suis trouvée aussi libre que depuis que je suis veuve. Cinq ans bientôt ! J'ai rajeuni.

Maria glissa vers la porte et après avoir balbutié quelques mots de remerciements s'en fut.

Le soir, elle s'étonna en présence de Lebrun de l'état de servitude dans laquelle Mme Terrier achevait ses jours.

– Dans les ménages de femmes, répondit Lebrun, il en est toujours ainsi. L'une cherche toujours à dominer l'autre et elle y parvient. Il existe la protégée et la protectrice. J'ai noté ce trait dans mon journal. Mme Bard crucifie Mme Pic de la même façon.

Pourtant Maria demeurait avide de nouvelles connaissances. Elle espérait qu'elle se ferait un jour ou l'autre une amie. Elle fut reçue bientôt par le couple Bailly. Le vieux père Bailly l'attendrissait.

Il se montra surtout intéressé par la nourriture et il saliva en composant des menus imaginaires.

– Te souviens-tu, Lucie… disait-il…

Il évoquait des restaurants.

– Je fus un gastronome, précisa-t-il.

Sa femme haussa les épaules :

– Tu es un enfant, dit-elle. Son plat préféré fut toujours le poulet froid.

Un sourire fugitif entrouvrit ses lèvres, plissa la commissure de ses paupières. Et tout d'un coup, d'une voix forte :

– Auguste, tiens-toi droit. Si je n'étais pas là, tu te laisserais aller.

Et Bailly, vieillard chenu et biblique par sa longue barbe blanche, bomba le torse.

Il montra ses gencives édentées.

– À nonante ans, malgré tout, l'appétit décline. Les viandes passées au mixeur n'ont plus de saveur.

– Tais-toi donc ! s'écria sa femme. Tu manges comme un loup. Pour ton âge, évidemment !

Le père Bailly embrassa sa femme sur le front, y attarda ses lèvres. Alors, elle le repoussa doucement.

Quant à Mme Latour, elle avait confié à Maria comme elle s'en ouvrait à tout le monde, qu'elle ne supportait plus son mari. Elle ne pouvait pas dormir tellement elle était obsédée par le pépiement humide que ne se lassaient pas d'émettre les lèvres de son époux. Alors, éveillée, elle grignotait des gâteaux secs. Le craquement des gâteaux sous la dent, dans l'ombre de la chambre, répondait au mâchonnement de son mari qui en était incommodé à son tour. Le père Latour se levait et gagnait le cabinet de toilette pour pisser, ce qui ne lui était pas toujours facile. À l'aube, vaincus par le sommeil, l'un et l'autre s'endormaient pour une heure ou deux.

Depuis longtemps, Mme Latour menaçait de se retirer seule dans une maison de repos si son mari ne parvenait pas à se débarrasser de son tic.

Desportes et l'un de ses internes, Masson, avaient renoncé à tout traitement. Le pépiement de M. Latour répondait au regard furieux de sa femme. Maria commençait à se demander si la longue cohabitation d'un couple dans l'extrême vieillesse était réellement favorable.

Joseph trouvait que sa vie était devenue monotone. Il passait ses matinées en compagnie de sa femme. Levé de bonne heure, il passait une partie de son temps à sa toilette qui était toujours minutieuse puis il sortait pour se rendre au bourg de Saint-Pierre où il achetait les journaux.

Il arrivait à la Résidence lorsque Maria venait d'achever le ménage de leur chambre. Tandis qu'elle tricotait, assis devant la table, auprès de la fenêtre qui donnait sur le plat pays, il s'attardait sur les mots croisés. Cette distraction était neuve pour lui et elle montrait à quel point de dénuement il était tombé. Il interrogeait parfois sa femme et lui demandait son aide. Mais il ne parvenait que rarement à remplir les grilles et il attendait le journal du lendemain pour trouver la solution. Ces échecs ne l'affectaient guère. Tout en affinant la pointe de son crayon, il laissait errer son regard sur les petites annonces comme s'il n'avait pas perdu tout espoir de retrouver un emploi.

En attendant l'heure du déjeuner, il déployait la carte de la région que lui avait procurée Desportes. Il y cherchait un but de promenade pour l'après-midi : Saint-Gilles, Saint-Hilaire, Les Herbiers, Les Essarts, Pincé. Aucun de ces villages ne le tentait particulièrement. Il choisissait simplement une direction qui l'éloignât de l'océan.

Toutes ces matinées auraient été marquées par le silence si le cliquetis des aiguilles de Maria ne l'eût troublé tandis que le vent continuait à souffler.

Alors, seul, après le repas, il s'éloignait de la Résidence. Les routes n'étaient guère variées et le paysage qu'il découvrait était toujours le même : des fermes basses, des prairies encloses par des haies de houx, de prunelliers sauvages, de fougères parmi les hautes ronces, des landes trouées d'eaux dormantes et rouillées. Auprès d'elles poussaient des ajoncs. Au loin, miroitait parfois la surface pâle d'un étang cerné de pins et de bouleaux.

Il s'arrêtait et contemplait sur les bords de la route des plantes inconnues. Elles ressemblaient à certaines espèces de son pays mais elles en différaient par quelques détails qui ne lui permettaient pas de les identifier. Il interrogeait parfois un paysan rencontré : c'étaient des salicornes à la saveur amère, des choux ou des bettes sauvages.

– Méfiez-vous, disait le paysan, la marée est à cinq heures.

Montagard poursuivait sa route. Ces paysages n'étaient pas sans lui rappeler ceux de la Prusse orientale où il avait été prisonnier. Ils n'atteignaient pourtant jamais la même grandeur et la beauté de cette plaine où l'immensité du ciel se reflétant sur l'eau martelait l'étain de la surface des lacs.

Il continuait à marcher jusqu'à ce qu'il eût atteint le village qu'il s'était fixé pour but. Tout y paraissait mort. Il poussait les portes de vieilles églises abandonnées et délabrées. Il s'avançait sous la voûte d'où l'humidité suintait. Puis il sortait. Parfois il pénétrait dans le cimetière de la paroisse qui alignait ses tombes effondrées auprès des murs de la nef.

Montagard ne savait trop pourquoi il agissait ainsi. Il pensait seulement que ces lieux marquaient le terme de sa promenade. Sans doute parce que les morts sont les seuls vivants. Comme il avait l'esprit simple, il ne cherchait pas à donner une explication à tous ses actes.

Un jour cependant, il avait été heureux de sa promenade. Tout près du village des Herbiers, le sol se relevait pour former une sorte de croupe qui se terminait curieusement par l'abrupt d'une falaise. Au bas de celle-ci s'étendait une nappe d'eau assez large. Une source jaillissait parmi les herbes aquatiques. Puis l'eau s'écoulait par un ruisseau bordé de saules.

L'apparition de cette eau douce était incompréhensible. On ne savait ni son origine ni sa fin.

Quand l'heure de la marée haute approchait, il semblait à Montagard que le ciel et l'air devenaient instables. Il interrogeait le vent. Une lassitude le gagnait.

Il s'étonnait de l'absence de faune terrestre. Presque pas d'oiseaux. Pas une touffe d'herbe ne frémissait sous la fuite d'un animal effrayé par son approche.

Les insectes étaient morts et leurs larves enfouies.

Une charrette grinçait sur le chemin. Elle demeurait cachée par les ajoncs. Le paysan qui la conduisait chantait une vieille complainte :

Vous crev'rez dans vos villes
Maudits patauds
Tout comme les chenilles
Les patt's en haut.

Lorsqu'il revenait de ses promenades, Lebrun et Tavernier l'attendaient avec impatience et le questionnaient.

– Qu'avez-vous vu ? lui demandaient-ils

– Rien, rien, absolument rien, répliquait Montagard. Vous savez comme moi ce que peut être le plat pays.

– Nous ne nous y sommes jamais aventurés.
– L'aventure ne se trouve pas de ce côté. J'ai marché.
– Il faudrait aller beaucoup plus loin, disait Tavernier.
– Sûrement. Et encore !
– Heureux tout de même de vous revoir.
– Vous n'avez rien à craindre à ce sujet.

Puis venait l'heure du repas et à neuf heures Maria et Joseph étaient au lit. Ils essayaient de lire mais ils étaient vite gagnés par le sommeil et ils s'endormaient.

Alors la véritable nuit commençait, rythmée par l'horloge de l'hospice qui sonnait chaque quart d'heure.

La présence de sa femme dans le lit voisin paraissait étrange à Joseph. La respiration de Maria était régulière et calme. Dans la chambre contiguë, près de la cloison, un réveil battait le temps. Ce bruit était obsédant et irritait presque autant Montagard que le chuintement de la chasse d'eau qui perdait. Ces bruits pourtant discrets et qui se seraient facilement confondus avec la rumeur de la Résidence endormie acquéraient une résonance particulière du fait même de leur ténuité dans l'apparence de calme régnant alentour. Nul ne savait qui dormait ou qui luttait contre l'insomnie.

Joseph surprenait cependant les pas furtifs des veilleurs qui, chaque deux heures, accomplissaient leurs rondes. Parfois l'un d'eux entrouvrait la porte de la chambre. Joseph, blotti dans son lit, ne bougeait pas. Il voulait donner l'illusion du sommeil ou tout au moins du repos.

Une nuit, l'idée lui vint de demander au veilleur un somnifère. Il se contint. S'il commençait à réclamer des somnifères, il ne pourrait peut-être plus s'en passer. Il ne le voulait pas.

Alors, bien qu'il tentât de s'en défendre, il songeait à sa

maison de Relevant. Là-bas, tout était en ordre. Il revoyait leur chambre si proche de la grange qu'aux grands jours d'été l'odeur du foin coupé parvenait jusqu'à eux tandis que les grenouilles coassaient sur les étangs. Il apercevait la clarté du ciel que découpait la fenêtre grande ouverte. Lentement, les rayons de la lune se déplaçaient sur le bois poli de la commode, glissaient sur la paille dorée des chaises. Ah, les saisons ! Combien les avait-il aimées ! Il n'avait jamais compris que sa femme ne leur portât jamais attention. Pour elle, le monde était ainsi fait.

Il songeait à l'automne de son pays avec ses chemins creux où rouissaient les feuilles dans les flaques, quand les chiens clabaudaient dans les fermes lointaines. Sur la surface des étangs qui parsemaient sa terre se miraient les formes élancées des peupliers aux dernières feuilles folles et il écoutait bruire les ramures des saules blancs tandis que les poules d'eau agitaient les roseaux de brusques soubresauts. Les feuilles glissaient sur l'eau quand l'aube commençait à poindre et s'enfuyaient sous le vent comme une minuscule flotte aux frégates innombrables.

Et les hivers, grands dieux ! Et leur lucidité. Le chant des coqs paraissait plus lointain quand il partait à vélo pour l'usine, en veste, avec simplement un cache-col noué sur sa gorge et sa poitrine. Il revenait à la nuit, dans le parfum des labours gras, les mains engourdies par le froid, dans l'air cinglant ses lèvres.

Et la chaleur de l'atelier et des hommes retrouvés chaque matin ! Plus paysans qu'ouvriers tous, comme ceux de cette génération qui avait commencé, dans son désarroi, à quitter la terre.

Au fur et à mesure que les jours s'écoulaient, l'étonnement de Montagard grandissait. La plupart de ses compagnons habitaient la Résidence depuis plusieurs années. Qu'y avaient-ils fait? Ils avaient attendu et ils avaient vieilli. Ils avaient accepté l'attente. Attitude impardonnable à leur âge. Il fallait au contraire vivre plus vite puisque les jours étaient comptés. À quoi avait-elle abouti? Au repli sur soi, au désintérêt, à la perte de tout élan et de l'indignité sinon de la culpabilité. Le dicton prétendait qu'on pouvait être vieux à tout âge. Montagard savait que l'adage comportait du vrai et du faux. La vieillesse conduisait à l'idée de la mort et à la mort elle-même. Chacun ici semblait trembler devant l'idée de sa propre disparition et le «mot» n'était jamais prononcé.

Nul ne pouvait ignorer la présence proche de l'hospice mais chacun se gardait d'y faire la moindre allusion. Et pourtant, comme il était présent! On ne pouvait sortir sans apercevoir sa masse.

À deux ou trois reprises, il avait essayé de s'informer auprès de ses anciens sur la nature exacte des liens qui unissaient la Résidence et l'hospice. On lui avait répondu qu'il était préférable de ne pas en parler. Les réponses témoignaient à la fois de méfiance et de mépris. De la crainte d'y être admis un jour dans une infirmerie et de la condescendance à l'égard de ceux qui y étaient hébergés.

Peu à peu, Joseph avait admis que l'hospice et ses médecins et son administration pouvaient être redoutables.

Dès que le jour commençait à poindre, Montagard apercevait dans le lit voisin la forme de sa femme endormie. Il contemplait l'aspect sacré du sommeil, l'absence de l'être dans l'hiératisme et sa présence proche du surnaturel. Il redoutait presque que sa femme, en bougeant, ne rompît le charme de la pérennité. Et tout à coup cette image appelait celle de la mort. Il s'agitait dans son lit jusqu'à ce que Maria s'éveillât, se dressât assise sur son lit.

Elle s'inquiétait déjà :

– As-tu dormi ?

– Mal, le vent peut-être.

Il demandait à Maria de venir le rejoindre et elle lui obéissait. Elle se glissait entre les draps du lit trop étroit et elle se blottissait entre les bras de son mari, la tête appuyée à son épaule et les genoux repliés appliqués à son ventre. Joseph caressait les cheveux de Maria puis sa main descendait le long de ce corps qu'il connaissait tout entier. Il en explorait les lombes, le ventre et il s'étonnait une fois de plus de la perception si vive des saillies osseuses.

– Comme tu es maigre.

– Tu sais bien que je l'ai toujours été.

– Pas autant, reprenait Joseph d'une voix craintive.

Enlacés, tous deux s'endormaient.

Ce fut au cours de l'un des dimanches suivants que le premier incident survint.

Joseph et Maria avaient attendu que leur fils vînt les chercher pour déjeuner. Mais, empêché par une fatigue de sa femme, Jean les avait avertis par téléphone qu'il ne pourrait se rendre à Saint-Pierre. Les explications données par Jean étaient apparues à son père pleines d'embarras. Un peu déçu, vaguement soupçonneux, il n'était pas sorti.

Assis dans le hall, auprès de Maria, il assistait au retour des pensionnaires qui, le matin, avaient pris le car pour la sortie dominicale mensuelle. D'après ce qu'il avait entendu dire, le but de ces excursions était toujours le même : les plages de Saint-Jean ou de Saint-Jacques, ou bien les rues du centre de Beaulieu ou de Saint-Macroix. Des groupes se formaient suivant les affinités du jour. Certains allaient au restaurant et faisaient ensuite quelques pas sur les quais des ports ou se rendaient dans un cinéma. D'autres erraient simplement dans la ville en léchant les vitrines. On se retrouvait tous le soir pour s'installer dans le car du retour.

Presque tous estimaient que ces promenades étaient harassantes et avaient pris la résolution de ne plus y participer.

Le mois suivant, poussé par l'ennui, on repartait encore. Seuls, Renaudin, Mme Courvoisier, Mme Latour, à condition que son mari consentît à ne pas l'accompagner, disait trouver un réconfort dans ces sorties.

L'incident se passa très vite. Joseph et Maria écoutaient les plaintes habituelles lorsqu'ils virent s'abattre une forme noire devant la porte du hall. On se précipitait déjà. Une bouffée d'air humide s'engouffra. Mme Terrier avait glissé sur le seuil et restait étendue sur le sol. Montagard s'approcha. Mme Terrier, incapable de se relever, gémissait tandis que Mme Courvoisier s'affairait auprès d'elle. Montagard franchit le cercle des curieux qui commençaient à s'attrouper.

– Transportez-la sur son lit, murmuraient des voix enrouées. Avec ce brouillard !

L'infirmière était accourue après avoir fait appel à l'interne de garde.

– En attendant, dit-elle en s'adressant à Montagard, vous qui êtes si vaillant, transportez Mme Terrier sur le lit de la salle de soins.

Mme Courvoisier bourdonnait :

– Ma bonne amie, pourquoi avoir été si imprudente ? Vous auriez dû prêter attention à cette marche. Il a suffi que j'abandonne votre bras pendant quelques secondes…

La lumière d'une fenêtre éclairait le visage de Mme Terrier. Celle-ci demeurait inerte comme un insecte renversé. La haute silhouette blanche d'un homme jeune avançait dans la nuit. C'était l'interne. Il regarda Montagard qui découvrit un visage doux à la chevelure très brune. Montagard l'aida à placer Mme Terrier sur un chariot.

Le temps pressait. Les pensionnaires refluèrent. Les uns s'assirent dans le hall, les autres, se désintéressant de la suite, gagnèrent leurs chambres.

Joseph vint s'asseoir auprès de Maria :

– Mme Terrier s'est fait grand mal, dit-il.

– Elle ne s'est pas cassé la jambe au moins !

Il fallait maintenant attendre le verdict. L'infirmière, l'interne, Mme Terrier étaient enfermés dans la salle de soins. On délibérait.

– Comment s'appelle cet interne ? demanda Joseph à Mme Courvoisier.

– M. Fangio.

– Sympathique, fit-il. Il inspire confiance.

L'interne et l'infirmière sortaient de la salle de soins :

– Fracture du col du fémur, dit l'infirmière. À l'hôpital.

– Une de plus ! murmura Tavernier.

Déjà un feu clignotant, une lumière intermittente et bleue, glissait dans la nuit. L'ambulance s'immobilisa. Le silence se fit dans le hall. Mme Courvoisier tendit à Mme Terrier son sac à main :

– Ne m'abandonnez pas, ma bonne amie, implorait Mme Terrier.

– Voyons, Félicie, je ne vous serais d'aucun secours. Soyez raisonnable.

Maria avait surgi :

– Je vous accompagne, dit-elle.

Joseph regarda sa femme. Il en était fier.

– Tu as raison. Va, lui dit-il.

On glissa Mme Terrier dans l'ambulance. La voiture démarra.

On entendit peu à peu s'éteindre le son de l'avertisseur lugubre.

Les pensionnaires de la Résidence, d'abord inquiets, maintenant calmés, passaient à table. Les places de Mme Terrier et de Maria demeuraient vides. Mme Legros fit serrer les convives.

Cet incident, s'il était neuf pour Montagard, était banal pour les autres et la plupart d'entre eux avaient assisté à des départs semblables. Bientôt une rumeur joyeuse anima la salle à manger qui brillait de l'éclat de toutes ses lampes.

– Vous les entendez, dit Tavernier en soulevant de sa main valide son bras paralysé. Elles sont heureuses parce qu'il s'est passé quelque chose. La chute de Mme Terrier a rompu leur ennui. Ce fut un divertissement.

– J'ai remarqué, dit Montagard, que le Dr Desportes n'avait pas été prévenu.

– Desportes ne se dérange pas pour si peu. Il a pleine confiance en ses deux internes. Il n'a pas tort d'ailleurs. Ce sont deux charmants garçons.

Montagard insista :

– Mais vous, que pensez-vous du docteur Desportes ?

– Je pense que les médecins, d'une façon générale, sont plutôt des emmerdeurs. Moins Desportes apparaît ici, plus nous sommes tranquilles. Je le connais peu et c'est un homme sur lequel il n'est pas facile de se faire une opinion. Pourquoi est-il venu se perdre ici? Pourquoi a-t-il ouvert un cabinet à Saint-Pierre où il ne travaille que très peu? C'est un mystère. Il appartient peut-être à cette race de médecins itinérants qui ne sont satisfaits nulle part. Desportes apparaît à beaucoup comme un être déroutant. Il n'est pas semblable aux médecins tels qu'on se les imagine!

– Tels qu'on se les imagine?

– Oui, assurés d'eux-mêmes, allant de l'avant, ne se posant pas de questions. Desportes, une énigme.

– Il en est peut-être d'autres? dit Montagard. Des médecins qui cherchent à se défendre contre leur sensibilité et dont l'attitude n'est qu'un masque.

– Possible, dit Tavernier.

Montagard consulta se montre. Sa femme était partie depuis plus d'une heure. Tavernier soupira, puis, brusquement agressif, il laissa tomber son poing sur la table. Les verres frémirent.

– Du calme, monsieur Tavernier. D'ailleurs vous n'êtes pas à votre place, cria Mme Legros qui surveillait le dîner des pensionnaires.

– Nous ne sommes pas en prison, répliqua hautement Montagard exaspéré par l'attitude de la responsable.

– M. Tavernier n'est qu'un élément perturbateur. Il n'aime que le désordre! s'exclama-t-elle.

Montagard haussa les épaules.

– Ce qui est certain, reprit Tavernier à voix basse, c'est que Desportes s'intéresse aux personnes âgées surtout lorsqu'un affaiblissement progressif ou la maladie les condamnent.

Il se tut un instant.

– Mais n'est-ce pas plutôt le vieillissement qui le retient et qu'il étudie ? Vous me comprenez ?

– Très bien, dit Montagard un peu gêné.

Après le dîner, Tavernier, Montagard et Renaudin et Lebrun s'assirent dans la pénombre du hall. Ils étaient silencieux. Lebrun tirait sur sa pipe et des volutes de fumée s'élevaient au-dessus de l'abat-jour de la lampe. Les Bailly et les Latour somnolaient devant l'écran de télévision en compagnie de Mme Courvoisier qui, elle, était intéressée par le film. Le vent balançait sur la terrasse les plus basses branches des cèdres. Déjà la Résidence s'endormait tandis que, à quelques centaines de mètres, les étages des infirmeries de l'hospice allumaient toutes leurs fenêtres dans la brume.

Renaudin bâillait.

Tout à coup, Maria et l'infirmière qui avaient accompagné Mme Terrier à l'hôpital parurent.

– Alors ? demanda Joseph en se précipitant vers sa femme.

– Les chirurgiens ont décidé d'opérer Mme Terrier. Ils prétendent que c'est pour elle la seule chance.

– Qu'est-ce que je vous disais ! dit Tavernier. Elle reviendra estropiée, si elle revient !

– Taisez-vous donc ! dit Renaudin. Si les chirurgiens estiment que la seule chance de permettre à cette pauvre femme de remarcher est de l'opérer, il faut évidemment la courir.

Joseph, heureux d'avoir retrouvé sa femme, la félicitait de son dévouement.

– Tu es bien toujours la même !

– C'était affreux, reprit Maria. Les accidentés de la route étaient placés sur des couchettes, dans les couloirs. Quel encombrement ! J'ai bien cru que l'interne allait refuser d'admettre Mme Terrier lorsque nous lui avons dit son âge. Il paraît qu'il en est ainsi tous les dimanches soir. Les services d'urgence ne suffisent plus.

– Eh bien, continua Tavernier, je vais vous prédire le destin qui attend notre Mme Terrier. Ou bien, elle mourra à l'hôpital, ou bien, dès qu'opérée, les chirurgiens l'adresseront à Desportes qui la fera entrer dans l'une des infirmeries de l'hospice dont elle ne sortira jamais.

– Je ne comprends pas votre pessimisme, remarqua Renaudin au fond assez indifférent.

Mme Courvoisier approuva :

– Félicie est plus forte que vous ne le pensez.

– En avez-vous goûté, vous, Renaudin, de l'infirmerie ? s'écria Tavernier. Non, n'est-ce pas ! Pour ma part, je sais ce que c'est. J'y suis resté quatre mois. Demandez à Lebrun ce qu'il en pense. Il y a séjourné lui aussi.

– Il est certain, reprit Lebrun avec modération, qu'il faut vouloir guérir pour en sortir et posséder un robuste optimisme pour endurer la promiscuité qu'on y rencontre.

– Avez-vous entendu ce que disait Mme Montagard ? Qu'il fallait attendre ! Attendre quoi ? Nous sommes ici au bout de la terre, isolés. Rien ne viendra jamais à notre rencontre. J'ai attendu toute ma vie. Et vous aussi, ajouta Tavernier à l'intention de Renaudin.

– Je ne sais de quoi vous voulez parler, dit Renaudin en sa calant les reins dans son fauteuil.

À leur droite, dans le salon, des voix éclataient, jaillissaient du téléviseur. De temps en temps, des paysages du Far West défilaient sur l'écran, puis ce furent des coups de feu, des cris aigus d'Indiens.

– Une belle entreprise d'abrutissement, murmura Tavernier.

Lebrun avait achevé sa pipe. Il la récura.

– Si je citais tous les noms de ceux ou celles qui sont partis pour l'hôpital et l'hospice et qui n'en sont jamais revenus, vous seriez édifié, Montagard. Ma décision est prise, ajouta Tavernier. Malgré mon infirmité, je ne resterai pas ici.

Joseph réfléchissait. Il connaissait le caractère ombrageux de Tavernier. Il n'en était pas moins frappé par ce qu'il venait d'entendre. Pour la première fois, l'hospice lui apparut comme une menace.

Il saisit la main de Maria dont les doigts lui parurent fragiles.

Tavernier s'était dressé.

– Bonsoir, messieurs, dit-il, et souhaitez-moi bon voyage.

Mme Courvoisier, courroucée, traversait le hall à grands pas :

– C'est inadmissible, répétait-elle.

Mme Courtois venait de lui apprendre que puisque Mme Terrier était partie, elle devrait partager sa chambre avec une nouvelle compagne. Son indignation éclatait :

– Voilà la reconnaissance à laquelle j'ai droit pour avoir si longtemps soigné ma pauvre amie !

– Elle se fout de Félicie, murmura Lebrun en souriant.

Tavernier avait gagné sa chambre. Mme Courvoisier était toujours en quête de l'infirmière. Lebrun et Montagard entendirent enfin les voix aigres d'une dispute.

– Vous vous adresserez demain à Mme Legros et à Orsini, criait Mme Courtois.

– J'écrirai au directeur ! clamait l'autre.

Renaudin, intéressé par les passages successifs de Mme Courvoisier, murmura :

– Elle a encore de l'allure et quelle vitalité !

Montagard semblait préoccupé. Il se pencha vers Lebrun.

– Est-ce que Tavernier n'est pas un peu fou ? demanda-t-il avec timidité.

– Je ne crois pas. Il voit assez juste. Par moment, il ne paraît pas jouir de toutes ses facultés. Il ne faut pas oublier qu'il a été frappé d'une attaque. Il a montré alors une grande force de caractère. Il demeure irritable mais, à son âge, il ne semble pas être plus diminué que beaucoup d'autres. Il a ses opinions et il les exprime.

– À quoi occupe-t-il son temps ?

– Il étudie l'histoire militaire. Il s'intéresse à des batailles anciennes qui se seraient déroulées dans cette région. Je puis même dire qu'il les vit. Il dit attendre un débarquement. Il s'y prépare et dresse des plans comme si une invasion pouvait le délivrer. Il mêle de temps en temps le présent au passé. Il est difficile de savoir ce qu'il pense. Ses préoccupations restent très secrètes. Il lâche une allusion de temps en temps. C'est tout.

Renaudin, un instant absent de la conversation en raison de l'intérêt que suscitait pour lui Mme Courvoisier, y revint.

– Croyez-vous réellement que M. Tavernier partira ? lui demanda Maria.

– J'en doute fort, dit Renaudin. Il faut reconnaître que personne n'est malheureux ici.

– Personne n'est malheureux, c'est entendu, reprit Lebrun. Tout au moins personne ne devrait l'être. Mais personne n'est heureux non plus. Allons donc nous coucher.

– Savez-vous ce que disait ma mère, ajouta Maria en se dressant gaiement. Elle disait : « Mes enfants, allons chercher demain. »

Le lendemain, dans l'après-midi, une grande agitation s'empara des pensionnaires de la Résidence. Absent au déjeuner, Tavernier avait disparu. On attendit son retour jusqu'au soir. Orsini était là, le front obstiné, le regard soupçonneux. Il mena une enquête auprès de Mme Legros, de Mme Courtois et des pensionnaires.

– Il faut admettre, dit-il enfin, que M. Tavernier s'est échappé.

Lebrun le reprit :

– Dites plutôt simplement qu'il est parti.

Mme Legros paraissait très inquiète :

– Il reviendra. Où voulez-vous qu'il aille ?

Orsini grogna.

– Il est peu probable qu'il revienne. Son armoire est vide. Il a emporté ses valises. Ses livres et ses documents ont disparu.

La nuit tombait. La brume stagnait au-dessus des toits du bourg et voilait les murs de l'hospice.

– C'est la première fois, dit Orsini avec gravité et amertume qu'un pensionnaire des « Cèdres » ose quitter la Résidence sans avoir signé sa démission.

– Arrive-t-il souvent que des pensionnaires démissionnent ? demanda Montagard.

– C'est arrivé deux fois mais tout était en ordre. Je ne m'explique pas le départ de M. Tavernier. Vous n'étiez au courant de rien ?

Montagard, Lebrun et Renaudin se regardèrent.

– Vraiment non, dit Montagard.

– On ne pouvait attacher d'importance à tous les propos de Tavernier, ajouta Renaudin.

– C'est bien, dit Orsini. Je vais rendre compte au directeur. Il faudra avertir la gendarmerie, entreprendre des recherches et prévenir ses fils. Nous sommes responsables. Tout au moins dans une certaine mesure.

« À l'hospice, les départs clandestins sont plus fréquents. Ce sont des fugues qui n'aboutissent d'ailleurs à rien. Sans parents pour les accueillir, sans argent, la plupart de ces fugitifs nous reviennent. Un ou deux se sont noyés dans l'estuaire. Ces cas sont exceptionnels. »

– Je crois, dit Lebrun, que Tavernier est parti parce qu'il ne pouvait plus supporter l'inaction.

– C'est possible, dit Orsini. Il avait été trop longtemps prisonnier et son séjour à l'infirmerie l'avait marqué. Matériellement il n'y avait pourtant manqué de rien et les soins qu'il y avait reçus avaient été judicieux.

– Ses enfants consentiront peut-être à l'accueillir, fit remarquer Montagard.

– N'y comptez pas. M. Tavernier ne peut oublier que ce sont ses deux fils qui l'avaient conduit ici.

Bernard venait de paraître.

– Que faites-vous ici à cette heure ? lui demanda Orsini d'un ton bourru.

– J'ai appris que vous cherchiez Tavernier, dit Bernard. Je l'ai aperçu de bon matin. Il avait pris la route du plat pays et il se dirigeait vers Saint-Hilaire.

– Et vous ne m'avez pas averti ! s'écria Orsini.

Bernard souriait.

– Tavernier était libre. Il est vrai que son habitude le conduisait plutôt vers l'océan. Je ne pouvais pas prévoir, ajouta Bernard avec humilité.

La fin de l'année approchait. Le temps demeurait brumeux et humide. En novembre de grosses pluies s'étaient abattues sur la côte.

Des employés ornaient de sapins garnis de bougies et de guirlandes le hall, le salon et les couloirs de la Résidence.

En prévision des fêtes prochaines, de très nombreux pensionnaires écrivaient des cartes de vœux et les adressaient à leurs familles ou à leurs amis. Déjà certaines étaient revenues à leurs expéditeurs. L'enveloppe portait simplement cette mention : « Destinataire inconnu à cette adresse. » Personne ne semblait en tirer de conclusion.

Maria et Joseph étaient invités à passer la journée de Noël à Beaulieu auprès de Jean et de Marianne.

Maria travaillait de plus en plus. Elle avait entrepris de tresser au crochet des couvertures à carreaux et elle se réjouissait d'assembler des laines de couleurs différentes. Joseph passait une partie de ses matinées à faire des réussites en soupirant d'ennui. Maria commentait son ouvrage et prenait son mari à témoin.

– Tu ne trouves pas que c'est bien ?

Joseph admirait l'habileté de sa femme mais il se demandait quel serait l'usage de ces chaudes couvertures.

– Je ne sais pas encore. De toute façon, c'est un passe-temps. Mme Legros est très intéressée. Et puis, il y a les vieilles de l'hospice. De plus, une kermesse aura lieu au printemps. Il faudra des lots.

– Il n'y a plus de curé ! s'exclamait Joseph. Il est vrai qu'il n'y a pas besoin de prêtre pour organiser une kermesse. Quant aux vieilles de l'hospice, tu ne les connais pas !

– Quelques-unes. Je leur parle lorsqu'elles passent devant la Résidence. Mme Rosenthal par exemple. Et puis une drôle de petite bonne femme qui m'a raconté qu'elle allait presque tous les jours attendre les enfants au retour du car de ramassage scolaire.

– Mme Rosenthal ! celle qui loge dans le même dortoir que la Créach !

– Justement ! Une pauvre vie, Joseph. Ses parents avaient un atelier de tulles et dentelles. Son père est mort lorsqu'elle avait huit ans et il s'était séparé de sa femme. C'était une tante qui l'avait recueillie. La tante tenait un commerce d'épicerie et la nièce devait travailler ferme. Elle ne s'y trouvait pas mal. Et puis, elle a été placée « en maison bourgeoise », chez un pharmacien, comme bonne à tout faire. Ensuite, elle s'est mariée deux fois et elle a eu sept enfants.

« Quand son deuxième mari est mort, elle a dû travailler à l'usine, d'abord dans la teinture puis dans la mécanique. Elle a encore les doigts tout estropiés. Peu à peu, elle le reconnaît, elle a commencé à boire. Elle est entrée à l'hospice voici dix ans. »

Joseph était étonné :

– Tu as de drôles de fréquentations, dit-il.

– Il est bien naturel de parler aux gens. Je t'assure que Mme Rosenthal est une très brave femme, très gentille.

Et elle ne se plaint pas de son sort. Elle, elle aime bien quand le docteur Desportes la fait entrer à l'infirmerie pour quelques jours.

– Et ses enfants ? demanda Joseph.

– Elle sait qu'il lui reste deux filles mais elle ne les voit pas.

– Après tout, murmura Joseph, c'est ton affaire.

Il se leva, saisit les jumelles qu'il venait d'acquérir et s'approcha de la fenêtre.

Les cartes de la région qu'il avait si souvent consultées au début de son séjour ne retenaient plus guère son attention.

Il les avait fixées au mur et avait entouré Le Hardouin et Saint-Pierre d'un cercle au crayon rouge.

Joseph s'était assis à califourchon sur une chaise et les bras appuyés au dossier observait.

– Il me semble apercevoir du nouveau, ma femme, murmura-t-il.

Il apercevait des hommes qui commençaient à défricher un terrain, au sud de l'estuaire et à l'est du bourg de Saint-Pierre. Combien étaient-ils ? Dix peut-être. Ils arrachaient des buissons et avaient déjà abattu quelques pins. Ils allumaient des feux de broussailles. Les flammes s'élevaient dans l'air humide et Joseph parvenait à distinguer des fétus noircis qui voltigeaient vers le ciel après s'être dégagés des fumées.

Il crut reconnaître la silhouette de Bernard et il se proposa de lui demander quelques explications au sujet des travaux qui semblaient avoir été entrepris. Joseph y aurait volontiers participé.

Maria n'avait pas quitté son ouvrage.

Mais ce jour-là, comme les jours suivants, Bernard ne parut pas à la Résidence à l'heure du déjeuner. Sans doute avait-il commis quelque incartade et avait-il été puni ! On racontait qu'il se livrait à un trafic de vin et qu'il en ravitaillait les pensionnaires des infirmeries.

Ces travaux ne durèrent que quelques jours et Joseph constata que bien qu'inachevés ils demeuraient suspendus.

– Je me demande, lui dit Maria, pourquoi tu attaches une telle importance à des faits insignifiants ?

Renaudin et Lebrun abondèrent dans le même sens :

– La vie est ici tissée de riens. Ne vous laissez pas prendre à des mirages. Rien ne revêt une importance. On s'y fait d'ailleurs, lui dit Lebrun.

Joseph songea que ces propos simples étaient sages et voulut oublier qu'il aurait pu être utile à quoi que ce fût.

Comme il avait été convenu, Joseph et Maria passèrent la journée de Noël auprès de leurs enfants. On leur montra beaucoup de prévenance. Ils reçurent des cadeaux. Le menu était choisi. Ils y firent honneur. Maria était gaie et heureuse. Leur fils, après le déjeuner, les entretint de ses projets : réfection de leur appartement, achat d'une maison à proximité de la ville, au bord de l'océan. Bien entendu, ils y seraient invités et une chambre leur serait réservée.

Maria et Joseph furent sensibles à cette marque d'intérêt. Leur fils avait réussi et sa carrière était toute tracée.

Jean les reconduisit, le soir, à la Résidence.

Joseph pensa alors que leur fils ne s'était en rien préoccupé de la vie qu'ils menaient aux « Cèdres ». Cette pensée jeta une ombre sur cette journée qui lui était pourtant apparue agréable. Il s'ouvrit de cette réticence à sa femme :

– Tu n'es jamais satisfait, répliqua-t-elle. Tu ne peux nier que Jean est un bon fils, qu'il s'occupe de nous et que nous ne sommes pas malheureux.

– Tu ne me comprends pas, répondit Joseph. Je n'accuse pas Jean de ne pas s'occuper de nous. Je lui reproche de penser que nous avons une vie normale ici. Tu t'accommodes de cette transplantation ?

– Parfaitement.

Maria était satisfaite de sa coiffure et elle se contemplait dans la glace. Elle n'avait pas hésité à se farder et à se mettre du rouge à lèvres. Jean avait été heureux de cette coquetterie à laquelle il n'était pas habitué.

– Petite mère, lui avait-il dit, tu n'es plus une paysanne.

– C'est vrai. J'ai souvent envie de sortir, de me distraire, d'aller en ville par le car. Mais ton père n'est pas facile. Il m'inquiète même un peu. Il ne me quitte presque jamais. Je commence à croire que je suis devenue son unique raison d'être.

– Cela lui passera, avait répondu Jean.

Et Joseph, revenu à la Résidence, n'avait même pas ouvert la boîte qui contenait le cadeau offert par son fils.

Au début de janvier, Joseph et Maria furent convoqués à nouveau par Desportes pour une nouvelle visite médicale de surveillance.

Une petite femme attendait, assise dans le couloir, auprès de la porte du médecin. Elle était très proprement mise et portait une jaquette noire.

– Je la reconnais, dit Maria, c'est la petite dame qui va attendre les enfants au retour de l'école.

Elle ne parut pas se souvenir d'avoir déjà rencontré Maria. Son visage était frais, innocent et elle ne semblait pas être vieille.

Lorsque Desportes se présenta, elle s'avança vers lui avec timidité.

– Que voulez-vous, madame Ribollet ?

– Peu de chose. Vous savez que mon mari vient de mourir à l'hôpital. On m'avait fait entrer à l'hospice pendant sa maladie parce que je suis un peu simplette, que je n'ai jamais pu apprendre à lire et à compter. Ces messieurs de la municipalité pensaient que je ne saurais pas me débrouiller seule.

– Je sais, dit Desportes.

– Maintenant, je n'ai plus d'espoir de rentrer chez moi puisque Ribollet est mort. Le propriétaire veut reprendre l'appartement. Avant de déménager, je voudrais y reprendre quelques objets, des petites bêtises : une Sainte Vierge phosphorescente, des papillons jaunes et bleus en plastique qu'on accroche aux murs. Je suis seule maintenant et je n'ai jamais eu d'enfants. Je me perdrais si j'allais seule à Saint-Macroix. Quelqu'un d'ici pourrait-il m'y accompagner ?

– Bien sûr, adressez-vous à la secrétaire. Ici, à côté.

Mme Ribollet remercia très poliment tandis qu'elle lissait de sa main le tissu luisant de sa jaquette.

– Ne manquez pas de me tenir au courant, ajouta Desportes. Et maintenant, monsieur et madame Montagard, voulez-vous entrer ? Elle est très gentille Mme Ribollet, pleine de tendresse. Elle a beaucoup souffert de ne pas avoir d'enfants.

Maria et Joseph pénétrèrent dans le bureau et avant même qu'ils ne fussent assis :

– Quels sont vos projets ? demanda le médecin. Ne m'aviez-vous pas laissé entendre que vous n'aviez pas l'intention de rester ici ? Supportez-vous cette vie en collectivité ?

– Je ne vous ai jamais dit mon intention de quitter la Résidence, répondit Montagard. Nous avons tenté une expérience et, après trois mois, notre opinion n'a pas changé. Partir aurait été recommencer une autre vie au seuil ou au cours de l'hiver, entreprendre un nouveau voyage. Je ne me trouve pas à l'aise au milieu des querelles qu'engendrent la jalousie et l'ennui. Je pense qu'il faut les admettre, s'en tenir à l'écart et ne pas y prêter attention. On peut toujours trouver un refuge dans sa chambre. D'autre part, ma femme est satisfaite de son séjour. Elle se repose et sait s'occuper.

Pas un trait du visage de Desportes ne bougeait. Il avait attiré à lui une feuille de papier et y crayonnait en rêvant :

–Vous m'étonnez, dit-il enfin. La plupart des pensionnaires de la Résidence ont songé à partir après trois ou quatre semaines de séjour. Ils sont tous venus me confier leur déception. Ils n'ont jamais eu l'audace de prendre une décision. Après une présence de un ou deux mois, il leur est apparu plus sage de rester. Comme à vous ! Votre attitude, à tous deux, me surprend davantage. J'étais persuadé que vous partiriez. J'ai eu tort et je me félicite de votre parti. Je compte un peu sur vous pour donner quelque vie à cette Résidence endormie.

– Il ne faut pas oublier que nous nous sommes rapprochés de notre fils, fit remarquer Maria. Nous sommes moins isolés que nous ne l'étions.

Joseph avait été frappé par la remarque de Desportes. Il crut comprendre qu'une certaine familiarité lui était permise.

– À propos, dit-il, puis-je vous demander ce qu'est devenu M. Tavernier ?

– Mon mari s'était attaché à lui, ajouta Maria en souriant.

– Tavernier était libre comme vous tous, répliqua Desportes. Je ne sais absolument rien de lui. Parviendra-t-il à vivre seul ? Je le souhaite mais j'en doute.

Desportes ne paraissait pas déplorer le départ de Tavernier. Ce fait lui était, semblait-il, indifférent.

Refroidi, Montagard se tut. Ce fut Maria qui, très à l'aise, osa s'enquérir du sort de Mme Terrier.

– Voici bientôt deux mois qu'elle se trouve à l'hôpital de Beaulieu, dit-elle.

Elle sentit aussitôt que cette question gênait le médecin qui se recroquevilla sur son siège.

– Son état de santé est satisfaisant, répondit-il sèchement. L'intervention chirurgicale a réussi. Il est certain que, à son âge, les suites en sont plus ou moins difficiles. Pour l'instant, elle est incapable de regagner la Résidence. Il est probable que d'ici quelques semaines, je serai dans l'obligation de la recevoir dans l'une de nos infirmeries pour surveiller sa convalescence.

Il soupira :

– On ne peut pas trop demander aux hôpitaux dont les malades âgés encombrent les lits.

Des quintes de toux provenaient du dortoir voisin. Montagard songeait que les prédictions de Tavernier se réalisaient. Desportes réfléchissait. La vulnérabilité de Montagard lui paraissait certaine. Sa femme semblait mieux insérée dans le nouveau milieu qui était le sien désormais.

– Vous devriez travailler, dit-il doucement, en continuant à tracer des dessins sur la feuille de papier.

– Justement, reprit Montagard soulagé, je venais vous en demander l'autorisation. Y voyez-vous un inconvénient ?

– Au contraire. Il me suffira de signaler votre désir à Orsini. Vous pourrez alors participer aux travaux de défrichement.

– Vous avez raison, docteur, dit Maria. Mon mari a besoin d'une occupation régulière.

Joseph toisa sa femme du regard et fronça les sourcils :

– Il m'a semblé apercevoir des fumées, murmura-t-il.

Desportes s'était dressé et marchait de long en large dans son bureau :

– L'administration a donné l'ordre de défricher trois hectares de terrain qui appartiennent à l'hospice.

– Dans quel but ?

– Venez, dit Desportes.

Ils s'approchèrent d'un chevalet sur lequel étaient exposés les plans de constructions nouvelles.

– Voici le projet dont M. Legrain vient d'obtenir le financement. Quatre pavillons neufs doivent s'élever sur ces champs que l'on commence à défricher.

– Et quelle sera la destination de ces pavillons ? demanda Montagard intéressé.

– Nous ne le savons pas encore. Nous nous interrogeons à ce propos. Une seule chose est certaine : l'encombrement de l'hospice où les conditions de vie sont vraiment trop inhumaines.

Le ton de Desportes n'était plus celui de la sécheresse. Il semblait évoquer une grande espérance avec une émotion contenue. Il regarda Montagard et sa femme et leur sourit. Cette lueur fut fugitive.

Depuis quelques instants, le glas tintait sur la chapelle de l'hospice et comme la campagne d'alentour était nue les notes graves et insistantes ne parvenaient pas à s'y éteindre.

– Une épidémie commence, reprit Desportes à voix basse. Une centaine de doses de vaccin contre la grippe a fait défaut à l'automne. Je crains que nos infirmeries ne soient insuffisantes pour recevoir tous les malades. L'entassement va favoriser l'extension de l'épidémie et chez les très vieilles gens la fragilité du cœur est grande. Êtes-vous vaccinés ?

– Non, dit Maria.

– De toute façon, il est trop tard maintenant.

Desportes s'approcha de Montagard et le conduisit vers la fenêtre. Maria ne bougea pas. Elle trouvait que l'entretien se prolongeait inutilement. L'index tendu, Desportes montrait quelques silhouettes qui paraissaient arpenter le terrain vaste et plat. Par-dessus le toit de la buanderie d'où s'élevaient des fumées blanches, Montagard ne discernait au-delà du pont qu'un enclos rectangulaire, bordé d'un mur bas au-dessus duquel émergeaient les formes élancées de cyprès et, peut-être, de croix.

– Mais c'est un cimetière ! s'exclama-t-il.

Desportes esquissa un mouvement d'impatience qu'il réprima aussitôt.

– C'est curieux, dit-il, vous êtes tous les mêmes. C'est toujours le cimetière que vous discernez en premier. Le cimetière de l'hospice.

– Les morts de l'hospice ne sont donc pas enterrés dans le cimetière communal ? demanda Montagard.

– Non, il serait trop exigu. À moins que la famille ne réclame le corps. Ce qui est rare. Mais regardez donc dans la direction que vous indique mon doigt.

Alors Montagard aperçut dans le lointain trois formes qui se déplaçaient avec lenteur et précaution sur un sol dans lequel elles paraissaient parfois s'embourber.

Ces silhouettes dressées mais brouillées disparaissaient puis réapparaissaient derrière des buissons et des haies. Ils virent un pin s'abattre et crurent même entendre, après un temps, le bruit assourdi de la chute de l'arbre sur la terre humide. Des ramures se balancèrent avant de conquérir une immobilité dernière.

– M. Legrain visite le terrain, dit Desportes. Quant aux autres, ceux dont vous apercevez les bottes, ce sont des travailleurs de l'hospice, volontaires pour accomplir des travaux. Si vous voulez être occupé, vous pouvez vous joindre à eux.

Il ajouta à voix basse :

– Dans deux ou trois ans peut-être, les pavillons neufs seront terminés.

Une lueur de joie avait illuminé le regard de Desportes.

– Alors, le vieil hospice sera peu à peu abandonné, ajouta-t-il. J'ai beaucoup œuvré pour que ces constructions soient entreprises bien que mon influence soit modeste. Je me suis dépensé, je vous le jure. Souvent en vain. Cependant M. Legrain écoute volontiers mes suggestions. Mais pour parvenir à convaincre, il faudrait être grand, assuré, et avoir le discours facile… Enfin la décision est prise. C'est une véritable aventure dans laquelle nous nous lançons. Il faut vaincre bien des indifférences et des oppositions. La vieillesse n'intéresse au fond personne. Les vieux sont devenus les asociaux de notre temps car chacun les juge encombrants bien qu'inoffensifs. Tout le monde sait que leurs protestations seraient vite étouffées. Vous représentez-vous ça : une manifestation de vieillards !

« Quant à moi, la vieillesse me passionne. »

– Pourquoi ? demanda Montagard.

– Parce que, grâce à son étude, on parvient à l'approche d'une vérité, de la vérité.

– Quelle vérité ? demanda Montagard surpris.

– Non, dit Desportes, je ne veux pas vous faire perdre votre temps en vous exposant mes raisons. Un autre jour, peut-être…

– Mon temps ! s'exclama Montagard.

– Il est aussi précieux que celui de bien d'autres. Sachez seulement que mon métier me permet des observations singulières. Il est des contradictions difficilement supportables.

Maria s'impatientait de plus en plus. Elle fit un signe à son mari pour qu'il vînt la rejoindre.

– Je vous le rends, dit Desportes. Nous nous égarons. Je vous avais convoqués pour vérifier la pression artérielle de Mme Montagard.

Joseph et Maria se retrouvèrent quelques instants plus tard dans le couloir de l'hospice. Le chiffre de la tension artérielle de Maria était plus élevé que lors de son arrivée.

– Te voilà donc malade, ma pauvre femme.

– Mais non ! D'ailleurs je n'ai pas peur de mes maladies mais de celles des autres. Ne restons pas ici.

– Tu n'as pas oublié ton ordonnance au moins.

– Elle est simple, un régime très peu salé et un diurétique trois fois par semaine.

Ils firent quelques pas dans le couloir, mais ils furent brusquement cloués sur place par un spectacle qui les étonna. Par la fenêtre qui s'ouvrait sur la cour d'honneur, ils apercevaient un aveugle. Celui-ci avançait sur le trottoir en explorant de sa canne blanche le bas du mur au long duquel il se déplaçait. Lorsqu'il arrivait à l'une des extrémités du mur, il pivotait sur lui-même avec adresse et reprenait sa marche en sens inverse. Il était coiffé d'un grand béret. Une longue pèlerine était jetée sur ses épaules. Maria, bien que touchée par la pitié, admirait l'alacrité du pas. Cet homme avait besoin de marcher et, sans doute, accomplissait-il chaque jour sa promenade matinale.

Durant le temps de leur étonnement, Mme Ribollet s'était approchée d'eux en silence.

–Vous êtes toujours là ? lui demanda Maria.

– Oui, dit-elle. Il a fallu téléphoner à la préfecture. Appelez-moi donc par mon prénom, Hortense. Hortense Ribollet. Il paraît que je suis placée sous sauvegarde de justice. Moi, je veux bien mais je ne sais pas ce que ça veut dire. Je vais attendre encore.

Son expression disait la patience des simples.

– De toute façon, dit Maria, nous aurons certainement l'occasion de nous revoir.

L'aveugle continuait à marcher dans la cour. Au fond du couloir, quelques vieilles commençaient à sortir des dortoirs. Elles formaient une sorte de troupeau qui progressait avec lenteur vers les portes du réfectoire. Robes élimées, parsemées de taches, bas de coton gris ou noir maintenus au-dessous du genou par des jarretières, pantoufles éculées.

– Foutons le camp, dit Joseph.

Sur le chemin qui les conduisait à la Résidence, il saisit le bras de sa femme :

–Tu te soigneras bien, lui dit-il.

– Sois sans crainte.

Ils écoutaient le bruit de leurs pas. Le ciel était bas, les arbres nus.

Ce fut au cours du déjeuner que Montagard retrouva Bernard et lui fit part de son désir de participer aux travaux de défrichement.

–Vous vous ennuyez donc ? dit Bernard.

– De temps en temps. J'aimerais pouvoir trouver une occupation régulière. Si je me laisse aller… Ma femme n'est pas en très bonne santé, paraît-il.

Bernard haussa les épaules.

–Toutes les femmes sont hypertendues et elles ne s'en portent pas plus mal. En tout cas, il ne faut pas compter recevoir quelque argent en vous mettant à la disposition de l'administration.

– L'argent ne m'intéresse pas, dit Montagard.

L'hiver avait vraiment commencé et les nuits étaient longues.

– C'est bon, reprit Bernard. Puisque vous êtes décidé, j'avertirai Orsini et vous pourrez commencer à travailler dans quelques jours.

Désormais, Montagard était le plus souvent absent de la Résidence. Il avait pris place dans l'équipe des jardiniers auxiliaires qui accomplissaient les tâches les plus pénibles. La plupart d'entre eux étaient des pensionnaires de l'hospice qui travaillaient pour recevoir deux francs par jour. De quoi boire un coup de vin de temps en temps. Seul, parmi eux, Montagard provenait de la Résidence. Au début, il avait été l'objet de leur méfiance. Il déployait sans doute une trop grande ardeur au travail. Débroussailler la terre, arracher les haies, sectionner les pins, en trancher troncs et grosses branches à la tronçonneuse, attaquer le bois à la hachette ou au gueillard, l'assembler en fagots, c'était son affaire. Il retrouvait cette joie que lui avaient toujours donnée les travaux de la terre. Il allait à son pas, à sa main, en silence, avec cette obstination lente des paysans.

La méfiance qu'avait suscitée au début son arrivée s'était dissipée et chacun maintenant l'acceptait. Le chef de culture, Maréchal, honnête homme s'il en fût, jugeait qu'il avait recruté en la personne de Montagard un ouvrier de valeur et les pensionnaires de l'hospice reconnaissaient en lui un maître auquel ils obéissaient volontiers.

Montagard, maigre, les cheveux gris, dressait son corps d'ascète dans son bleu de travail. Ses mains étaient fortes et ouvrières. Il appartenait à cette race d'hommes qui possède par essence l'habileté manuelle. Tout au long de sa vie, il avait appris à travailler aussi bien le métal que le bois et, plus simplement, la terre. Il n'était pas un bricoleur comme Bernard plus débrouillard qu'habile, se complaisant dans la réparation provisoire, le dépannage. La main de Montagard était celle d'un artisan véritable.

Il lui arrivait de convier ses camarades de travail à boire un verre chez Kermadec. Celui-ci disait avoir acheté ce café après avoir servi dix ans dans la marine. On ne savait trop pourquoi il avait pris cette décision. Il se montrait discret sur son passé et ne paraissait pas curieux de celui d'autrui. Il avait toujours accueilli les pensionnaires de l'hospice avec bienveillance. Lorsqu'un vieux et une vieille étaient atteints par le mal d'amour, il favorisait ces unions d'un soir. Un lit, une chambre étaient à leur disposition à côté de la souillarde, dans l'arrière-cour. Là, ils étaient tranquilles.

Montagard ne s'attardait pas trop avec ces hommes. Il leur arrivait trop souvent de s'enivrer. Dès qu'ils se présentaient le soir à l'hospice pour gagner en titubant leurs dortoirs, Orsini ordonnait qu'ils fussent punis. On les enfermait dans les cachots que l'administration désignait par euphémisme sous le nom de salles de repos. Ils y cuvaient leur vin, couchés sur un bat-flanc tandis qu'un employé de la surveillance observait leur sommeil grâce à un judas ménagé dans la porte. Cette précaution évitait, il est vrai, les bagarres.

Montagard ne jugeait pas Kermadec qui se montrait un homme précieux car il était informé de tout ce qui se passait à l'hospice.

Cependant, un soir, des paysans entrèrent et, curieux,

Montagard attendit le départ de ses compagnons, pour pouvoir s'attabler avec eux.

Kermadec offrit une bouteille de rosé : un petit vin de terroir assez sec. Les paysans se plaignirent. La terre était pauvre et ne nourrissait plus son homme.

– Allons donc, fit Kermadec, et les primeurs ?

– Comme partout, on les fout en l'air. Les prix sont trop bas.

– Faut aller travailler à l'usine, dit Montagard. Vous êtes encore jeunes.

– Il n'y a pas d'usines dans le coin, répliqua l'un des paysans. On ne va pas se taper le voyage de Beaulieu aller retour tous les jours.

Le vin racla les gorges.

– Et Desportes ? demanda Montagard.

Les paysans se regardèrent et sourirent.

– On s'est longtemps méfié, dit l'un d'eux. On se demandait ce qu'il était venu foutre ici. Il n'est pas très engageant.

« Certains l'ont adopté. Il s'est fait une petite clientèle. Mais l'hospice le prend beaucoup. Il n'est pas très disponible. Il a ses têtes, comme on dit. Quand la mère Pouvrault est tombée malade, il l'a presque veillée jour et nuit. Il lui faisait prendre ses médicaments, lui donnait à boire. Personne ne l'a jamais payé et pour cause… La mère Pouvrault était seule. »

– Ton avis, Bothereau ? demanda Kermadec à l'un des paysans.

– On ne sait rien de sa vie. Il n'en parle jamais. Et sa femme est aussi discrète que lui.

– C'est vrai, reprit un autre. Il ne viendrait à l'esprit de personne de lui demander d'être maire de Saint-Pierre.

– Bougre, non.

– Les uns disent qu'il est fier.

– Vous aimeriez qu'il vous saute au cou, fit Kermadec.

On vida un verre de vin. Le ton montait. On se chamaillait au sujet de Desportes.

– Vous n'allez tout de même pas vous engueuler à propos de Desportes, dit Kermadec. C'est un homme comme les autres.

– Tu as raison. Est-ce que je vous raconte ma vie ? dit Bothereau. Et toi, Kermadec !

Les mains noueuses s'appuyèrent à la table et les paysans se levèrent, fourbus.

– Bon Dieu, mes genoux, mes os ! s'exclama Bothereau.

Lentement, ils se coiffèrent de leurs casquettes, s'emmitouflèrent dans leur cache-col de laine, tendirent leurs doigts vers le poêle avant de sortir.

Il ne se passait rien à la Résidence. Cependant Lebrun, comme Renaudin, avait remarqué que la route passant devant les « Cèdres » était de moins en moins fréquentée par les pensionnaires de l'hospice. Depuis quelques jours, rares étaient ceux qui franchissaient le pont pour se rendre à Saint-Pierre.

On murmurait que Mme Terrier était sur le point d'être admise à l'hospice où une épidémie de grippe venait d'éclater.

Bernard puis Mme Legros avaient rapidement confirmé cette nouvelle. Mme Legros exhortait ses administrés à ne pas sortir bien que tous ou presque eussent été vaccinés. Elle était facilement obéie car chacun redoutait d'être atteint.

Il fallut pourtant très vite se rendre à l'évidence : l'épidémie avait pris très rapidement l'extension qu'on pouvait prévoir. Le glas sonnait chaque matin sur la chapelle de l'hospice. À la fin de toutes les nuits, on trouvait une ou deux vieilles mortes dans les infirmeries. Les veilleurs les découvraient au petit matin enraidies dans leurs lits sans que rien, selon Desportes, laissât présager une issue aussi rapide. Rien si ce n'est le grand âge, la dénutrition, les escarres et la précarité sur leur état cardiaque. On ajoutait que l'infirmerie C pour les hommes et l'infirmerie 3 pour les femmes payaient le plus lourd tribut. Chacun savait que ces infirmeries hébergeaient des grabataires.

La peur avait gagné les « Cèdres ». Beaucoup de ceux qui y résidaient réclamaient une surveillance particulière. Les deux internes, Fangio et Masson, malgré leur disponibilité, ne parvenaient pas à satisfaire toutes les demandes de consultation.

Chaque matin, le cortège d'un enterrement passait devant la Résidence, empruntait le pont pour se rendre au « petit cimetière ». L'aumônier marchait en tête, suivi du fourgon mortuaire qui portait une couronne de perles barrée d'un large ruban dont la teinte violette avait été fanée et délavée par les intempéries. On pouvait lire en lettres d'argent sur le ruban cette inscription :

« La maison de retraite à son regretté pensionnaire. »

Derrière le corbillard avançaient parfois un ou deux membres de la famille du défunt et quelques amis : cinq ou six en tout, ceux ou celles qui avaient partagé le dortoir de celui ou de celle qu'on portait en terre.

Le danger devint si pressant que les pensionnaires de la Résidence, incomplètement rassurés par la vaccination ou doutant de son efficacité, réclamaient des grogs avec lesquels ils absorbaient de l'aspirine, des vitamines. Ils suçaient des pastilles, à titre préventif. Les journaux, la télévision, par leurs mises en garde, leurs conseils aggravaient l'effroi.

Seuls Montagard et les alcooliques continuaient à ignorer le péril. On regrettait et on condamnait leur imprudence.

Tout le monde fut soulagé lorsqu'on apprit la décision prise par l'administration d'interdire aux pensionnaires de quitter le vieil hospice. Ils y furent consignés et ses bâtiments apparurent encore plus lointains sous la brume et l'hiver. Les admissions y furent suspendues.

Alors les enterrements devinrent encore plus pauvres. Personne sauf l'aumônier et Orsini n'accompagnait les morts. Et Orsini, tête nue, le regard rivé sur le sol, suivait ainsi chaque jour les dépouilles de ses administrés. Cette obligation funèbre appartenait à ses fonctions.

Montagard estimait qu'il était parvenu à se recréer une vie normale. Il disait à Maria que la vie qu'ils menaient ici n'était pas tellement différente de celle qu'ils avaient connue à Relevant.

Depuis quelques jours, il s'était enrhumé. Sa voix était rauque et il toussait. Ce n'était rien. Maria avait cependant demandé qu'on lui apportât du sirop et des pastilles.

Après le repas du soir, tous deux rejoignaient leurs compagnons dans le salon et dans le hall. Quelques-uns avaient suivi la mode des mots croisés qu'il avait lancée. Renaudin allait de l'un à l'autre en prodiguant ses conseils. Il s'arrêtait plus longuement auprès de Mme Courvoisier qu'il entourait de soins de plus en plus pressants. Il ne pouvait supporter la vue d'un cheveu blanc chu sur le pull-over de sa chère voisine. Il l'enlevait délicatement d'un geste discret et prompt.

Mme Courvoisier paraissait être de moins en moins insensible aux marques d'intérêt que Renaudin lui montrait.

Un soir que Joseph et Maria lisaient au lit, Maria interrompit sa lecture :

– Il ne faudrait que très peu de chose pour les sortir de leur torpeur, dit-elle.

– C'est vrai, dit Joseph.

Il lui vint alors à l'esprit de lancer un journal où chacun pourrait exposer ses opinions, exprimer ses désirs.

Dès le lendemain, il s'assura de la collaboration de Lebrun et de Mlle Touraine qui avait longtemps enseigné le pastel dans une école privée de jeunes filles. L'attention de Mlle Touraine était surtout retenue par les chiens-loups et les chats. Des premiers, elle aimait surprendre l'expression attentive et cruelle du regard, les oreilles dressées, la gueule entrouverte aux babines noires et à la langue rose. Comme le remarquait Mme Latour quand elle n'était pas brouillée avec Mlle Touraine, les pastels de cette dernière rendaient la vie avec une telle intensité que leur vérité approchait de celle d'une excellente photographie en couleur.

Mais la véritable spécialité de Mlle Touraine était le croquis des félins et, parmi eux, les chats de tous âges et de toutes races, surpris dans la position suave que savent adopter si gracieusement les chatons lovés et endormis dans une large corbeille parmi les pelotes de laine.

L'idée de Montagard suscita de l'intérêt. Lebrun se chargea de la chronique mensuelle. Il y raconterait les événements qui avaient marqué le mois écoulé : compte rendu de la sortie, critiques des émissions télévisées. Renaudin proposerait charades et rébus. Mme Courvoisier qui s'adonnait chaque matin à une séance de culture physique indiquerait à ses compagnons les mouvements à accomplir, dès leur lever, pour assurer le dérouillage matinal des articulations et parvenir à une condition physique toujours améliorée.

Quant à Montagard, il se réserva la tâche la plus ingrate : rédiger la chronique des décès, recueillir les doléances des pensionnaires concernant l'amélioration des menus, la surveillance des régimes diététiques, l'obtention d'eau minérale, de biscottes, de viande hachée ou de tranches de jambon en remplacement des œufs ou du poisson dont la digestion avait la réputation d'être difficile.

Ainsi par la « Présence des Cèdres », malgré les périls qui l'entouraient, la Résidence montrait son désir d'indépendance vis-à-vis du vieil hospice, bastion de l'indigence et de la promiscuité plébéiennes.

M. Legrain consentit avec bonhomie à faire ronéotyper cette feuille qu'il lui arrivait parfois de censurer. Cette attitude provoqua d'ailleurs l'indignation de ses lecteurs mais en même temps éveilla leur intérêt.

Desportes jugea favorablement cette entreprise. Elle témoignait à ses yeux de l'ouverture d'une ère nouvelle où pourrait s'instaurer dans l'avenir ce qu'il était convenu de nommer dans la presse l'« animation ». Cependant Desportes se méfiait de la presse qui, d'une façon générale, publiait, sous la signature de journalistes plus ou moins informés, des articles délirants sur la vitalité du troisième âge.

Il ne ménagea pas ses louanges à Montagard. Celui-ci les accueillit avec sérénité. Il savait que s'il était parvenu contre toute attente à soulever la chape de solitude qui pesait sur certains de ses compagnons, que si les disputes étaient moins fréquentes, sa réussite était toute partielle. La plupart demeuraient enfermés dans le dilemme que posaient la vieillesse et la mort. Il commençait à entrevoir que ses compagnons étaient gagnés par cette anxiété sournoise qui naissait à proximité de leur fin inéluctable. La question véritable qui se posait à eux était non seulement de savoir comment vivre mais aussi de savoir comment mourir.

L'épidémie fut longue à s'éteindre. Selon son habitude, elle s'éloigna peu à peu, montra encore pendant quelques semaines une recrudescence, avant de s'évanouir comme chassée par le vent venu de l'océan. De leurs fenêtres, les pensionnaires de la Résidence purent constater que les enterrements étaient de moins en moins nombreux jusqu'au jour où ils reprirent une fréquence normale : un ou deux par semaine. Ils furent entièrement rassurés lorsqu'ils apprirent que les pensionnaires de l'hospice n'étaient plus consignés et qu'ils les virent reprendre leur route quotidienne.

Maria dut s'aliter par un après-midi ensoleillé. Elle se plaignit de ressentir une faiblesse dans le bras droit. Sa parole était embarrassée. On alerta Fangio. Il vint, examina Maria. La pression artérielle s'était encore élevée.

– Elle suit pourtant son régime et prend ses comprimés, dit Joseph.

Il allait et venait dans la chambre, fou d'inquiétude. Sa sérénité n'avait pas été de longue durée. Maria tentait du regard de le rassurer. Elle ne pouvait plus parler.

Montagard saisit le bras de Fangio :

– Ne l'emmenez pas, dit-il. Ce serait sa fin.

– Il faut avertir le docteur Desportes de cette situation, fit remarquer l'infirmière.

– Nous verrons, dit Fangio, rien ne presse. Mme Montagard va guérir. Soyez sans souci. C'est tout de même un avertissement.

Fangio prescrivit un traitement. Maria s'endormit. Joseph l'écoutait respirer et ce sommeil lourd lui paraissait de mauvais augure.

À l'aube, Maria ouvrit les yeux :

– Je vais mieux, dit-elle.

La parole était revenue. Seule persistait sur son visage une légère déviation de la bouche. La main droite demeurait engourdie.

– J'ai eu peur, Maria, très peur, murmura Joseph.

Il sanglotait, penché sur elle. Et elle, de sa main valide, épuisait les cheveux de son mari.

– Mon petit, mon petit, tu verras, tout ira bien, balbutia Maria.

Il lui caressa le visage. Ses doigts suivirent le dessin des orbites, des lèvres.

– Je t'aime comme je ne t'ai jamais aimée.

– Moi aussi.

En attendant l'interne, Joseph s'assit sur son lit. Il comprenait ce que Maria avait été pour lui durant toute sa vie : la douceur, la tendresse. Elle avait accompli les choses quotidiennes avec une telle égalité d'humeur ! Elle était la vie.

Et Maria attendait sa guérison complète avec cette confiance qu'elle avait toujours montrée.

L'épidémie avait creusé des vides. Les demandes d'admission affluèrent aussitôt à l'hospice. L'administration aiguillonnait Desportes pour qu'il comblât le plus rapidement possible les lits vacants. L'équilibre du budget était un impératif absolu que personne ne devait oublier.

Les demandes d'admission provenaient souvent des hôpitaux de Saint-Macroix ou de Beaulieu mais aussi d'autres hospices et de familles habitant des contrées fort lointaines. Desportes se penchait sur les questionnaires, s'efforçait de lire entre les lignes pour savoir l'état réel du candidat proposé. Il savait que chacun essayait de mentir pour se débarrasser du vieillard qui lui était à charge. Il tentait alors d'établir un tri et de diriger les impétrants vers les salles qui conviendraient le mieux à leur état physique ou mental.

Les dossiers qu'il compulsait portaient toujours les mêmes mentions : désorientation temporo-spatiale, cérébrosclérose, démence sénile, incontinence sphinctérienne. On oubliait de mentionner la cachexie et les escarres.

Seuls quelques questionnaires signalaient que les conditions sociales, le dénuement, l'absence de logement, l'alcoolisme étaient les motifs du placement en hospice.

L'hospice ! une récente réforme venait d'en supprimer le nom pour le remplacer par celui d'« établissement de soins de longue durée ». La taverne était la même. Une fois de plus, les ministères s'efforçaient de ne pas regarder la réalité en face.

Ces vieilles et ces vieux, parfois encore valides mais désocialisés, que deviendraient-ils ici ? Ils achèveraient loin de la honte de tous leur dégradation dans la promiscuité des dortoirs et des infirmeries.

Il connaissait l'histoire de ces vies monotones. Elle était inscrite sur toutes les fiches classées dans le bureau de sa secrétaire : l'origine souvent rurale, la perte précoce du père ou de la mère, parfois des deux, l'accueil provisoire trouvé auprès d'un oncle ou d'une tante, le départ pour la ville, les emplois serviles, le mariage, la naissance des enfants, souvent la disparition du conjoint, le concubinage, la pauvreté toujours et souvent la misère, la désinsertion familiale, puis sociale, l'alcoolisme, la rue, les hôpitaux et, pour finir, l'hospice. Plus de liens avec quiconque. Ceux-là, ou celles-là, seraient hébergés dans les dortoirs et devraient s'accoutumer à leur univers concentrationnaire. Beaucoup y perdraient le peu de raison qu'ils conservaient encore. Il fallait qu'il se défendît du vertige de la pitié. Elle l'aurait dévoré.

Ce fut Bernard qui annonça à la Résidence le retour de Mme Terrier. Bien que son état ne fût guère brillant, elle avait été placée à l'infirmerie 1. Desportes avait agi par commisération en l'acceptant. En fait, Mme Terrier était impotente et ne marchait pas.

Montagard et Lebrun organisèrent une collecte auprès des autres pensionnaires des « Cèdres ». Ils avaient décidé d'offrir des fleurs à leur compagne à l'occasion de son retour.

Ils invitèrent Mme Courvoisier à se joindre à eux. Celle-ci se déroba sous le prétexte d'une fatigue subite. Montagard crut devoir insister. Il lui rappela les liens qui l'unissaient à Mme Terrier. Elles avaient vécu si longtemps ensemble !

– Justement, répondit Mme Courvoisier. Pauvre Félicie ! je lui ai tant donné de moi-même que cette visite serait inutile. Le spectacle qu'offrent ces infirmeries est trop sordide. Je veux l'éviter. Pourquoi ne demandez-vous pas à votre femme de vous accompagner ?

– Parce que ma femme, à peine remise, mérite certains égards.

– Mme Montagard se porte bien. Vous avez toujours tendance à noircir les choses.

– Bien, grommela Montagard. Lebrun et moi irons ensemble.

Il avait neigé pendant deux heures mais la neige ne s'était pas maintenue. Elle fondait sous l'averse que chassait le vent d'ouest.

Sur les quatre heures de l'après-midi, Lebrun et Montagard gravirent les marches qui conduisaient à l'infirmerie des femmes. Parvenus au deuxième étage, bienveillants et ridicules, ils s'engagèrent dans le couloir vitré sur lequel s'ouvraient des boxes d'une dizaine de lits. Ceux-ci, bien alignés, se faisaient face. Entre chacun d'eux étaient disposés un fauteuil en matière plastique et une table de nuit où s'entassaient les objets les plus divers. Au fond de la salle, entre deux hautes fenêtres, se trouvait une chaise-tinette. Le badigeon des murs de couleur paille s'écaillait par places.

La plupart des vieilles étaient couchées et assoupies sur leur lit. Quelques-unes étaient assises dans leur fauteuil, les mains sur les genoux, le regard perdu dans le vague, inoccupées. Chacune semblait végéter dans l'indifférence de ses voisines. L'impression première qui se présenta à l'esprit de Montagard fut celle de l'immobilité dans le désordre. Puis lui parvint une odeur qu'il ne trouva pas offensante et qu'il jugea provenir de la tiédeur des corps et des fesses moites.

Une aide-soignante s'approcha. Les pas de ses pantoufles étaient légers sur le linoléum terni qui recouvrait le sol. C'était une femme jeune, plantureuse, au visage coloré.

– Nous aimerions offrir ces fleurs à Mme Terrier, dit timidement Lebrun. Nous voudrions lui montrer que son retour après une si longue absence ne nous est pas indifférent.

L'aide-soignante leur désigna le dernier box du couloir.

– Comment va-t-elle ? demanda Montagard.

– Elle est très, très maigre, dit seulement l'aide-soignante. M. l'interne se trouve auprès d'elle et l'examine en ce moment.

Ils avancèrent sans oser s'approcher trop. Ils attendirent sur le seuil. L'interne, en sarrau blanc, était accroupi près d'un lit, au fond du box. Il paraissait très attentif. Tout à coup, ils entendirent un cri et aperçurent l'interne debout. Les autres vieilles, intriguées par la présence de Lebrun et de Montagard, ne les quittaient pas des yeux. L'aide-soignante avait rejoint l'interne, un homme jeune, au teint mat et aux traits réguliers : Masson. Il écrivait, à nouveau accroupi, sur un cahier posé sur le lit. Il se redressa enfin, recula, jeta un coup d'œil sur la feuille de température. Montagard et Lebrun avancèrent entre les deux rangées de lits tandis que l'aide-soignante et l'interne se retiraient du box. Tout était lent, solennel, pétrifié et pourtant familier.

– Elle ne remarchera pas, dit Masson. La cicatrice commence à suppurer.

Montagard et Lebrun s'approchèrent du lit de Mme Terrier. Elle était méconnaissable. Ils découvrirent un visage amaigri, un corps bossu, basculé sur le côté, dont le dessin apparaissait sous les draps et la couverture. Un trépied pour perfusion encombrait les abords du lit. Montagard, gauchement, tendit les fleurs qu'ils avaient apportées. Mme Terrier en parut embarrassée et les posa sur le pied du lit.

– J'espérais que Mme Courvoisier vous aurait accompagnés, dit-elle d'une voix affaiblie. Il est vrai que ça n'aurait rien changé. J'ai beaucoup souffert, murmura-t-elle, et ça n'est pas fini.

Lebrun et Montagard demeurèrent interdits :

– Nous ne voulons pas vous fatiguer par notre présence, dit Lebrun. De quoi avez-vous besoin ?

– Votre présence ne me fatigue pas, répondit Mme Terrier. J'y suis au contraire très sensible. Pourtant il est toujours désagréable de se montrer amoindrie, très amoindrie, et sans grand espoir de guérison. Je n'ai besoin de rien, je vous assure.

Par la fenêtre, on apercevait l'estuaire, le plat pays encore tacheté de neige. Quelques mouettes dérivaient sous le vent. La laisse découvrait les vases et de minces filets d'eau s'écoulaient en formant des bras, des tentacules tendus vers l'océan lointain à marée basse.

Auprès de Mme Terrier se trouvait une vieille femme obèse, au visage vultueux et aux lèvres cyanosées. De temps en temps une quinte de toux la secouait. Plus loin, Renée Lempereur, la quarantaine, un visage enfantin. Elle jouait avec une poupée et sur son lit était posé un jeu de perles aux couleurs vives.

Mme Terrier attira Lebrun par sa manche. Elle lui parlait :

– Je ne vous comprends pas, dit Lebrun.

Il se pencha :

– Savez-vous qu'on m'a tout pris ? Je n'ai à ma disposition aucun de mes vêtements. Tout ce que j'avais amené à l'hôpital m'a été ôté.

Mme Terrier, comme toutes les autres malades de la salle, portait une ample chemise et une camisole fournies par la lingerie de l'hospice. Lorsqu'elle était arrivée à l'infirmerie, son linge personnel avait été rassemblé dans une valise qu'on avait descendue dans le sous-sol.

Lebrun esquissa un geste d'impuissance. Peu à peu, dans le dos des deux visiteurs, une animation gagnait la salle. Les vieilles dépliaient sur leur lit des carrés de toile cirée et se préparaient à y disposer leur couvert. Un bruit de chariot parvint du couloir. Mme Terrier s'était assoupie.

Montagard et Lebrun battirent en retraite. Ils reconnaissaient maintenant que leur démarche n'avait aucun sens. Mme Terrier était trop affaiblie pour avoir éprouvé quelque satisfaction de leur visite.

Des chariots brimbalants pénétrèrent dans le box. On se préparait à recevoir le repas du soir. Chaque vieille commençait à s'agiter et jetait un regard sur la carafe contenant la ration de vin servie le matin. Certaines fouillaient dans des sacs pour y chercher quelques morceaux de sucre, du sel ou des biscottes. Les serveuses, passant d'un lit à l'autre, déversaient avec une louche dans des assiettes creuses un bouillon clair.

– Partons, dit Montagard.

Ils descendirent ensemble l'escalier.

– Je comprends que vous soyez déçu, dit Lebrun. Pour une première visite…

– C'est une découverte désagréable. Je n'aurais pas cru que cela pût exister encore.

Parvenus dans la cour de l'hospice, ils aspirèrent une bouffée d'air frais.

– J'aimerais mieux crever que d'entrer un jour dans l'une de ces infirmeries, dit Montagard.

– Dans la plupart des cas, reprit Lebrun, nous n'avons pas d'autre choix. Où iriez-vous ?

Montagard pensa à son fils. Il lui paraissait peu

probable que celui-ci acceptât de le recevoir chez lui s'il arrivait à sa femme ou à lui d'être malade.

– Je vous demande de m'avertir si vous entendiez dire, un jour, que Desportes envisageait un tel projet à notre égard.

– J'ai souvent entendu cette réflexion, reprit Lebrun. Remettez-vous. Chacun finalement a consenti. Il vient un moment où le refus n'est plus possible.

– Et Tavernier ! On peut toujours se tuer, bougonna Montagard dont l'indignation et la crainte persistaient.

– Vous vous trompez ! Pour se tuer, il faut être libre. L'âge ne le permet pas souvent. C'est pourquoi la plupart consentent. Croyez-moi, il en est mieux ainsi. Il est préférable de ne pas faire de bruit et de se soumettre.

Ils se turent et marchèrent en silence jusqu'à la Résidence.

– Comment va Mme Terrier ? demanda Maria.

– Elle ne va pas mal, répondit Joseph.

– Alors, elle sera bientôt de retour parmi nous.

– Ça, Maria, c'est une autre affaire.

Une nuit, Montagard et sa femme furent éveillés par un brouhaha insolite. Il pouvait être une ou deux heures du matin. Un veilleur courait dans le couloir. Le téléphone sonnait. Des pas retentirent à l'étage supérieur. Des ombres projetées sur la pelouse par la lumière d'une fenêtre s'animaient. Puis tout se tut.

Au matin, ils apprirent que le père Bailly, le nonagénaire à barbiche blanche, avait été atteint d'une crise cardiaque.

Le danger immédiat avait été conjuré par Masson qui assurait le service de garde. Mais Masson, la mort dans l'âme, avait demandé que M. Bailly fût, lui aussi, transporté dans une infirmerie du quartier des hommes. Mme Bailly s'y opposait. Elle voulait garder son mari auprès d'elle. Assise dans un fauteuil du hall, elle gémissait :

– Je vous en prie, monsieur l'interne, laissez-moi mon mari. Je vous assure qu'il ne supportera pas cette séparation.

Masson, penché sur elle, s'efforçait de la consoler :

– Nous le soignerons et il reviendra parmi vous, disait-il en caressant les mains de Mme Bailly. Je vous promets de m'occuper de lui tout particulièrement.

Le timbre de sa voix était chaud bien qu'un peu voilé. Masson avait pitié de la vieillesse et il ne cessait de la protéger des autres comme de lui-même. Contestataire silencieux aussi bien envers Desportes qu'envers les autorités de tutelle, il souffrait de l'injustice et était habité par une foi profonde. Montagard, Lebrun et Renaudin l'observaient.

– Je sais que l'état de mon mari est grave, qu'il peut passer d'un instant à l'autre, murmurait Mme Bailly. Ne me l'enlevez pas. Nous avons vécu soixante ans ensemble.

Elle ajouta en essuyant une larme :

– Je suis sa mère autant que sa femme. La mort n'est rien, seule compte la façon de mourir. Épargnez-lui de partir dans l'indignité, de vivre ses dernières heures loin de moi et d'assister à sa déchéance. Comprenez-moi.

Masson comprenait en effet. Mais Desportes, mince, les lèvres serrées, toujours soucieux, s'avançait.

– Nous pourrions peut-être garder M. Bailly à la Résidence, dit Masson.

Desportes, d'un geste tranchant, coupa cet élan :

– Écoutez-moi, Masson, reprit-il, vous savez bien que si cela était possible, je l'accepterais. Vous gagnerez un jour ou deux peut-être, ajouta-t-il à voix basse. Je comprends que la désunion de ce vieux couple serait moins brutale. Mais les soins que recevrait ici M. Bailly seraient moins précis. Il faut peser le pour et le contre.

– Il serait peut-être plus humain de laisser mourir M. Bailly auprès de sa femme que de vouloir prolonger à tout prix sa vie de quelques jours, répliqua Masson.

– C'est possible mais si nous nous engageons dans cette voie, à moins de transformer la Résidence en infirmerie, il n'existera pas d'issue et vous savez comme moi que nous donnerions par là un exemple regrettable. Pour le moment, la Résidence ne peut demeurer que ce qu'elle est. N'oubliez pas que les pensionnaires ont peur de la mort. Mieux vaut encore leur en cacher le spectacle.

Il fit un signe de tête. Aussitôt, l'infirmière et Mme Legros obéirent. M. Bailly allait être transporté, comme Mme Terrier, dans une infirmerie.

Mme Bailly se dressa dans un sursaut de tout son être et ce sursaut ne fit qu'accentuer l'impression de fragilité extrême de son corps menu et vacillant. Elle se laissa glisser dans son fauteuil et dit :

– Faites, vous l'aurez tué.

Desportes et Masson s'éloignèrent.

–Vous êtes dur, dit Masson.

– Non, je ne suis pas dur mais je suis souvent obligé d'être rigoureux. Je suis plus fragile que vous ne le pensez. Ce sont les conditions dans lesquelles nous sommes placés qui sont inacceptables. J'ai souvent protesté contre elles auprès de l'administration. Il faut être patient. Vous devez comprendre que l'administration elle-même n'est pas libre.

Il jeta un coup d'œil derrière lui. Montagard et sa femme, Renaudin et Lebrun, immobiles et déçus, le regardaient.

– Comment voulez-vous qu'on me juge? Comme un être sans sensibilité. Pourtant cette pâte humaine que nous remuons à pleins bras mérite des égards, le respect. Contrairement à ce que vous pensez, cette atmosphère de prison ou de caserne interdit à la longue la générosité et l'administration n'est pas plus coupable que nous. Elle gère de son mieux ce qui lui a été confié.

–Vous pourriez démissionner, dit Masson.

– J'y ai pensé certains jours, mon vieux. Cela ne servirait à rien. Qui me remplacerait? Peut-être un autre médecin qui serait plus indifférent que je ne le suis.

–Vous vous comportez comme si vous l'étiez.

– Ça, dit Desportes, c'est mon combat personnel et c'est mon affaire. Il n'est pas dans mon caractère de fuir les responsabilités. Le destin m'a placé là et je dois lui faire face. Je serai toujours condamné par les autres et par moi-même dans l'affrontement qui oppose en moi la rigueur et la pitié. Je me dois d'accepter ce déchirement. Ah! je serais vite tourné, envahi! Soyez tranquille, je ne suis pas près d'oublier le désarroi de Mme Bailly bien qu'elle n'aimât plus son mari!

– Il me semble toujours que vous avez peur, dit Masson.

– Pas vous, Masson? Mais la peur est partout, en vous, en moi! Partout!

Masson écoutait cette confession avec étonnement. Il ne pensait pas que Desportes cachât sous son apparente froideur une telle vulnérabilité. Il lui vint à l'esprit que Desportes avait peut-être beaucoup souffert.

– Je n'ai pas oublié la façon dont ma mère est morte, dit soudain Desportes. Et puis la façon, non, sa mort tout court. L'absurdité de la mort me persécutera toujours et je ne l'accepterai jamais.

– Elle est dans l'ordre des choses.

– Je me fous de l'ordre des choses. Je n'admets pas ce que je ne comprends pas.

Masson se tut. Tous deux marchaient vers l'hospice. Les bruits de leurs pas se confondirent. La route était déserte. Dans le lointain, une infirmière venait à leur rencontre. Le soleil se levait sur cette journée qui s'annonçait belle.

– J'espère que vous me connaissez mieux désormais, dit Desportes.

Aucune réponse ne vint le rassurer. L'air était calme. Pour la première fois depuis le début de l'hiver, on apercevait l'ourlet des vagues qui léchaient le sable de la plage.

L'infirmière approchait. Elle s'arrêta :

– Nous attendons un nouveau pensionnaire à la Résidence, M. Syntheuil. Il est recommandé par la préfecture. Il nous faut lui trouver une chambre où il sera seul.

– Avertissez Orsini, dit Desportes. Le placement des pensionnaires entre dans ses attributions.

– M. Orsini m'a demandé votre avis. Je ne vois qu'une solution. Jusqu'ici Mme Courvoisier est parvenue à ses fins et à préserver sa tranquillité. Nous pouvons placer Mme Bailly dans sa chambre.

– Elles ne pourront se supporter, fit remarquer Masson.

– Il le faudra bien.

Desportes paraissait excédé. Masson haussa les épaules.

– Débrouillez-vous, dit Desportes.

À la Résidence, les pensionnaires avaient regagné leurs chambres après le départ de Bailly. Ils regardaient s'éloigner ce personnage mystérieux qu'était pour eux Desportes. Mme Bailly demeurait dans le hall, oubliée.

La crainte les habitait tous. Ces départs étaient si imprévus et si rapides ! Il suffisait de quelques minutes pour être projeté dans l'une des infirmeries de l'hospice. Montagard s'était réfugié auprès de sa femme qui, selon lui, le protégeait de tout. Il s'avança sur le seuil de sa chambre. Renaudin arpentait le couloir, le visage soucieux.

– Vous avez des ennuis ? lui demanda Montagard.

– Oui et non, j'ai froid. Je suis devenu frileux depuis quelques mois. Ce climat ne me convient pas. Vous savez, continua-t-il, il faut compter sur deux départs si ce n'est sur deux décès par hiver. Encore devons-nous nous estimer heureux d'avoir été épargnés par la grippe.

– En somme, vous êtes satisfait, reprit Montagard.

– Plutôt.

– Vous avez de la chance, dit Montagard.

– Tu es trop entier, dit Maria. Tu cherches l'absolu. Tu ne le trouveras pas.

– Je le regrette, dit Joseph.

Ils n'étaient pas sans souci, l'un et l'autre. Leurs rapports avec Jean s'étaient peu à peu tendus. Au cours de la fin de l'hiver, l'un de leurs entretiens s'était terminé de façon malheureuse. Jean aurait voulu que son père vendît la maison de Relevant et les quelques terrains qu'il y possédait encore.

Ni Joseph ni Maria n'avaient très bien compris l'objet de cette démarche. Ils étaient tous deux attachés à ce sol qui avait été celui de leurs parents et qui pouvait encore leur servir de refuge.

Un soupçon avait pourtant effleuré Joseph. Sa retraite suffisait-elle à couvrir les frais de pension ? Il s'en était ouvert à Maria. Au cours d'une nuit d'insomnie, il avait éveillé sa femme pour lui confier son inquiétude. La chambre était plongée dans l'obscurité.

– Il est possible, avait-il chuchoté dans l'ombre, que Jean soit obligé de compléter nos versements pour couvrir la somme exigée. Je ne peux y consentir à aucun prix.

– Pourquoi as-tu toujours des idées bizarres? avait répondu Maria. Jean estime tout simplement que nous ne retournerons jamais à Relevant. Essaie donc de dormir!

– Dormir, toujours dormir. Il ne faut pas vouloir nous voiler à tout prix la réalité.

– Il faut attendre. Nous ne sommes sûrs de rien.

– Justement.

Maria était aussitôt retombée dans le sommeil. Joseph avait alors tiré ses draps sous son menton et avait continué à réfléchir.

L'aube devait être proche. Il avait froid. Il avait appelé sa femme et elle était venue le rejoindre dans le lit exigu. La chaleur du corps de sa femme l'avait une fois de plus sauvé. À son réveil, il entendit le bruit de la pluie qui frappait les vitres.

Au matin, le col de son imperméable relevé, il se rendit au bureau des frais de séjour pour se renseigner. On lui dit que tout était en ordre pour l'instant. Cette restriction l'inquiéta un peu. Il flairait que, pour lui comme pour sa femme, l'heure des difficultés pécuniaires pouvait apparaître.

Depuis, leur fils n'était plus revenu les voir.

Il arrivait pourtant à Montagard d'être heureux. Les travaux de défrichement étaient terminés. Sur deux hectares s'étendait un terrain presque parfaitement plat où, çà et là, demeuraient des plages noircies par des feux de broussailles et des aires arrondies dont toute végétation était absente. Le sel, disait-on.

Joseph était occupé avec les jardiniers et il pensait qu'il n'existe pas de plus beau métier pour un homme. Le jardin était à la fois l'espace clos, à la mesure humaine, le lieu de la mise en ordre du sacré sur la terre où se perpétue la mélancolie de l'exil et de la chute.

À la Résidence, l'animation qu'il avait su susciter avec l'aide de Maria était peu à peu tombée. Le départ de Mme Terrier et du père Bailly avait tout de même marqué les uns et les autres.

Pourtant Mme Courvoisier se montrait de plus en plus attentive aux témoignages d'intérêt que lui manifestait Paul Renaudin. Elle n'en était pas moins furieuse d'être dans l'obligation de partager sa chambre avec Mme Bailly. La pauvre vieille, à moitié veuve, se rendait presque chaque jour au chevet de son mari dont l'état ne s'améliorait guère. Elle commençait à entrevoir que la séparation bien que progressive n'en serait pas moins définitive.

– Ah ! si Auguste avait pu mourir subitement ! s'exclamait-elle d'une voix brisée.

Mme Courvoisier la morigénait et, profitant du chagrin et du désarroi, la dominait avec sa vivacité autoritaire.

Alors Maria accueillait Mme Bailly dans sa chambre pour la soustraire au caractère intransigeant de Mme Courvoisier. Elle la consolait et partageait sa faiblesse.

– Vous êtes bonne, lui disait Mme Bailly. Vous, du moins, vous comprenez.

– Je ne peux hélas vous être d'un grand secours.

Quant à Mme Terrier, elle ne recevait plus depuis longtemps ni visite ni courrier.

Maria sortait maintenant de temps en temps de la Résidence. Le soir, vers cinq heures. Elle attendait qu'Hortense Ribollet passât devant la Résidence pour se joindre à elle. Et toutes deux empruntaient le pont, la levée pour se rendre jusqu'à Saint-Pierre en marchant lentement côte à côte. Au village, près du porche qui s'ouvrait sur la place du Marronnier centenaire, elles s'asseyaient sur le banc de pierre et attendaient le retour du car de ramassage scolaire qui ramenait les enfants de l'école. Il n'y avait pas d'école à Saint-Pierre. Les garçons et les filles se rendaient à Saint-Mathurin-le-Vieux. Ils n'étaient pas très nombreux : six ou sept. Les employés de l'hospice n'étaient guère prolifiques.

Dès que le car s'arrêtait, les gamins s'élançaient en criant : « Voilà Hortense », « Elle est là », « Vive Hortense ». Ils la bousculaient, sautaient et s'accrochaient à son cou et tiraient sur sa jaquette. Alors Hortense sortait de ses poches de la pâte à claquer, des paquets de chewing-gum que les gosses se disputaient.

C'était attendrissant et idiot. D'autant plus qu'Hortense après avoir rétabli un semblant d'ordre dans son vêtement interrogeait les uns ou les autres sur leur travail scolaire. Des cris et des protestations s'élevaient alors : « Fous-nous la paix, Hortense. Tu nous emmerdes. » Elle écoutait en souriant tandis que les enfants s'enfuyaient sur la levée.

Seule, une petite fille, Eulalie Patricot, la fille de paysans du plat pays où Hortense allait de temps en temps pour aider au ménage, revenait avec elle en la tenant par la main.

La première fois où Maria avait assisté à cette scène, elle en avait été peinée. Mais le bonheur d'Hortense l'avait rassérénée et, désormais, tous les soirs d'école, elle se rendait avec Hortense Ribollet à Saint-Pierre pour attendre les gamins.

– J'aurais aimé apprendre à lire et à écrire, disait Hortense. Il paraît que j'en étais incapable. Comme de faire des enfants.

Maria écoutait le plus souvent sans rien dire.

– Avez-vous du moins retrouvé votre Sainte Vierge phosphorescente et vos papillons en plastique ?

– Oui, disait Hortense, ils m'ont été rendus.

Parvenue devant la Résidence, Eulalie Patricot abandonnait la main d'Hortense et se dirigeait seule par le chemin étroit vers la ferme paternelle.

Une quinzaine de jours avant Pâques, Mme Legros fut chargée de recueillir les inscriptions des pensionnaires désirant se rendre en vacances dans une maison de repos mise, hors saison, à la disposition des pensionnaires les plus valides de la Résidence et de l'Hospice. Comme ce genre d'établissement était inoccupé durant le début du printemps, les organismes sociaux offraient généreusement un séjour d'une quinzaine.

Sur une cinquantaine de pensionnaires de la Résidence, sept seulement parurent souhaiter entreprendre ce voyage qui les conduirait soit sur les bords de la mer du Sud, soit sur les rivages d'un lac de montagne. Mme Courvoisier et Renaudin furent les premiers à s'inscrire pour tenter cette aventure. Ils se promettaient des promenades sous le soleil ou sur les pentes des alpages. Il fut convenu que, durant leur absence, Maria veillerait sur Mme Bailly dont l'appétit devenait de plus en plus capricieux. Mlle Touraine décida de participer aussi à cette expédition et Mme Latour déplora, une fois encore, que le mariage l'obligeât à une ingrate fidélité.

– Je ne suis qu'une prisonnière, une pauvre prisonnière, répétait-elle. L'homme que j'ai épousé autrefois ne ressemblait en rien à ce vieillard que je suis contrainte de supporter nuit et jour.

Quant à Lebrun, vieux routier, il avait renoncé à ce voyage lorsqu'il avait appris que les trois alcooliques ascétiques de la Résidence en feraient partie. Il se souvenait du spectacle qu'offraient ces compagnons dans les petites villes où ils avaient séjourné ensemble. Sous la direction de Mme Legros, les pensionnaires déambulaient dans les rues en trébuchant ou en s'appuyant à leur canne. Ils avaient encore soif de nouveauté. Quel dépaysement !

La semaine sainte arriva et une certaine inquiétude parut gagner les pensionnaires de la Résidence. Une nouvelle attente sembla planer sur les « Cèdres. » Bien qu'aucun fait nouveau n'ait marqué cette semaine, bien qu'aucune raison précise ne suscitât l'espoir, tous se déplaçaient avec une onction particulière que seule troublait la criaillerie de Mme Courvoisier.

Comme sur le bourg, une désacralisation profonde régnait sur l'hospice. On ne pouvait admettre que la dévotion de Mme Bailly qui plaçait désormais tout son espoir en Dieu pour sauver son mari appartînt à la Grâce.

– Savez-vous ce que Auguste m'a dit lorsque je suis allée le voir hier ? Il m'a dit : « Je ne voudrais pas me réveiller mort. » C'est affreux, n'est-ce pas ?

Et elle pleurait auprès de Mme Courvoisier qui la tançait :

– Moi aussi, ma petite, je suis veuve. Il ne faut pas vous laisser aller comme ça. On s'y fait. Je vous trouve déprimée.

C'était vrai.

Alors Mme Bailly prit la décision d'aller se confesser et communier. Elle ne voulait pas y aller seule. Maria lui promit de l'accompagner. Joseph tomba des nues.

– Que tu ailles à confesse, c'est ton affaire. Quant à changer mes habitudes, il ne faut pas y compter. Tu sais que je ne suis ni pour ni contre.

– J'en éprouve le besoin, dit Maria.

Sa décision n'avait pas été longtemps mûrie. Peut-être répondait-elle à une recherche de la sécurité ou à une sorte d'appel surgi de l'enfance. Elle pensait que les voies de Dieu sont souvent très simples et elle se souvenait du dévouement des religieuses infirmières de Châtillon. Elles avaient toujours donné l'exemple de la charité.

Au jour de Pâques, bien qu'aucune résurrection n'ait marqué ce jour, tout au moins dans la mesure où des villages aussi isolés que Saint-Pierre, Saint-Hilaire ou Le Hardouin eussent pu en apprendre la nouvelle, beaucoup de pensionnaires de la Résidence se rendirent à la messe. Ils se divisèrent en deux groupes d'inégale importance : celui, fort réduit, de ceux qui voulaient montrer de l'humilité et se confondre, en cette occasion, avec les pauvres de l'hospice se rendit à la chapelle, celui de ceux qui ne pouvant supporter une promiscuité jugée dégradante se dirigea vers l'église de Saint-Pierre. L'abbé Peureux qui officia çà et là distribua le pain sacré avec la même hâte d'en finir.

Pour lui, comme pour la plupart des prêtres de ce temps, la Résurrection ne signifiait plus rien. Il doutait même qu'elle ait jamais eu lieu. Dans son désarroi, il ne savait pas pourquoi il continuait à vivre dans le dénuement et dans la tristesse.

Ce fut au cours de ce même matin, tandis que les cloches sonnaient sur l'océan et la terre, que Joseph Montagard fut repris par la fièvre. Il la connaissait bien avec son cortège de frissons et de courbatures. Mais il lui sembla qu'il s'agissait d'une autre fièvre que celle qu'il avait connue voici six mois. Au lieu de l'abattre elle lui apportait au contraire une sensation de bien-être et même un sentiment d'euphorie.

Les pensionnaires rentraient de la messe et la Résidence connaissait son animation factice des jours de fête et de menus améliorés. Il songea à M. Bailly qui aimait tant le poulet froid et qui maintenant était éloigné, disparu dans une infirmerie de l'hospice.

Maria découvrit son mari étendu sur le lit :

– Serais-tu malade ?

– Je crois que la fièvre m'a repris.

Elle ôta son imperméable. Les yeux mi-clos, Joseph l'entendait marcher dans la chambre. Ces pas n'étaient pas vraiment ceux de sa femme. Ils étaient à la fois précipités et impatients. Il écouta grincer la porte du placard.

– Que crois-tu avoir ?

– Si je le savais…

– Veux-tu que j'appelle l'interne ?

– Surtout pas.

– Il faut bien te soigner tout de même !

– Ne t'inquiète pas, reprit Joseph. Demain ou après-demain, je serai guéri.

Une première abeille bourdonnait contre la vitre. Le ciel s'éclairait et le soleil luisait comme une épée descendue sur les cèdres éclairés.

Maria était à son tour anxieuse. Elle fut transpercée par une idée enfantine : Dieu la récompensait bien mal de son retour vers l'Église. Elle devait croire en la vie.

– Voyons, Maria, je ne suis pas en danger, dit Joseph.

– C'est vrai, c'est vrai, répéta-t-elle. J'ai eu peur. C'est fini maintenant.

L'heure du déjeuner approchait.

Dès les premières heures de l'après-midi, ils reçurent la visite inopinée de Jean. Joseph s'était levé et s'efforçait de ne rien laisser transparaître de sa fatigue. Jean s'était assis sur l'un des lits. Il raconta que sa femme était partie pour les sports d'hiver.

– Je dois vous parler sérieusement, ajouta-t-il.

Au cours de l'hiver, il avait grossi. Maria le lui fit remarquer.

– Je me surveille pourtant ; mais les dîners d'affaires...

Son visage s'empâtait et ses tempes se dégarnissaient. Il ne ressemblait ni à son père ni à sa mère. « Il doit tirer du côté des Luzarne », pensa Joseph. Un grand-père de sa femme qui était obèse et qui était mort jeune. Mais Jean avait en effet à les entretenir de choses importantes.

Ils apprirent que la retraite de Joseph ne suffisait pas à couvrir leurs frais de pension. Jean en avait jusqu'ici complété le montant. Il ne pouvait plus faire face à cette dépense.

– Il faut me comprendre, ajouta-t-il. Marianne a des exigences et ma situation m'impose un train de vie auquel je ne peux pas me soustraire.

– Tu as peur de ta femme ? demanda Joseph en souriant. Qui nous a incités à venir ici ? Toi et Marianne.

– Non, je n'ai pas peur de ma femme. Elle ne peut admettre que je la prive du superflu.

Maria écoutait, gênée et surprise.

– Tu aurais pu nous prévenir, dit-elle simplement.

– Je ne saisis pas votre entêtement, reprit Jean. Vous

possédez une maison et des terrains qui ne vous serviront plus jamais à rien. Pourquoi ne les vendez-vous pas ? Cette solution est si simple, si évidente. Je suis navré d'insister.

– Tu aimerais sans doute que je vous les abandonne. Non, mon petit vieux, reprit Joseph. Il n'est pas impossible que ta mère et moi retournions un jour à Relevant. Tu n'es pas malin. Nous sommes âgés l'un et l'autre. Si tu avais su attendre…

– Votre héritage ne m'intéresse pas.

– Les raisins sont trop verts.

La discussion sordide tomba tout à coup. Jean avait croisé ses jambes et son père apercevait l'un de ses souliers régulièrement soulevé par le flux du sang. Le silence se prolongeait. Brusquement, Joseph se dressa :

– Fous le camp, dit-il à voix basse.

– Vous n'allez tout de même pas vous brouiller ! s'écria Maria.

– Je vais me gêner ! Va-t-en !

Et Jean s'en alla. Il protestait de sa bonne volonté.

– Nous te rembourserons jusqu'au dernier centime. C'est la moindre des choses, hurla Joseph.

L'après-midi ne finissait pas. Tous deux étaient encore profondément remués par la discussion. Joseph s'était à nouveau étendu sur son lit. Maria tricotait. Elle ne savait trop pour qui. Le jour faiblissait.

– J'avais complètement oublié que tu étais fatigué, dit Maria.

– Moi aussi, dit Joseph avec timidité.

Il craignait que sa femme n'approuvât pas son attitude.

– Je crois que tu as eu raison. Nous étions presque tombés dans un piège.

– Il aurait voulu que nous lui donnions tout.

– Il faudra quand même vendre une ou deux parcelles pour le rembourser.

– J'y songe, dit Joseph. Nous partirons d'ici au début de l'été. Il aurait voulu nous dépouiller. Pour sa femme. La garce !

– Je te suivrai où tu iras, dit Maria.

Bien qu'il ne pût dormir durant la nuit, Joseph demeura calme. Il reposa bien étendu dans son lit en compagnie de la fièvre et de la sueur, les draps ramenés sous le menton, abandonnant le poids de son corps au creux du matelas qu'avaient depuis des mois préparé ses formes. Le temps faisait bien les choses et favorisait la naissance des habitudes. C'en était une aussi que ce repos du bras à demi fléchi ramené sur le front, position qui permettait aux doigts de conserver toute leur inutile liberté, tandis que l'autre main, appuyée à l'une de ses cuisses, étrangère à lui-même, immobile, percevait la transpiration qui doucement humectait sa peau.

Il songeait que, malgré les misères entrevues et finalement communes à tous, il devait placer son espoir dans ceux qui étaient des bâtisseurs.

Dans ce demi-sommeil que tourmentaient les frissons, il espérait que les pavillons neufs se dresseraient de l'autre côté de l'estuaire. Quel que fût pour lui l'avenir, il se sentait solidaire de tous ceux qui s'efforçaient sinon de guérir du moins de préserver et de maintenir, d'atténuer les souffrances des hommes pour leur permettre d'achever leur vie dans la dignité.

Un nuage passa sur la lune : la clarté de la chambre disparut. Il songea à la déroute qui avait semblé emporter sa femme lorsqu'elle s'était aperçue qu'il était malade. « Il faudra bien que l'un parte avant l'autre. On ne peut mourir ensemble », songeait-il.

Le petit jour pointa enfin dans le silence. La fièvre l'abandonnait et le livrait à une fatigue qu'il refusait.

Maria était éveillée :

– Tu ne dors pas ? demanda-t-il.

– Je pensais à Jean, répondit Maria.

Il l'appela. Elle vint se blottir contre lui comme elle le faisait parfois. Aussitôt il sentit son sexe grossir en même temps qu'une lente pulsion de ses reins le rapprochait du corps de Maria.

Lentement le genou de Joseph ouvrait ses cuisses maigres tandis qu'une main, glissée sous la chemise relevée, empaumait son sein. Joseph en sentit la pointe dressée.

– Joseph, nous sommes trop vieux, murmura-t-elle.

Il basculait déjà sur elle. Elle ceignit les reins de son mari de ses bras et laissa échapper un gémissement lorsqu'elle se trouva durement pénétrée. Puis elle se laissa emporter par les vagues. L'océan était tout proche. Tous deux y naviguèrent longuement accolés l'un à l'autre. Trop longuement. Maria aperçut le visage tendu de Joseph. Il était essoufflé. Elle attendit encore mais elle ne put se contenir.

Maria tout à coup riait, d'un rire qui allait en s'amplifiant et qui se termina par un cri. Joseph comprit que sa femme lui échappait. Ce rire se prolongeait et tournait au fou rire.

Une larme coula sur l'épaule de Maria. Joseph se retira comme à regret. La mort était plus proche et plus certaine que jamais. Joseph était là, étendu au côté de Maria et le grand jour assiégeait les rideaux des fenêtres.

La fête était révolue. Une semaine passa. Il arrivait que Desportes vînt faire un tour le dimanche matin à l'hospice, soit pour se pencher sur un malade dont l'état l'inquiétait, soit pour s'assurer que chacun fût à son poste, soit pour faire connaissance avec une pensionnaire récemment arrivée.

Les grands couloirs étaient déserts. Il sifflotait. Mme Blondin, la cheftaine, entendit son pas, sortit de son bureau de surveillance et vint à sa rencontre.

– Quoi de neuf? demanda-t-il.

– Rien, si ce n'est que nos deux lits vacants ont été occupés hier.

– Par qui?

– Vous verrez. Les deux nouvelles viennent des hôpitaux de Beaulieu. Ils s'en sont débarrassés le samedi pour avoir quelques lits disponibles le dimanche : les accidents, vous comprenez.

– Leurs noms?

Mme Blondin sembla faire un effort pour se souvenir :

– Il y en a tellement, dit-elle. J'ai placé l'une d'elles à l'infirmerie des grabataires. Il s'agit d'une vieille complètement désorientée et agitée. Elle porte un nom étranger. Tenez, Rautenberg, je crois. Cachectique. J'ai placé l'autre à l'infirmerie A, en attendant. M. Masson a déjà fait sa visite. Il ne m'a rien signalé.

– C'est dommage. J'aurais aimé le rencontrer.

Mme Blondin sortit une feuille de papier froissé de sa poche :

– La deuxième arrivante se nomme Mme Blaizé. Voulez-vous que je lui demande de descendre ?

–Volontiers, fit Desportes.

Il s'assit à son bureau. Le silence qui régnait sur l'hospice était étonnant. On l'aurait cru désert. Les dortoirs étaient vides. Desportes sentit le poids du vaste bâtiment peser sur ses épaules. Une porte claqua. Des pas menus frôlèrent le couloir.

Mme Blondin introduisait l'arrivante dans le bureau de Desportes. Mme Blaizé était une vieille femme d'assez forte corpulence, au teint coloré, aux joues bien remplies ; elle portait des bas de coton gris et une blouse noire.

– Entrez et asseyez-vous, dit Desportes. Il faut que nous fassions connaissance.

Et presque jovial, il ajouta ce propos ridicule :

– Quel bon vent vous amène parmi nous ?

Mme Blaizé sourit tristement :

– Je ne pensais pas qu'on m'enverrait ici. On m'avait parlé d'un séjour de convalescence mais non d'un placement en hospice. J'aurais voulu rentrer chez moi.

– Possédez-vous toujours un logement ?

– J'avais une chambre en sous-location. J'aurais pu travailler encore. L'assistante sociale de l'hôpital en a jugé autrement. Une convalescence aurait suffi.

– Quel âge avez-vous ? demanda Desportes.

– Soixante-neuf ans.

– Fichtre ! Ce n'est pas terrible en effet. Mais pourquoi étiez-vous entrée à l'hôpital ?

– Je ne l'ai jamais su exactement. Il paraît qu'on m'a

trouvée sans connaissance, par terre, dans ma chambre. Je marche difficilement. J'ai des rhumatismes.

Mme Blaizé découvrit ses genoux à la fois empâtés et globuleux.

– Il est vrai que dans les derniers temps, je ne marchais qu'avec peine et que je ne pouvais plus faire le ménage. Le locataire de l'appartement voulait sous-louer sa chambre.

– Vous viviez avec lui ?

– Pas tout à fait. M. Garçot est très âgé. Je m'occupais un peu de lui. Je faisais ses courses et sa cuisine. Mais nos relations se bornaient là.

Desportes écoutait attentivement.

Alors Mme Blaizé entonna une sorte de complainte. Elle raconta qu'autrefois ce n'était pas pareil. Elle avait vécu plusieurs années avec M. Garçot et peu à peu il l'avait reléguée dans une chambre. Il ne voulait plus la voir. Elle n'avait pas compris pourquoi. Il prétendait seulement qu'elle ne pouvait plus lui rendre service.

– Moi, je comprends, dit Desportes. Vous avez vécu en concubinage.

– Si vous voulez, mais jamais en putassière. Ça nous arrangeait tous les deux. Nous avions nos deux retraites pour vivre. Je suis sûre qu'il était riche. Mais soupçonneux. Mon mari était mort depuis longtemps.

– Aviez-vous des enfants ?

– J'avais eu deux enfants. Tous deux sont morts, contaminés par leur père qui était tuberculeux.

– Ça ne pardonnait pas alors, dit seulement Desportes.

Mme Blaizé fondit en larmes. Desportes entendit entre deux sanglots :

– J'ai beaucoup travaillé. Finir à l'hospice…

Desportes sentait confusément qu'il devait exister une

faille dans cette vie. Mais où et quand? Il n'osait pas interroger davantage. Sans doute avait-il entendu l'une de ces histoires qui se ressemblaient toutes étrangement.

– Voyez donc, dit-il en s'adressant à Mme Blondin, si Mme Blaizé ne pourrait pas être placée à la Résidence.

Mme Blondin fit la moue.

– On ne peut songer aux dortoirs, reprit-il. En attendant gardons-la auprès de Mme Futtet. Mme Blaizé sera mieux entourée dans cette infirmerie.

Desportes resta seul dans son bureau. Il réfléchissait. Il se leva et fit quelques pas. Le spectacle de l'océan le retint un instant. Peut-être, lorsque les pavillons seraient construits les vieilles dont il avait la charge se feraient-elles mieux à une nouvelle vie dans un cadre meilleur? Sa conviction n'était pas faite.

Les vieilles de l'hospice ne souhaitaient pas tellement que des modifications fussent apportées à leur condition. Il les avait souvent interrogées. Elles ne désiraient pas obtenir des distractions différentes de celles qui leur étaient offertes. La télévision, une séance hebdomadaire de cinéma dans la pénombre de la salle des fêtes où elles s'accouplaient comme elles le pouvaient avec leur voisin, tantôt l'un, tantôt l'autre. Ce qui n'empêchait pas les drames de la jalousie d'éclater à l'hospice. Mais les unions étaient toujours brèves.

Elles disaient parfois souffrir de ne pouvoir se recréer un coin à elles. Pourtant elles s'ennuyaient moins que les pensionnaires de la Résidence et elles appréciaient la liberté de ne rien faire. Le temps passait à causer les unes avec les autres ou avec leur ami de cœur d'un moment auprès d'un verre de petite bière pris à la cantine. La cantine! Derrière les bâtiments administratifs, une sorte de petit édifice appuyé à un ressaut du terrain, avec son comptoir, ses tables et ses chaises de guinguette de banlieue. En été, on y étouffait sur la terrasse bitumée.

Les disputes tenaient une grande place dans leur vie. Elles s'engueulaient comme des charretiers pour des sujets futiles.

Quelques-unes tricotaient, d'autres lisaient, assises dans le couloir, des magazines : *La Veillée des chaumières*, *Le Pèlerin*, que Mme Blondin toujours soucieuse de leur moralité leur confiait. Elles s'attardaient longuement sur les colonnes que les quotidiens consacrent aux décès. Quel était l'objet de cette impatiente curiosité ? Peut-être de savoir les autres morts était-il une façon comme une autre de s'affirmer vivant ? Ou bien cherchaient-elles un nom qui pût les rattacher à leur passé ? C'était peu probable car elles provenaient de contrées très diverses.

Elles n'avaient ni camarades ni amies et elles disaient que dans une telle maison il fallait parler à tout le monde et ne se confier à personne.

Elles vivaient presque joyeusement dans le présent et leur déracinement était absolu. Elles ne tenaient pas à se souvenir et aspiraient à oublier.

On les avait conduites là bien souvent sans les avertir. Elles n'ignoraient pas que l'océan était proche. Mais c'était tout. Elles ne savaient pas où elles se trouvaient. Les guerres passées où elles avaient souvent perdu leur mari, un frère ne comptaient plus. Elles appartenaient à un passé lointain. La misère, le désintérêt avaient élimé le souvenir.

Mme Blondin surprit Desportes dans sa réflexion.

– J'ai reconduit Mme Blaizé. Je crois qu'elle a bu beaucoup, dit-elle. Vous voyez, de la gnole, du rhum !

– C'est possible, dit Desportes. Ça ne change rien.

Il haussa les épaules.

– Où sont toutes nos vieilles ? demanda-t-il.

Mme Blondin sourit :

– Beaucoup sont à la chapelle.

– Ah, j'oubliais ! C'est votre œuvre.

Il est vrai que Mme Blondin s'intéressait à la fréquentation des offices par les pensionnaires et il était vrai aussi que parmi beaucoup de vieilles subsistait une lueur de religion.

Autrefois, dans leurs villes ou leurs villages elles avaient été envoyées au catéchisme par leurs parents. Certes, toutes ou presque toutes avaient oublié le sens que l'Église avait voulu donner aux fêtes liturgiques qui jalonnent l'année. Sauf Noël et le Vendredi saint. Mais pas la Résurrection de Pâques. Que pouvait signifier pour elles la résurrection de la chair ? Dans quels vêtements et pour quelle gloire ?

La vie éternelle ! Non, elles n'y croyaient guère. C'était la terre qui les appelait. Elles s'y voyaient réduites en poudre. Pas de passé, pas de futur. Des déportées sans mémoire.

L'une d'elles, la vieille mère Damon, entre deux instants de délire, avait bien voulu confier à Desportes la façon dont elle se représentait les choses : « Un peu de poussière, docteur. » Elle avait accompagné son affirmation d'un geste de balancement des bras semblable à celui que l'on fait lorsqu'on tamise du terreau.

Desportes avait enregistré leur conversation au magnétophone. La mère Damon était morte. Il écoutait encore sa voix de temps en temps. Il avait besoin de retrouver ce témoignage de l'angoisse dépassée. Elle avait dû être belle, la mère Damon. Ses traits étaient demeurés réguliers, ses yeux tendres jusqu'au bord de la folie. Mais était-elle folle ? Son esprit naviguait aux limites du surréel.

Un coup de vent se leva. La bourrasque d'ouest chassa pendant quelques instants un vent de pluie.

Qu'allait devenir Mme Blaizé ?

Desportes regarda Mme Blondin.

– Êtes-vous soucieux ? demanda-t-elle.

– Comme souvent.

– Et vos pavillons ?

– On avance doucement. C'est l'espoir. À demain, dit-il.

Était-ce sa faute s'il ne croyait plus en l'Homme mais à la souffrance ?

La chaleur, il l'avait rencontrée ici tardivement auprès de Fangio et de Masson. À quoi bon revenir sur l'histoire de sa vie lorsque le déchirement l'avait toujours habité.

Masson lui avait dit un jour que la mort est dans la nature des choses. Non, elle n'était qu'un fait d'expérience, une loi scientifique. Mais une loi constate et n'explique rien. Elle permet seulement de prévoir. Et sur ce point, les hommes n'avaient fait aucun progrès depuis les temps de la préhistoire.

La mort, il l'avait partout rencontrée. Jeune médecin, lorsqu'il était installé à Julliange auprès des usines, à Fouacé puis à Blémont, en pleine campagne, quand peu à peu il avait entrepris sans qu'il s'en rendît compte cette lente migration vers l'ouest, vers l'océan. Comme les pensionnaires.

Partout elle s'était faufilée derrière les visages, comme un double de l'être de chair. Cela lui était insupportable. On disait de lui qu'il se contemplait dans les autres comme dans un miroir. Il avait cru que chaque voyage le dégagerait de cette présence. Quelle illusion ! Les hommes étaient ce qu'ils étaient. Mais accepter leur mort lui était impossible. La sienne non plus ! Et celle de sa femme ? Sans elle, il n'aurait été, miné par le chagrin, qu'une épave.

Et comme l'un des moutons de Panurge, il s'était jeté dans cet hospice pour pouvoir contempler la mort de plus près. Elle était devenue la fascination, le miroir – c'était vrai – dans lequel il contemplait sa vie. Mieux que devant les miroirs ou les surfaces d'eau calme, il regardait sa propre image dans les visages d'autrui. Pauvre Narcisse !

Mme Blaizé qui était arrivée depuis deux jours devait le juger durement, elle aussi. Il n'était pas libre. Il savait que sa tâche était dégradante. D'autres l'avaient voulu ainsi. Il avait son service à conduire et, devant le nombre, il fallait savoir demeurer lointain, sans fissures. La moindre d'entre elles l'eût à jamais perdu.

Alors partir plus loin encore, comme le lui avait suggéré Masson. Non, il était arrivé au bout de sa quête puisque l'océan était là. Certains disaient qu'il était malade, d'autres qu'il manquait d'envergure et que son esprit donnait parfois de la bande. Possible, après tout. Trop vulnérable et trop entier et trop pessimiste, comme on dit. Il ne le pensait pas. Il s'étonnait au contraire du divertissement d'autrui et de l'incapacité des êtres à regarder en face leur propre destin et celui de leurs semblables.

Lorsqu'il quitta son bureau, les vieilles descendaient de la chapelle qui se trouvait au premier étage. Il les salua. L'une d'elles lui frappa familièrement l'épaule. Il eut envie de l'embrasser. Plus loin, une autre lui tendit la main. Il les aimait bien toutes. Il retint les doigts un instant dans les siens.

Elles l'entourèrent. L'une se plaignait de souffrir du dos, une autre des genoux.

– On ne vous voit pas assez, dit l'une.

–Vous n'êtes jamais avec nous.

Il en convint :

–Vous pouvez venir quand vous voulez, dit-il.

–Vous passez et vous ne nous dites rien. Vous avez trop de travail. On pense souvent que vous êtes dur mais que vous êtes juste...

Toutes voulaient le toucher. Elles sentaient confusément qu'elles n'avaient que lui pour les défendre. En ce matin, il était leur dieu.

– Le bon Dieu, hasarda l'une d'elles.

Était-il possible qu'une telle rencontre arrivât ? Il ne savait trop comment vivre cet instant. Il se dégagea lentement.

– Il est l'heure du déjeuner. Je vous remercie toutes. Je ne peux pas beaucoup pour vous mais croyez que j'essaie de vous rester fidèle. Venez me voir plus souvent.

Les chuchotements l'environnaient. La mère Briche le saisit par le cou et l'embrassa tandis que les autres s'exclamaient de cette audace.

Il se retrouva dans la cour et il se demandait comment il devait interpréter ce qui lui était arrivé. Il était ragaillardi mais plus pensif que jamais. Il marcha vers le pont et passa devant la Résidence. Le vent s'était à nouveau levé. L'hiver maritime était en son plein.

Il aperçut Montagard sur le seuil de la Résidence. La silhouette aux larges épaules s'encadrait dans la porte. Il s'approcha.

–Vous attendez votre fils ? demanda Desportes.

– Oui et non, dit Montagard en lui tendant la main.

– Je suis heureux de vous rencontrer. Comment va votre femme ?

– Elle travaille toujours, même le dimanche. Comme vous !

– Mais seriez-vous fatigué ? dit Desportes. Je trouve que vous avez petite mine.

Montagard jugea que la conversation s'engageait mal.

– Je suis en parfaite santé, dit Montagard.

– Croyez bien que je ne cherche pas à être indiscret, reprit Desportes. Ma question n'était qu'un témoignage de l'intérêt que j'ai pour vous. Je suis content de vous voir. Vous êtes un exemple pour tous. Vous avez eu une attitude remarquable durant le début de l'hiver. Il n'est pas si facile de se vaincre. Votre tentative d'animation était non seulement intéressante mais aussi la première à laquelle il m'était donné d'assister.

– Animation est un bien grand mot !

– J'aimerais savoir à quelles raisons profondes votre femme et vous-même avez obéi.

– Voulez-vous m'accompagner dans ma chambre ? Nous serons plus à l'aise pour causer. Suivez-moi donc.

Dans la chambre, tout était en ordre, d'une netteté presque militaire. Desportes contempla les cartes fixées aux murs, les livres et les jumelles posés sur le rayon d'une étagère. Pas une photographie. Au pied du lit, la corbeille de Maria avec ses laines, et sur la table les cartes à jouer d'une réussite inachevée.

Desportes s'assit sur le lit comme il en avait l'habitude. L'océan était toujours là-bas dans son lointain de brume.

– Nos raisons étaient simples, dit Montagard en posant sa main sur la table. Nous ne pouvions, ma femme et moi, supporter l'ennui des autres. Il nous était pénible de les voir se confiner dans le sentiment de leur inutilité. À nos âges la solidarité doit être exemplaire.

Desportes avait croisé ses mains sur ses genoux et son buste était incliné en avant. Une montre apparaissait à son poignet osseux, à l'orée de la manchette. Sa voix devint plus assurée :

– Je crains de vous peiner, dit-il. Mais je voudrais vous demander, entre nous, de ne plus transmettre dans votre journal les plaintes continuelles des uns et des autres. Le directeur est irrité par ces récriminations qui sont fondées, je le reconnais, mais devant lesquelles nous sommes impuissants. On ne peut varier les menus davantage. Votre ami Lebrun est à court d'imagination et les dessins de Mlle Touraine sont toujours les mêmes ! Qu'en pense Mme Montagard ? Comprenez-moi, je ne vous attaque pas personnellement.

– Oh ! ma femme ne s'interroge guère. Seulement, il faut savoir que la nourriture compte beaucoup pour des personnes âgées inoccupées. Comme pour le soldat l'ordinaire. Quant à notre journal, il ne retient plus ici l'attention de quiconque. Il est devenu un cahier de doléances. Il risque de le rester. Chacun par là exprime son inconfort. M. Legrain a tort de penser que ses pensionnaires sont heureux ici.

– Ne pourriez-vous donner à votre journal un nouveau souffle ?

Montagard ramassa les cartes posées sur la table.

– Difficilement.

– Je le crois aussi, dit Desportes. Je pense, contrairement à beaucoup d'autres qui se disent avertis des questions touchant à la vieillesse, que ces tentatives échouent toujours.

Un groupe de pensionnaires du vieil hospice passait devant la Résidence. Ils allaient, plus ou moins endimanchés, d'une démarche lourde et incertaine, épaules basses. On les aurait crus sortis d'une toile du vieux Breughel. Les pas s'éloignèrent.

– Ma femme, dit Montagard, trouve qu'ils ressemblent à des émigrants.

– C'est vrai. Ils en ont l'apparence. Pourtant ils ont atteint leur but, le but de leur voyage.

Et changeant brusquement le tour de la conversation :

– Pas de nouvelles de Châtillon ou de Relevant ?

– Vous connaissez ?

– Je vous l'ai déjà dit. C'est une belle terre que votre terre de Dombes. Il me semble que votre visage ne m'est pas inconnu, que j'aurais pu vous y rencontrer. Vous avez les yeux bleus des gens de là-bas, le visage rude et surtout la vigueur. Vos hommes ont tout conquis sur les marnes et les galets glaciaires.

Alors Montagard se sentit enveloppé d'une grande joie.

– Vous me faites plaisir, dit-il.

Il soupira :

– Voyez-vous, reprit-il, pour beaucoup d'entre nous tout serait ici supportable si l'hospice et les infirmeries n'étaient pas si proches. Nous redoutons tous d'y finir nos jours. Personne ne sait que de telles maisons existent encore. Il m'est arrivé une fois de pénétrer dans l'une de vos salles pour rendre visite à Mme Terrier. C'est déshonorant. Le spectacle n'est pas réconfortant. Il faut comprendre notre crainte.

– Je la connais, dit Desportes. Ne croyez pas que tout le monde ignore l'existence des hospices. Seulement la connaissance qu'en ont les ministères est purement théorique. Chacun se tait. Le placement en hospice demeure une solution commode. D'ailleurs, s'il m'arrive de recevoir des plaintes et d'écouter des protestations de certaines familles, il m'est malheureusement facile de les apaiser. Il me suffit de proposer de rendre à leurs soins les vieillards qu'on m'a confiés. Tous reculent aussitôt. La plupart des familles se montrent discrètes. Il n'existe pas, pour le moment, d'autres solutions.

– Mais ne conservez-vous pas l'espoir de voir bientôt s'élever les pavillons ? Où en est ce projet qui semblait vous être à cœur ?

Montagard parlait avec d'autant plus de liberté qu'il savait proche son départ de la Résidence. Il fut sur le point de confier son intention à Desportes.

– Il est vrai, reprit ce dernier d'une voix sourde, que nous touchions au but. J'ai cru que les nouveaux pavillons seraient bientôt construits. Selon M. Legrain, dont je n'ai aucune raison de suspecter la sincérité, les crédits sont suspendus pour une durée indéterminée. Une pièce manque au dossier qui est un document déjà très volumineux. Tout dépendra de la prochaine commission administrative. Il faudra probablement que l'un de ses membres se rende au ministère.

« Ces messieurs ne sont pas dépourvus de bonne volonté et de sagesse mais lorsqu'il s'agit d'approcher le secrétaire ou le directeur d'un cabinet ministériel, il faut se faufiler de bureau en bureau... Nous ne savons même pas quelle est la nature de la pièce manquante ! Nous l'apprendrons peut-être un jour !

« Je suis déçu mais j'espère que les travaux reprendront. Seulement, Montagard, je vous le dis à vous et à vous seul, je ne suis pas certain que la construction des pavillons résoudra le problème de l'hospice.

« Il ne suffit pas d'offrir le confort hôtelier à de pauvres vieux pour qu'ils se trouvent satisfaits. Il faudrait surtout les entourer davantage. Alors vous comprenez la contradiction et la crainte dans lesquelles je vis : je souhaite la naissance de ces pavillons. Ils seront beaux, pimpants. Est-ce que nos pensionnaires y seront plus heureux ? Je ne le sais pas. Mais il est sûr que le coup vaut la peine d'être joué.

« Je suis content de vous avoir dit tout cela, ajouta Desportes. »

– Je ne peux pas grand-chose pour vous, murmura Montagard.

– Beaucoup plus que vous ne le croyez.

– Je pense souvent à Tavernier, reprit Montagard. Vous ne croyez pas que sa colère aurait été grande à la nouvelle de la disparition prochaine de notre journal ?

Ils s'esclaffèrent tous les deux.

– Il ne faut rien exagérer, dit Desportes. La parution de votre feuille ne nous gêne guère. M. Legrain craint sans doute qu'elle puisse lui attirer quelque ennui si elle tombait entre les mains de la presse. Les journalistes sont toujours à l'affût du scandale.

Montagard souriait :

– La presse locale a eu connaissance de notre journal par Lebrun. Il n'a trouvé aucune audience parmi ses rédacteurs. Le sensationnel en était absent.

– Enfin, dit Desportes en se dressant, l'hospice a tout de même un mérite : celui d'exister. Je vous remercie de votre accueil.

Il leva l'index :

– Alors, fit-il, Relevant !

– Châtillon, répondit Montagard en souriant et en clignant de l'œil.

Desportes franchit le seuil brusquement. Il s'éloigna à grands pas vers le hall où Montagard aperçut sa femme soutenant du bras Mme Bailly. Maria lui apparut vieillie. En quoi ? Il ne pouvait le dire. Sans doute avait-elle encore maigri et cet amaigrissement était peut-être dû au régime que le médecin lui imposait. Il discernait le réseau des veines plus apparent sur ses jambes. Les tendons se dessinaient avec acuité sur la cheville.

Lebrun était assis dans un fauteuil. Montagard alla le rejoindre. En passant, il saisit la main de sa femme :

– Où étais-tu ? Je t'avais perdue.

– Et toi ? demanda Maria.

– Je te raconterai.

Desportes s'entretenait avec Mme Courtois dans un coin du hall. Il sortit, la tête basse, pressé. Montagard le vit s'installer dans sa voiture, attacher la ceinture de sécurité.

– Nous avons reçu, il y a huit jours, la visite de notre fils, dit Montagard à Lebrun.

– Ah, c'est vous ! s'exclama ce dernier.

Il contemplait Montagard à travers les verres de ses lunettes :

– Ma vue baisse. Je ne vous reconnaissais pas. Que vous est-il arrivé ?

– Peu de chose. J'ai cru, nous avons cru que notre fils était désintéressé.

– Il essaie de vous plumer, dit Lebrun en ricanant.

Une quinte de toux le secoua.

– Que voulez-vous ! Cela arrive, dit-il seulement.

On touchait à la fin d'avril. Maria inquiétait Joseph. Elle souffrait de maux de tête et perdait son entrain.

En hochant la tête, le cœur serré, Joseph la regardait. Pourquoi égarait-elle aussi souvent ses lunettes, son porte-monnaie. Était-ce par manque d'attention ou défaut de mémoire? Comme la classe avait été interrompue par les vacances de Pâques, Maria ne sortait plus avec Hortense Ribollet et Hortense Ribollet attendait sans doute le retour des enfants pour se montrer à nouveau.

Maria disait avoir été bouleversée par la dernière visite de son fils. Elle aurait préféré que Joseph montrât moins d'intransigeance. Elle était prête à faire la paix. Joseph, têtu, s'y opposait. Il restait déchiré entre sa rancune et la faiblesse de sa femme. Et il se rendait pourtant compte que son obstination n'avait pas de sens. Ils étaient vieux. Jean triompherait sûrement. Cependant il ne voulait pas céder.

– Tu as tort d'attacher tant d'importance à des souvenirs, disait Maria. Relevant n'est plus rien pour nous.

– Tu préfères ton fils à ton mari! Un fils qui ne s'est pas occupé de toi!

– Cessons de nous disputer! s'écriait-elle. Nous qui avons été toujours si unis.

– Ma pauvre femme, répliquait Joseph, nous avons eu tort de l'écouter.

Comment pouvait-il penser que lui, qui avait toujours su mener si résolument sa barque, pût se tromper?

– Tu as eu tort de te confier à Desportes.

– Je ne lui en ai rien dit. Nous avons parlé de tout autre chose.

– Une conversation qui a duré plus d'une heure…

– Mais je t'assure qu'il n'a jamais été question de Jean.

Elle avait peine à le croire. On ne parle pas aussi longtemps sans aborder des sujets personnels.

– Nous ne nous sommes entretenus que de l'hospice.

– Tu en es flatté, c'est entendu. Mais je suis sûre que tu me caches une partie de la vérité.

Elle aussi était obstinée. Cette dissension qui séparait désormais Joseph de Maria était grave. Leurs rapports avaient changé. La méfiance s'était insinuée entre eux. Ils dormaient mal l'un et l'autre.

Une fièvre s'empara un jour du personnel. On ne pouvait douter que des ordres avaient été donnés. Pourquoi le déploiement subit de cette activité ménagère ?

À l'hospice, on lessivait les couloirs à grande eau, on nettoyait les dortoirs et on apercevait les laveurs de vitres juchés sur les rebords des fenêtres, au mépris de toute prudence.

Aux « Cèdres » dont l'entretien était mieux assuré, on se bornait à passer l'aspirateur et la cireuse une fois par jour et on décorait le hall et le salon de plantes vertes, comme au temps des fêtes. Les jardiniers s'affairaient et tondaient les pelouses avec plus d'exactitude, ratissaient les allées.

Montagard participait à ces derniers travaux.

Hortense Ribollet qui de nouveau allait cueillir à la descente du car Eulalie Patricot s'attardait à regarder les hommes travailler. Elle ne comprenait pas et gardait le silence.

Bientôt Montagard apprit par Bernard qu'une visite d'inspection était attendue. Elle fut annoncée officiellement quelques jours plus tard. Le directeur porta à la connaissance des pensionnaires dans une note dactylographiée l'arrivée imminente de hautes personnalités. Cet avis fut affiché sous le préau de l'hospice et sur le tableau des renseignements de la Résidence auprès de l'horaire des cars.

M. Legrain avertissait chacun de la venue de M. Leroy-Chauffour, inspecteur du ministère des Affaires sociales. Il serait accompagné de M. Bonnet-Brissot, représentant le préfet, qui, comme le premier, était chargé dans ces hautes instances des problèmes touchant à la vieillesse. M. Legrain engageait chacun des pensionnaires à fournir un effort particulier en cette circonstance, à ne rien négliger dans son vêtement, à adopter une attitude convenable, empreinte de dignité. Le sort futur de l'hospice et l'amélioration des conditions de vie de tous dépendaient de l'impression que M. Leroy-Chauffour retirerait de cette visite.

Maria se jeta à corps perdu dans cette nouvelle besogne ménagère. Elle montrait même une fébrilité dans le travail. Elle aidait ses compagnes les moins valides à faire leur lit. L'ouvrage fondait sous ses mains.

Les heures de la matinée s'écoulaient ainsi. L'heure du courrier passait et Jean n'avait pas écrit. Elle était décidée à faire le premier pas. Elle enverrait une lettre à son fils.

– Qu'avez-vous donc Mme Montagard? s'écriait Mme Legros. Ne montrez pas une telle précipitation. Vous allez vous tuer.

Maria ne doutait plus qu'elle était malade. Joseph était trop intransigeant. Mais elle songeait à ce que deviendrait la vie de son mari si elle venait à disparaître.

Le jour de la visite arriva. Celle-ci commença par les bâtiments du vieil hospice. Elle dura toute la matinée et s'acheva par une longue promenade sur les terrains préparés pour recevoir les constructions nouvelles.

À la Résidence, rien n'avait encore transpiré de l'indignation montrée par Leroy-Chauffour en parcourant les infirmeries de l'hospice.

Vers onze heures, observant le terrain défriché laborieusement pendant l'hiver, Montagard aperçut les hauts personnages. Ils étaient précédés de M. Legrain dont la marche rapide fatiguait visiblement ses hôtes. Les dignitaires apparaissaient comme des hommes moyens tant par la taille que par le vêtement. Leur progression, d'ailleurs lente, était interrompue par des pauses au cours desquelles M. Leroy-Chauffour comme M. Bonnet-Brissot, dans de larges envolées de manches cernaient le paysage ou, par des gestes plus précis, désignaient des points plus particuliers du terrain qu'ils arpentaient. Ils disparurent après une visite d'une bonne heure.

Au déjeuner, Bernard put confier aux pensionnaires de la Résidence les premières impressions de l'envoyé ministériel. Elles étaient mauvaises et on racontait que M. Leroy-Chauffour avait tout simplement parlé de faire raser l'hospice. M. Legrain était navré. M. Bonnet-Brissot avait dû intervenir pour expliquer que la gestion d'un tel établissement était difficile, que des crédits toujours promis manquaient pour entreprendre et mener à bien le grand mouvement de rénovation attendue par cette maison.

Alors M. Leroy-Chauffour s'était apaisé.

– Je vous comprends, monsieur le Secrétaire général, avait-il dit. Il s'agit plus d'une question de gouvernement que de décisions prises à l'échelon régional. Vous connaissez nos difficultés budgétaires : les sommes consacrées à l'Éducation et à l'Équipement dévorent tout.

– Croyez que nous partageons toutes vos préoccupations, avait répondu M. Bonnet-Brissot.

Alors, mais alors seulement, M. Legrain avait consenti à se coiffer de son feutre qu'il avait tenu jusqu'ici à la main par déférence.

Bernard puisait ses informations à une source sûre puisqu'il les avait obtenues de la bouche d'Orsini qui, en qualité de surveillant-chef, devait éloigner les pensionnaires trop curieux et assurer la police durant la visite. Il avait ainsi assisté à ces passes d'armes. Passes d'armes bénignes, à la vérité. Selon toute probabilité, les difficultés seraient aplanies lors du repas qui devait réunir dans la salle à manger d'apparat de l'administration M. Legrain et ses hôtes. Le menu avait été particulièrement soigné et les vins choisis avec précaution.

Toutes les visites d'inspection qu'avait connues Bernard s'étaient terminées dans la meilleure humeur. M. Leroy-Chauffour et M. Bonnet-Brissot avaient présidé à de nombreuses inaugurations mais n'avaient jamais jeté que des regards discrets sur les hospices de vieillards. On pouvait espérer que la conclusion, à l'issue de la visite de la matinée, serait que les choses resteraient en leur état en attendant des temps meilleurs et qu'il fallait se contenter de rénovations partielles.

La carte du ministère demeurait marquée de quelques points noirs qu'il était souhaitable de faire disparaître mais qu'il était impossible de supprimer d'un trait de plume. Que faire d'une population de mille personnes vieillies dont l'état de santé et les origines sociales étaient si divers ? Comment faire cesser la promiscuité, l'inconfort, la malpropreté et surtout l'ennui, la méfiance et la crainte ?

Mais M. Leroy-Chauffour avait fini par convenir que la condition des pensionnaires n'était pas aussi mauvaise qu'il lui avait paru tout d'abord. Personne, en gros, ne se plaignait.

À la fin du déjeuner, Mme Legros avertit les convives que les « Cèdres » seraient honorés au cours de l'après-midi d'une visite de ces messieurs et que M. Leroy-Chauffour prononcerait à cette occasion une allocution. Celle-ci aurait pour titre : « La vieillesse est-elle un renoncement ? Comment savoir rester jeune et actif ? »

Déjà Orsini et Bernard et leurs aides étaient occupés à dresser une estrade au fond du salon. Ils y firent déposer une table couverte d'un tapis vert et quelques fauteuils. On disposa des chaises dans le salon et dans le hall dont les portes furent largement ouvertes.

La résidence avait changé de visage et chacun s'y félicitait d'apercevoir enfin les hauts personnages qui dirigeaient leur destin.

On les attendit. Ils arrivèrent enfin. Les conversations cessèrent. On entendit claquer les portières des deux DS noires. Orsini était au volant de l'une d'elles. Il se précipita.

Sans hâte, d'un pas assuré, Leroy-Chauffour, Bonnet-Brissot, suivis de M. Legrain et de Desportes gagnèrent l'estrade. Ils s'y assirent. Orsini gagna le fond du hall pour mieux exercer sa surveillance sur l'auditoire.

M. Legrain se dressa le premier pour remercier M. L'Inspecteur des Affaires sociales de sa présence et de « sa bienveillante compréhension à l'égard du troisième âge ».

De très nombreux pensionnaires étaient présents. Renaudin, Lebrun, le ménage Latour, Montagard et sa femme avaient pris place côte à côte, au milieu de la salle. Mme Bailly était oubliée.

Dès que M. Legrain eut terminé, M. Leroy-Chauffour se leva et prit la parole. C'était un homme jeune dont le visage bien dessiné était marqué par des traits énergiques. Il portait un costume bleu marine et la boutonnière de sa veste était ornée du ruban de la Légion d'honneur.

D'emblée, il tenta de rassurer son auditoire en affirmant que son exposé serait bref. Mais il tenait, disait-il, « à exprimer ici et maintenant, hic et nunc, les orientations nouvelles que, après de longues études, les résultats d'enquêtes, passés au crible des sous-commissions et des commissions, les compétences pensaient devoir donner à la politique du troisième âge.

« Qu'est-ce donc que la vieillesse et comment doit-elle être abordée et vécue ? Vaste sujet que chacun de mes auditeurs estime peut-être connaître mieux que moi ?

« Certes, disait M. Leroy-Chauffour en adoptant le ton du conférencier et en ne jetant que rarement un coup d'œil sur ses notes posées sur la table, la vieillesse n'est pas en rapport avec la longévité. Il est possible de jouir à soixante-dix ans d'une meilleure santé que durant l'âge mûr. Les ans permettent souvent de mieux cerner certains problèmes, avec plus d'acuité et de réflexion que pendant la jeunesse. La vie continue et chacun doit y participer par ses propres initiatives et y montrer ses facultés d'adaptation. De plus on peut être d'humeur sombre et désespérée à tout âge. »

Il apparut à Montagard que Leroy-Chauffour définissait tout d'abord la vieillesse par ce qu'elle n'était pas. Il se pencha vers Maria pour lui faire part de cette opinion.

– Il fait trop chaud, chuchota Maria pour toute réponse. Je ne me sens pas très bien.

Joseph se retourna. Toutes les fenêtres étaient fermées.

– Veux-tu que j'avertisse Orsini ?

– Non, je vais essayer d'attendre.

Le sang battait ses tempes et Leroy-Chauffour continuait.

« Il est évident qu'il serait préférable de maintenir chaque vieillard à son foyer, secouru si nécessaire par des aides-ménagères, voire par l'hospitalisation à domicile, de telle sorte qu'il ne se trouve pas en rupture avec son passé et ses habitudes et qu'il puisse accomplir le plus longtemps possible les actes quotidiens de son existence en toute liberté.

« Nous y songeons, des essais ont été accomplis. Mais cette réforme serait très onéreuse dans les temps que nous traversons.

« Pour le moment, les résidences où chacun garde son autonomie doivent être multipliées. Mais les mots de Maison de Retraite et d'Hospice doivent être bannis. »

Desportes commençait à croire que Leroy-Chauffour ne connaissait rien de son sujet et qu'il le traitait selon les habitudes de la presse. Il savait par expérience que dès que l'un des pensionnaires de ces résidences était malade, on l'expédiait à l'hôpital. La maladie dominait la vieillesse et celle-ci ne commençait que dès cet instant.

M. Leroy-Chauffour, s'enfonçant dans l'erreur, se voulait persuasif et, à son côté, sur l'estrade, Bonnet-Brissot et M. Legrain dodelinaient de la tête tandis que Desportes montrait des signes d'impatience.

La personnalité de M. Bonnet-Brissot, le visage carré, le menton fort, le nez rouge, la mèche de cheveux poivre et sel rejetée sur le sommet du crâne, apparaissait dans toute son autorité. De larges lunettes à monture d'écaille voilaient son regard, cernaient ses orbites et rendaient son personnage plus impénétrable. Son pouvoir d'attention paraissait exceptionnel.

M. Bonnet-Brissot était réputé pour son art de la conciliation, la douceur de sa parole, son habileté à étayer tout discours par des citations puisées aux sources des littératures latines et françaises. La prééminence toujours donnée à la réflexion sur l'impulsion, sa façon subtile de ne jamais aborder une question de front, tout dans son personnage, vieux routier des assemblées administratives, son vêtement pelliculeux comme son attitude nonchalante, bonasse et cependant aux aguets, montraient qu'il était en fait un homme épuisé par ses fonctions, au demeurant indispensable. M. Leroy-Chauffour très à l'aise devant son auditoire de vieillards silencieux, écrasés, poursuivait son exposé. Il parlait, parlait :

« La vieillesse, disait-il, est un âge dont il convient de polir les mille facettes souvent ternies par la solitude et le repli sur soi. Point fondamental ! Il appartient à la société de prouver à chaque homme et à chaque femme ayant atteint un certain âge, qu'il y a encore sa place et qu'il n'y est pas inutile. »

Et M. Leroy-Chauffour s'enferrant dans sa contradiction allait jusqu'à s'écrier :

« Pour demeurer inséré dans la société, nous devons à tout prix cesser de réunir les vieillards les uns avec les autres et leur permettre des contacts avec la jeunesse. Et chacun d'entre vous se doit de manifester, en retour, un minimum de bonne volonté.

« Pour le temps présent, il est nécessaire d'instaurer des

groupes de travail et de divertissement où les activités manuelles et intellectuelles pourront acquérir une place de choix. »

– Ce n'est plus la liberté, murmura Lebrun. Ce sont les travaux forcés.

« L'important, poursuivait M. Leroy-Chauffour, l'important est que soient mis à la disposition de tous non seulement des bibliothèques, des salles de jeux et de conférences mais aussi des ateliers d'ergothérapie où, qui voudra, pourra parfaire ou entretenir sa dextérité sous la direction de jeunes moniteurs et d'animatrices. Vannerie, poterie, tissage, que sais-je encore ? Distraction gratuite comme toute tentative artistique. »

– C'est le jardin d'enfants, murmura encore Lebrun.

« Enfin, mes chers amis, il est essentiel que la pratique quotidienne de la culture physique matinale soit instaurée pour le bien-être de chacun. »

Desportes somnolait. M. Bonnet-Brissot s'affaissait sur sa chaise. L'auditoire était muet.

M. Leroy-Chauffour dit qu'il allait terminer par l'annonce d'une grande nouvelle :

« Mes amis, s'écria-t-il, votre vie va changer. M. Bonnet-Brissot, M. Legrain et moi-même, ensemble, avons décidé de poursuivre la construction des pavillons, de recruter des infirmières, des assistantes sociales, des kinésithérapeutes. Nous accroîtrons les possibilités de soins par l'achat de matériel et en augmentant le nombre de vos médecins. Ainsi s'opérera sous vos yeux une révolution. Nous irons de l'avant. Je vous remercie d'avoir été attentifs. »

M. Bonnet-Brissot, les yeux embués, se dressa et serra longuement les mains de l'orateur qui se rassit à la satisfaction de tous.

Pour illustrer les propos de M. l'Inspecteur, M. Legrain proposa de projeter une brève séquence filmée tournée dans une résidence pilote.

La chaleur était étouffante. Il se faisait tard. Chacun songeait à prendre ses comprimés ou ses gouttes. Les employés montraient eux aussi des signes de lassitude et de désintérêt. Il semblait à Montagard que Maria se fût endormie. Sa tête pesait sur son épaule. Il tenta de l'éveiller en dégageant lentement son bras.

Brusquement la tête de Maria glissa sur les genoux de son mari. Lorsqu'il voulut se dresser, Maria tomba sur le sol dans un brouhaha de chaises bousculées. Montagard vit Desportes accourir.

Maria se trouvait à l'infirmerie n° 1 depuis une semaine. Elle était atteinte d'hémiplégie. Si elle avait repris connaissance, sa parole demeurait très embarrassée.

Son lit était voisin de celui de Mme Terrier.

Montagard avait téléphoné à son fils dès le premier jour. Il se souvenait de l'entretien que Jean et lui-même avaient eu avec Desportes le lendemain de l'accident. Desportes ne s'était pas montré très encourageant sur l'évolution de la maladie. Il avait dit qu'il ne pouvait rien prévoir. Alors, Jean avait proposé que sa mère fût transférée à l'hôpital de Beaulieu.

– Je ne m'y oppose pas, avait répondu Desportes, à condition que vous preniez la responsabilité de cette décision. Vous savez, avait-il ajouté, on ne s'occupe guère des vieillards dans les hôpitaux.

Depuis lors, Masson et Fangio avaient pris les choses en main. Ils surveillaient Maria presque nuit et jour, se relayant à son chevet, installant des perfusions dont la composition était souvent modifiée suivant les résultats des examens de laboratoire. Les bras de Maria étaient truffés d'ecchymoses.

Pour Joseph avait commencé une vie nouvelle que dominait l'inquiétude. Il passait ses journées auprès de sa femme. Il préférait ne pas questionner Desportes et s'entretenir avec les internes qui lui paraissaient plus accessibles.

– Nous la tirerons de là, disaient-ils. Ne perdez pas confiance.

– Croyez-vous qu'elle pourra remarcher ?

– Il est trop tôt pour le dire. Vivez au jour le jour.

– Ce n'est pas possible. J'ai besoin de sécurité.

– Il le faut pourtant. Tant que nous n'aurons pas dépassé le premier délai de trois semaines... Soyez patient.

Comment aurait-il pu l'être alors que sa vie venait de basculer tout à coup ?

– Ne pourriez-vous placer ma femme dans une chambre où elle serait seule ?

Fangio promit d'en parler à Desportes. Mais aucune chambre n'était, pour l'instant, disponible. Et les chambres étaient rares : trois ou quatre seulement pour cette partie de l'hospice.

Alors Joseph retournait auprès de sa femme. Il s'asseyait à côté du lit et restait silencieux. Parfois il se dressait pour mieux l'appuyer à l'oreiller. Les regards qu'elle adressait à son mari étaient pleins de tendresse. Elle aurait voulu parler. Elle ne parvenait pas à s'exprimer. Elle secouait son visage dont les lèvres étaient déviées dans un mouvement d'impatience impuissante.

L'impassibilité et l'indifférence des autres vieilles étaient absolues. Elles continuaient à vivoter. Et il était vrai que, pour elles, il ne s'était rien passé. Le spectacle qu'offrait Maria était semblable à celui dont elles avaient été si souvent les témoins. Même l'aspect de Mme Terrier ne les étonnait pas. Confinée au lit, elle s'y désincarnait lentement. Desportes et les internes avaient décidé de la muter d'infirmerie. La décision avait été prise au cours de l'un de ces colloques tenus à voix basse auprès du lit de la malade. Mme Terrier avait accepté sans protester. Elle ne cachait à personne qu'elle n'avait plus aucun goût à vivre et qu'elle souhaitait tout simplement disparaître. On ne savait trop comment interpréter ce dégoût de la vie et son refus de s'alimenter. Répondait-il au désir d'abandonner ce monde au plus vite ou, au contraire, à celui d'attirer sur elle l'attention. Cet abandon, cette indifférence dans lesquels elle disait vouloir attendre sa fin pouvaient aussi bien traduire l'acceptation de sa déchéance qu'un appel pathétique à autrui. Son visage avait pris l'aspect d'un masque. Les traits de cette peau parcheminée étaient immobiles et dessinaient un profil d'oiseau de proie au regard clignotant.

Pourtant Masson l'exhortait chaque jour à prendre quelque nourriture. Lorsqu'elle se savait entourée, elle se laissait fléchir et l'aide-soignante de la salle, toujours dévouée et soucieuse de sa tâche, s'efforçait de lui préparer des petits plats : un œuf brouillé, un potage. Alors, lorsque sa toilette était faite, bien calée sur ses oreillers, elle consentait à accepter. L'aide-soignante, aux formes maternelles, lui présentait quelques cuillerées de potage et des « mouillettes » de pain trempées dans l'œuf qu'elle déglutissait avec effort. Son sourire, entrecoupé de plaintes, témoignait de sa satisfaction qu'on l'eût dorlotée.

L'aide-soignante, Mme Futtet, malgré toute sa bonne volonté, ne pouvait tous les jours être disponible. Les malades de cette salle étaient trop nombreuses. Il aurait fallu que trois ou quatre aides-soignantes fussent affectées à cette salle mais il était difficile de recruter un personnel qui fût non seulement qualifié mais aussi décidé à surmonter les difficultés d'un travail méconnu et ingrat.

Lorsque, après avoir embrassé sa femme, Joseph se retirait pour gagner la résidence, il y était immédiatement entouré par Renaudin et Lebrun. On lui demandait des nouvelles de Maria :

– Son état est stationnaire, répondait-il.

Il aurait voulu éviter ces conversations. Il se réfugiait dans sa chambre d'où il ne sortait que pour le repas du soir. La place de sa femme demeurait inoccupée à son côté. Pour combien de temps ?

À la suite de la visite de M. Leroy-Chauffour, les pensionnaires avaient espéré une vie nouvelle et, comme dit le militaire, une amélioration de l'ordinaire. Il était vrai que pour une bonne partie de la population de l'hospice et de la Résidence, la vie pouvait être comparée à celle du soldat appelé : même encasernement ou presque, même attente d'une libération toujours incertaine puisque dépendant de décisions prises au sommet d'une hiérarchie inaccessible. Bien que les jours aient grandi avec le printemps, la vie aux « Cèdres » demeurait enclose dans les mêmes limites et le rythme des saisons n'avait aucune influence sur l'heure du réveil ou de l'extinction des feux.

Et l'océan était toujours là.

Cependant une mode nouvelle s'était introduite à la Résidence. Une Polonaise, Mme Mohouvna, veuve, avait épousé un pensionnaire de l'hospice depuis quelques mois. Personne n'avait jamais su les raisons de ce mariage. Son mari était un homme effacé et de plus illettré. Elle, au contraire, était allante, volubile. Elle marchait d'un pas rapide, toujours pressée, un livre sous le bras, se posant parfois ici ou là pour continuer sa lecture.

Fangio prétendait qu'elle était très ardente et qu'elle épuisait son mari. D'ailleurs cette union avait suscité des jalousies féminines et Mlle Touraine s'était montrée très affectée.

Mme Mohouvna aimait les grandes promenades dans la campagne. L'un de ses buts le plus fréquent était la source des Herbiers que Montagard avait découverte un jour d'automne. On y parvenait en passant par Tournelune et Rond-de-Monsieur. Exaltée, elle en rapportait quelques flacons de cette eau pure. Elle prétendait que cette eau constituait non seulement une excellente boisson mais aussi une eau de jouvence. Son absorption retardait la chute des cheveux, effaçait les rides et s'opposait au vieillissement des ongles rendus cassants et friables.

À sa suite, quelques pensionnaires de la Résidence plus ou moins convaincus avaient décidé d'user de cette eau. Il ne fallait pas oublier que cette source prenait naissance à côté d'un ermitage où, disait la tradition, le pieux saint Hilaire aimait à se retirer parfois pour échapper aux pressions exercées sur sa personne par les barbares, envahisseurs du vieux pays. Là, saint Hilaire avait trouvé le secret de sa force de caractère et de sa longévité. Il était le saint méconnu de la vieillesse.

Tout ceci apparaissait comme un culte caché et apportait une communion nouvelle dans l'espérance. Les adeptes de Mme Mohouvna se firent de plus en plus nombreux et les fioles passèrent de main en main à l'insu de l'infirmière et de la responsable.

Il était certes temps de se prémunir. Les nouvelles qui parvenaient du vieil hospice par Bernard et par Montagard n'étaient pas bonnes.

Auguste Bailly perdait la mémoire et il lui arrivait d'uriner sous lui. Tout le monde s'étonnait que Desportes consentît à le maintenir à l'infirmerie A, mais on savait bien que son passage à l'infirmerie de l'étage inférieur n'était qu'une question de jours.

Mme Bailly, désorientée par le départ de Maria, affectée par le déclin de son mari, ne quittait plus guère la chambre où Mme Courvoisier la persécutait. Assise, repliée dans son fauteuil, elle attendait. Ses forces l'abandonnaient et elle n'osait plus entreprendre qu'une seule fois par semaine ce pèlerinage de la fidélité qui la conduisait auprès de son mari. Elle disait ne pouvoir supporter la déchéance d'un être aussi cher. Elle lui apportait pourtant parfois un blanc de poulet froid que le vieux dévorait avec voracité et un flacon d'eau des Herbiers confié par Mme Mohouvna dont le prosélytisme n'avait jamais été aussi ardent.

– Cher monsieur, disait Mme Bailly à Montagard, en perdant votre femme nous avons tout perdu. Elle était la meilleure d'entre nous.

L'emploi du passé n'offusquait guère Montagard. Il le comprenait. Sa femme pourtant était bien vivante. Elle allait mieux.

Les choses étaient allées lentement. L'amélioration avait coïncidé avec le départ de Mme Terrier qui avait gagné l'étage inférieur. Si Maria achoppait en prononçant certains mots, elle pouvait se faire comprendre. Grâce aux massages et à la rééducation précoces elle avait retrouvé l'usage de sa jambe droite. Sa main était encore inerte mais elle pouvait effectuer des mouvements avec l'épaule.

Les visites de Joseph étaient aussi fréquentes, moins longues peut-être. Jean se rendait au chevet de sa mère tous les dimanches. Maria se félicitait que sa maladie ait favorisé la reprise des relations entre son fils et son mari. Les liens pourtant étaient peu solides.

– Raconte-moi ce qui se passe à la Résidence, disait-elle.

– Il ne s'y passe rien. On attend l'arrivée de Syntheuil.

– Tu devrais reprendre ton travail avec les jardiniers.

– J'y pense. Que te dit Desportes ?

– Il n'est pas bavard. Mais ces messieurs les internes sont très gentils. Ce sont eux qui prennent la plupart des responsabilités ici. M. Fangio m'a dit que ce sont les mouvements des doigts qui reviendront les derniers.

– Il ne prévoit pas ton départ ?

– Je suis patiente. Nous sommes bien soignées. Les autres vieilles sont de braves femmes et Hortense Ribollet vient me rendre visite presque tous les jours.

Maria était toujours satisfaite et n'avait pas d'exigences. Joseph pensait que sa femme manquait d'imagination. C'était vrai mais c'était aussi plus simple : elle acceptait.

Et Joseph rejoignit les jardiniers.

– Vous avez eu très peur, lui dit le chef de culture. Je vous comprends. Je suis très heureux que Mme Montagard ait surmonté cette maladie. Sa disparition aurait été aussi une perte pour nous.

Montagard regarda les fenêtres des infirmeries :

– Combien de temps pensez-vous que Mme Montagard restera là ?

– Au moins un mois.

– C'est long, dit Maréchal.

– Il n'y a pas d'autre solution.
– Vous avez raison.
Montagard se remit au travail avec plus d'énergie.

À la Résidence, on attendait l'arrivée imminente du nouveau pensionnaire. Cette attente suscitait une certaine curiosité. Mais les anciens savaient qu'il s'écoulait toujours un assez long délai entre l'annonce de l'arrivée et la venue de l'impétrant.

Claude Syntheuil se présenta enfin. C'était un petit homme presque chauve. Son crâne oblong était cerné d'une couronne de cheveux blancs. Son visage ridé, au teint bistre, aux paupières gonflées, permettait d'estimer qu'il avait dépassé sa soixante-quinzième année. Il était accompagné d'un couple qui paraissait le protéger et jouir d'une certaine faveur auprès de la direction.

Ses bagages surprirent. Il apportait un chevalet et une boîte de peinture.

On le plaça, à table, à côté de Montagard et il essaya très vite d'engager la conversation avec son voisin. Montagard ne s'y refusa pas. C'est ainsi qu'il apprit que Syntheuil avait longtemps assuré les fonctions de commis dans une préfecture et que, depuis sa retraite, il consacrait tout son temps à son violon d'Ingres, la peinture. Il avait exposé ses toiles dans les salons et les galeries provinciales. Et maintenant sa vue baissait.

– Qu'est-ce que c'est que cette maison de retraite? demanda-t-il à Montagard. Le confort y paraît satisfaisant mais j'ai entendu parler de la proximité d'un hospice…

– N'y songez pas, dit Montagard. Cet hospice n'a aucune importance. Mangez et buvez et surtout ne pensez jamais au lendemain.

Les mains de l'arrivant étaient agitées par un léger tremblement et sa vue paraissait si faible qu'il avait quelque peine à se servir de sa fourchette. Dès le milieu du repas, la serviette de Syntheuil était couverte de taches.

– Ne vous plaignez jamais, ajouta Montagard. Efforcez-vous de passer inaperçu. On ne peut pas dire que les employés et le médecin soient méchants. Il faut cependant se méfier d'eux. Notre âge nous est défavorable, la maladie nous guette et nous n'y pouvons rien.

– C'est évident, reprit Syntheuil. Et alors ?

– Taisez-vous. On nous regarde.

– J'aimerais pourtant recouvrer la vue. Je suis atteint de cataracte mais les oculistes repoussent toujours la date de l'opération. Ils disent que la cataracte n'est pas mûre. Si ma vue n'était pas aussi basse jamais je n'aurais consenti à abandonner mon appartement.

– Faites comme si votre vue était bonne.

– On doit m'instiller chaque jour des gouttes dans les yeux. Une infirmière est-elle à notre disposition ?

– Certainement, dit Montagard. Mais laissez-moi donc me charger de vos gouttes.

– C'est tout de même étrange, murmura Syntheuil.

– Pas le moins du monde. Permettez-moi de vous donner un dernier conseil.

Syntheuil but d'un trait le verre de vin que Montagard lui avait versé.

– Prenez de l'exercice. Ne vous laissez pas engluer. Marchez, promenez-vous mais n'allez pas trop vers la mer.

– Quelle mer ? demanda Syntheuil qui ignorait la proximité du rivage.

– L'océan, dit Montagard.

En sortant de table, Montagard rencontra Renaudin dans le hall.

Celui-ci s'étonna :

– Vous fumez ?

– J'étais tellement énervé pendant la maladie de ma femme que j'ai repris cette mauvaise habitude. Mais, dites-moi, savez-vous comment s'est terminée la visite de M. Leroy-Chauffour ?

– Certainement. Orsini était présent lorsque ces messieurs ont quitté l'établissement. « Le calme de cette nuit dans l'odeur des pins maritimes et le parfum des premières roses est extraordinaire », a dit Leroy-Chauffour. Et il a ajouté : « Et ce bourg perdu près de l'océan, quelle poésie ! »

Il a assuré M. Legrain qu'il établirait un rapport favorable sur l'activité de l'hospice et les projets de rénovation de l'établissement. Il a emporté le souvenir d'avoir été bien traité à table, d'avoir été compris de la plupart. Une voiture de la préfecture attendait ces messieurs près du porche de l'hospice. M. Bonnet-Brissot avait demandé à M. Legrain si les infirmeries n'abritaient pas quelque pensionnaire bientôt centenaire dont ils pourraient fêter prochainement l'anniversaire.

– Si fait, si fait, avait répondu M. Legrain. Mme Laroche atteindra ses cent ans dans deux ans en septembre, je crois. Avant cette date, je ne vois personne.

– Voyez donc cela, avait répliqué M. Bonnet-Brissot. Nous pourrions convoquer la presse à l'occasion d'une petite cérémonie.

Et Leroy-Chauffour et Bonnet-Brissot avaient salué M. Legrain tout frétillant, d'un geste de la main.

À la fin du mois de mai, par un beau matin, Montagard fut éveillé par un bruit inaccoutumé de moteurs. Le lit de sa femme était vide comme il l'était depuis quelques semaines. Il songea que Maria reviendrait bientôt et il se précipita vers la fenêtre. Il découvrit que le terrain défriché pendant l'hiver était envahi par des bulldozers orange et des pelles mécaniques bleues. Les engins encore peu nombreux semblaient prendre position comme des blindés à l'approche d'une bataille.

Un événement important se produisait. Il appela Renaudin, le ménage Latour, Lebrun et les invita à contempler avec lui ce spectacle réconfortant. Ses compagnons ne semblaient pas cependant partager son enthousiasme. Lebrun prétendait que les projets de l'administration étaient encore confus. On ne savait trop, disait-il, à qui les constructions nouvelles seraient destinées.

– De toute façon, ajouta Mme Latour, il est inutile de nous interroger. Nous serons tous morts lorsqu'elles seront achevées.

– Pas sûr, murmura Renaudin.

Le père Latour avait appuyé ses mains sur les épaules de sa femme. Elle se retourna vivement.

– Paul, tu m'exaspères ! Enlève tes mains. Pourquoi me suis-tu toujours ?

Latour mâchonnait encore.

Tous se retirèrent. Montagard se hâta de se vêtir et d'aller voir. Il franchit le pont à grands pas. Il portait en lui une joie d'enfant.

Il approcha. Le chantier était ouvert et partout les hommes étaient au travail. Certains engins éventraient la terre, d'autres la nivelaient dans le fracas assourdissant de leurs chenilles. Sous le soleil, une symphonie mécanique où l'homme était étroitement uni à la machine qu'il conduisait s'élevait vers le ciel. Les pierres du cimetière de l'hospice tremblaient sous les vibrations. Une vieille croix se détacha et tomba au pied d'un cyprès.

Pendant plus d'une heure, Montagard, fasciné, regarda les mouvements de ces insectes monstrueux aux couleurs vives dont des cerveaux paraissaient orienter la marche, mouvoir les antennes, les bras et les mâchoires d'acier. Il sentait sourdre en lui une poésie étrange qui appartenait, elle aussi, à la terre dont la matière inerte et grise consentait avec complicité.

Vers midi, leur travail accompli, les hommes descendirent de leurs engins. La veste sous le bras, ils marchaient et leurs bottes de caoutchouc s'enfonçaient dans le sol mouvant où s'insinuaient encore les racines d'ajoncs et de bruyère. Les mouettes, abandonnant les toits de l'hospice, avides, disputeuses, picoraient la terre retournée.

En quelques jours, alors que les pensionnaires de la Résidence montraient toujours la même indifférence, le terrain fut préparé à recevoir les tonnes de galets qu'y déversèrent des camions. Les rouleaux compresseurs enfoncèrent et écrasèrent les pierres dans le sol. Peu à peu se dessina un long tertre rectangulaire que modelèrent avec patience les bulldozers.

Montagard avait envie de parler à ces hommes. Il les retrouva, un soir, à la fin de la journée au café du « Marronnier centenaire ». Kermadec était satisfait d'avoir trouvé par eux une clientèle nouvelle. Montagard était heureux de se mêler à des jeunes gens qui se détendaient après leur travail. Il aimait l'odeur de sueur et de terre qui, depuis que le chantier était ouvert, avait envahi le bistro où Kermadec s'affairait.

Montagard s'assit auprès d'eux, partagea le verre de l'amitié et les questionna.

– Dans combien de temps estimez-vous pouvoir achever le premier bâtiment ?

– Dans seize à dix-huit mois.

– Et l'ensemble ?

– Dans deux ans.

Deux ans passeraient vite. On racontait que Desportes, Fangio et Masson interrompaient parfois leur visite dans les infirmeries pour, le front collé à la vitre, admirer l'animation du chantier.

Déjà commençaient à se dessiner autour du tertre, dont les pentes douces s'inclinaient vers le terrain qui le cernait, les réseaux de tranchées qui abriteraient les canalisations, les ébauches de routes qui relieraient les pavillons entre eux ou permettraient les communications avec le bourg de Saint-Pierre.

Durant les après-midi, Montagard, le dos au chantier ronronnant de l'autre côté de l'estuaire, continuait à participer aux travaux des jardiniers. Agenouillé auprès des châssis vitrés, il enfouissait ses mains dans le terreau fertile où les géraniums, les pétunias avaient plongé leurs racines et leurs radicelles pendant l'hiver. La terre, fine et noire, mêlée de sable, enrichie par la décomposition des fumures coulait entre ses doigts et il la portait parfois jusqu'à ses narines pour en respirer l'âcre parfum. Les criailleries et les plaintes des mouettes survolant l'estuaire parvenaient jusqu'à lui. Il apercevait les façades de l'hospice que dorait le soleil.

Un soir qu'il travaillait ainsi, accroupi, le visage ruisselant de sueur, il entendit une voix qui l'appelait. Il se retourna et vit Lebrun qui s'était approché sans bruit.

– Qu'est-ce que tu fais ?

– J'arrache les mauvaises herbes

– Il y a longtemps que tu t'intéresses à la terre ?

Montagard se dressa. Il portait un long tablier bleu et ses ongles étaient cernés de noir.

– Ta question est stupide.

– Je n'en suis pas sûr. Tu n'es pas le premier à te comporter ainsi. Tous ceux que j'ai connus sont morts dans les deux ou trois années suivantes.

Le soleil déclinant projetait sur le sol leurs ombres agrandies. Montagard ôta son chapeau de paille et se gratta la tête :

– Je me demande comment vous pouvez passer vos journées à ne rien foutre, dit-il.

– J'ai remarqué, dit Lebrun, que les vieux travaillent la terre avec d'autant plus d'âpreté que leur mort est proche. Surtout lorsqu'ils ne supportent plus le moindre désordre dans leur jardin. Tu me rappelles un peu l'un de mes oncles. Il avait pris l'habitude de sarcler et de ratisser les allées pendant des jours entiers, d'arracher les chardons, les prêles, les pissenlits, le plantain et j'en passe. Lorsque la terre était nette, peignée, les haies taillées, il ramassait la moindre brindille qui traînait encore. Il me semblait qu'il ne se redresserait jamais.

« Il a disparu l'année suivante. Il avait trop jardiné. »

Montagard dénoua son tablier et le jeta sur ses

épaules. Il réfléchissait. D'abord incrédule, il se méfiait maintenant.

– Il est vrai que je ne m'intéressais guère aux fleurs autrefois. Les couleurs, ajouta-t-il, c'est un peu une revanche.

Montagard se tourna et aperçut le cimetière où les vieux de l'hospice étaient enterrés. Il jugea que Lebrun ne comprenait pas.

– Une revanche contre quoi ?

– Contre rien, dit-il en lissant ses moustaches.

– Viens te promener avec moi.

Il était l'heure où Montagard se rendait d'habitude auprès de sa femme.

– Impossible, dit-il. Que penserait Maria ? Que je l'abandonne.

– Maria, Maria, bougonna Lebrun. Elle comprendra. Avoue que tu n'es plus inquiet maintenant.

– Ma femme comprend tout. Ce n'est pas elle qui m'adressera des reproches. Elle s'est toujours montrée plus soucieuse de mon bonheur que du sien.

Il se laissa fléchir.

Sans but précis, ils partirent ensemble. Ils empruntèrent le chemin creux qui conduisait à la route de Saint-Pierre à Saint-Hilaire. Ils ne reconnurent pas le carrefour et ils pensèrent s'être égarés. Pourtant certains repères demeuraient, telle cette ferme basse, accroupie dans le lointain, auprès d'un boqueteau. Durant l'hiver ou le début du printemps, la route avait été élargie et son ruban se perdait vers le plat pays. À l'ouest, elle filait vers l'océan. Quelques voitures passèrent.

À une centaine de mètres, des hommes travaillaient à cimenter une aire rectangulaire. On y avait déjà déposé une sorte de maison de vitres. Ils s'en approchèrent en suivant le bas-côté de la route.

– Qu'est-ce que vous faites ici ? demanda Montagard à un jeune ouvrier.

– Nous installons une station d'essence. Dans quinze jours, tout sera terminé. Il le faut d'ailleurs. La belle saison approche. Êtes-vous des pensionnaires de l'hospice ?

– Oui et non, dit Lebrun.

– Il y a beaucoup de vieillards dans ce pays.

– Il faut bien qu'ils soient quelque part. Nous ne gênons personne, ajouta Lebrun, confus. Nous n'étions même pas au courant de vos travaux.

– Si je pouvais seulement placer ma grand-mère dans votre maison. Elle a perdu la tête et elle empoisonne l'existence de ma femme. À qui pourrais-je m'adresser ?

– Au directeur, dit Montagard. Mais l'hospice est plein. Votre grand-mère prendra rang mais l'attente sera longue. Vous habitez loin d'ici.

– Très loin, je suis en déplacement.

– Il faut constituer un dossier et le transmettre à l'administration.

– Alors c'est inutile. Nous espérons qu'elle sera morte avant.

Et soudain, enjoué :

– Tenez, dit-il, les pompes à essence sont déjà arrivées. Nous ne les avons pas encore déballées de leur cartonnage.

Il alluma une cigarette.

– À qui vendrez-vous cette essence ? demanda Montagard.

– Oh ! moi, je ne vendrai rien du tout. Ce n'est pas mon boulot. Nous irons installer une station-service ailleurs.

– Mais le pays est désert ! s'exclama Lebrun.

– Pas pour longtemps. Le terrain s'est bien vendu du côté de l'océan. Moi aussi, j'aimerais passer mes vacances ici.

Il désigna dans le lointain un groupe de maisonnettes blanches et basses aux volets verts, toutes semblables. Montagard et Lebrun les découvrirent bien alignées au long de la route qui s'enfuyait vers Saint-Hilaire et la côte.

– On a beaucoup bâti pendant l'hiver. Les paysans ont vendu leur terrain à des prix dérisoires. Les estivants viendront. Le bourg va s'agrandir et s'enrichir. Il n'y a rien de tel que les péquenots pour se faire avoir.

Montagard et Lebrun restaient ébahis. Ils ne s'étaient aperçus de rien.

– Ce n'est que le commencement, reprit le jeune ouvrier. D'autres projets existent.

– Quels projets ? demanda Montagard.

– Des immeubles doivent être construits au bord de l'océan, de grands immeubles. Il est possible que les travaux soient déjà commencés.

– Impossible, dit Montagard. Nous l'aurions su.

– Vous êtes mal informés, mes petits pères. Allez, je retourne au boulot. Bonne fin d'après-midi.

Ils s'éloignèrent en baissant la tête. Ils reprirent le chemin de la Résidence et traversèrent le pont à pas lents.

– Voilà ce que c'est, murmura Montagard. Nous avons tellement été obnubilés par l'hospice, par l'épidémie, que nous n'avons rien vu.

– Les choses vont bouger, reprit Lebrun. Tant mieux. Le Hardouin et Saint-Pierre perdront leur réputation de n'abriter que des vieillards.

– Je me moque de la réputation du Hardouin, dit Montagard qui marchait en mâchonnant une tige d'herbe arrachée au bord du chemin. Nous étions à peu près tranquilles. Nous perdrons un jour ou l'autre toute vue sur l'océan.

– Je croyais que tu n'aimais pas l'océan ?

– C'était vrai, répondit Montagard à voix basse. D'ailleurs…

Lebrun ne l'écoutait plus. Il s'était arrêté net sur la culée du pont.

– Regarde, dit-il.

Au nord de l'estuaire, il désignait, proche du rivage, un chantier d'où commençaient à s'élever sur leurs fondations les murs d'immeubles nouveaux. Le chantier semblait s'être établi au-delà de ces boqueteaux de pins que Montagard avait vus lors de son unique visite à la plage au cours de l'automne précédent.

– Le paysage n'était pas beau, dit Montagard en souriant. Il va devenir affreux.

Il avait fini par aimer et par accepter ce pays plat et sans limites.

– Il serait ennuyeux que l'horizon soit complètement fermé, dit-il avec placidité.

– Nous n'en sommes pas encore là.

Joseph, dès le lendemain, rendit visite à sa femme. Maria était assise dans l'étroit espace qui séparait son lit de celui de la mère Blumenthal. Mme Terrier avait disparu.

– Tu m'abandonnes, lui dit Maria en souriant.

– Ne m'en veux pas. Tu sais combien j'oublie vite lorsque je suis rassuré.

Il raconta sa promenade. On construisait des routes nouvelles, des maisons et des immeubles s'élevaient partout.

– De toute façon, ajouta-t-il, nous ne serons plus là pour assister au développement de Saint-Pierre.

L'infirmerie baignait dans le silence et l'immobilité.

– Tu me manques, reprit Joseph. Ton lit vide dans la chambre, chaque nuit, ta place à table occupée par Syntheuil. Mais tu marches et commences à pouvoir te servir de ta main ; j'ai confiance. Je suis heureux à la pensée que nous nous retrouverons ensemble à Relevant cet été.

– J'ai été bien soignée, dit Maria. Tous ont fait ce qu'ils ont pu. Je suis sûre que les médecins comme le directeur sont pleins de bonne volonté.

– Je n'en doute pas. Je crains seulement que leurs initiatives ne soient dépassées par les difficultés auxquelles ils se heurtent. Le nombre des vieillards et surtout des vieillards malades les submerge. Quand comptes-tu sortir ?

Maria hésita :

– Le docteur Desportes espère que je pourrai quitter l'infirmerie dans trois semaines.

– Encore trois semaines ! Desportes prévoyait le même délai il y a quinze jours.

– Je préfère être complètement rétablie.

Elle se trouvait bien, Maria, à l'infirmerie. Elle y avait pris ses habitudes. Comme les autres, elle était devenue indifférente aux nouvelles malades qui y étaient admises. Elle se détachait lentement de ce qui avait été sa vie et celle de son mari.

Joseph flairait cette nouvelle attitude. Il passa sa main sur ses yeux et se sentit fatigué.

– Oui, reprit-il avec tristesse, je comprends. Maintenant, Lebrun est devenu pour moi presque un ami. Avant ta maladie, il m'était indifférent. On s'accroche à qui l'on peut.

Le soleil éclairait le visage de Maria dont l'ombre était projetée sur le mur de la grande salle. Qu'elle était vieille désormais ! Malhabile à se servir de sa main, amaigrie, figée dans cette couverture qui, malgré la chaleur naissante, enveloppait ses jambes et ses genoux.

Elle regarda sa montre à son poignet :

– Le temps passe et le kinésithérapeute n'est pas encore venu. Il ne viendra plus aujourd'hui.

C'était donc cela qui la préoccupait !

– Lorsque tu sortiras, dit Joseph, il faudra me prévenir. Je veux que tu arrives à la Résidence avec tes meilleurs vêtements.

– Ils ne m'iront plus !

– Eh bien, nous en achèterons d'autres. De quoi as-tu envie ?

– Mais tu sais bien que c'est inutile !

Rien n'agaçait autant Maria que cette préoccupation soudaine de son mari.

– Tu ne t'es même pas aperçu que Mme Terrier était partie.

– Je me fous de Mme Terrier ! Écoute-moi, murmura-t-il en approchant son visage de celui de sa femme. Écoute-moi. Il ne m'est pas possible d'être privé de toi plus longtemps. Je vais sombrer.

Maria eut un sourire triste.

Il jeta un regard sur le lit voisin. La mère Rosenthal dépliait un journal. Elle portait un pansement à la tête. Sans doute était-elle tombée au cours de l'une des batailles qui l'opposaient à la Créach.

– Je ne suis plus raisonnable, dit-il.

Beaucoup de souvenirs se présentaient à l'esprit de Maria.

– Tu ne l'as jamais été, dit-elle, mais je t'obéirai, Joseph.

Il se dressa lentement. Ses genoux étaient un peu douloureux. Toutes les vieilles de la salle avaient les yeux sur lui.

Mme Terrier n'était restée que quelques jours à l'infirmerie 2. Sa décomposition marchait trop vite. De profondes escarres entamaient ses reins et ses talons. Partout sa peau se flétrissait en taches noirâtres. Un jour, une mouche, une seule, était apparue dans l'infirmerie et ses ailes y frémissaient. Mme Terrier, immobile, avait observé les hésitations de l'insecte. Tout à coup, cette première mouche de printemps était venue se poser sur son visage et, dès lors, n'avait plus quitté sa proie.

Toujours couchée sur le côté, atteinte par la fièvre, Mme Terrier avait pris peu à peu cette attitude que quelques vieillards adoptent à l'approche de leur fin : jambes fléchies sur les cuisses, celles-ci repliées sous le ventre, tête inclinée sur la poitrine. Attitude que certains décrivaient comme une position fœtale marquant assez le désir conscient ou inconscient de s'en retourner à la terre par l'enfance.

Desportes avait alors rapidement ordonné sa mutation à l'infirmerie n° 3, au premier niveau de l'annexe, où pourrissaient les grabataires.

Fangio avait essayé d'en dissuader Desportes. Il estimait que des êtres ne devaient plus attendre leur mort dans cette salle. Il avait été vaincu, une fois de plus, par l'obstination de Desportes.

La salle des grabataires aspirait chaque semaine ses victimes et il était en effet raisonnable qu'il en fût ainsi. Fangio et Desportes auraient voulu ne point obéir à la raison mais ils ne pouvaient se soustraire à ses commandements. Dans ce monde où la charité avait disparu, la raison apparaissait toujours comme le moyen de connaissance le plus sûr bien que sa primauté ne fût pas en elle-même explicable.

Là, énervée sans doute par les rumeurs et les cris, inquiétée aussi peut-être par la puanteur, Mme Terrier était passée de la somnolence à l'agitation et au bavardage. Elle semblait consumer ses dernières forces dans le bourdonnement des mouches multipliées, tandis que, devant les fenêtres, les stores bleus se gonflaient comme des voiles sous la poussée du vent tiède venu de l'océan depuis quelques jours

La jeune infirmière, aux cheveux plats et aux yeux clairs, expliquait par la chaleur nouvelle ce comportement.

L'infirmière ! Claire Bessonneau ! À peine sortie de l'école, elle avait été affectée à cette salle parce qu'elle était la dernière entrée. Desportes ne la connaissait pas très bien encore. Il avait remarqué seulement sa ponctualité et sa discrétion mais il pressentait le drame qui pouvait habiter son esprit, dans cette confrontation quotidienne de la jeunesse et de la mort.

Les seules remarques que Claire avait osé lui faire montraient assez sa sensibilité, mais Desportes n'avait pas cru devoir s'y arrêter.

L'apparition du délire de Mme Terrier pouvait s'expliquer par un phénomène de mimétisme. Entendant les autres malades chantonner, crier ou tenir des propos incohérents, peut-être s'était-elle mise à l'unisson ?

Cette salle était très bruyante et le haut-parleur qui diffusait sans cesse des rengaines dans l'espoir de rendre le travail du personnel plus facile et moins déprimant maintenait un fond sonore que surmontaient les appels des démentes.

Les yeux de Mme Terrier demeuraient grands ouverts et dévisageaient les rares passants verticaux, accablés, de cette salle. Ses bras et ses mains ne restaient pas inactifs. Ils associaient leurs mouvements à ceux d'autres grabataires en une sorte de ballet surgi au ras des lits. Parfois ils semblaient décrire des arabesques ou repousser quelque vision terrifiante, ou plus simplement saisir dans son immobilité un rayon lumineux où la poussière dansait dans le soleil et que trouait le vrombissement des mouches. D'autres doigts ramenaient les draps sur les fronts comme si les vieilles eussent voulu se protéger leurs yeux d'une lumière blessante.

Mme Terrier souriait lorsque Claire s'approchait d'elle :

– Je suis morte, pourrie, disait-elle. Je me demande pourquoi on m'a ramenée du cimetière.

Desportes comprenait que la mère Terrier avait dépassé sa mort et s'était libérée de son angoisse.

D'ailleurs il prêtait une attention grandissante au comportement des vieilles dans les semaines ou les jours qui précédaient leur fin. Il parcourait les salles muni d'un magnétophone, il s'asseyait auprès des malades et essayait d'enregistrer les paroles prononcées au cours d'épisodes de délire, de confusion ou d'obsession.

En d'autres moments, il se présentait auprès des vieilles avec des feuilles de papier et des crayons de couleur et il leur demandait de bien vouloir tracer ce qu'évoquaient pour elles certains mots tels que soleil, lune, étoile, arbre, ruisseau, fontaine, incendie ou flamme et, bien sûr, océan.

Il ne comprenait pas très bien le but de sa démarche. Il insistait cependant sur l'emploi des couleurs.

Ses expériences ne paraissaient pas très fructueuses. Il s'était imaginé que par l'approche de leur mort ces femmes pouvaient avoir une autre vue des choses grâce à un regard déjà tourné vers un autre monde, un aperçu de ce que pouvait être la connaissance intérieure d'un au-delà. Il s'efforçait de découvrir une voie du surréel en méconnaissant que le domaine de la mort n'est pas celui du délire ou du rêve.

Oui, sa moisson était maigre. Les délires, les obsessions se nourrissaient toujours des mêmes thèmes : persécution, préjudice, sexe et viol, religion. Il s'étonnait que les mythes enfouis fussent si pauvres et si peu nombreux et qu'ils empruntassent toujours les mêmes chemins.

Quant à l'expression par le dessin et la couleur, elle se révélait d'une telle insignifiance que Desportes en fut presque découragé. Si la lune et le soleil étaient parfois représentés selon leur symbolisme cosmogonique, l'eau et le feu ne suscitaient que des ébauches saisies dans le quotidien. Seuls étaient retenus les avantages et les inconvénients que représentaient durant la vie terrestre la pluie, les flammes de l'âtre, les arbres ployés sous les orages. L'océan, ses tempêtes étaient étrangement absents.

Il n'apercevait là qu'un retour à l'enfance et les dessins ressemblaient parfois à ceux qu'on expose aux murs des écoles maternelles. Avec cette différence que si l'enfant ressentait l'appel des couleurs, les vieilles le dédaignaient. Peut-être ne les connaissaient-elles plus ? Tout était gris et noir.

Masson souriait de la naïveté de Desportes.

Un matin, on apprit brusquement à la Résidence la mort d'Auguste Bailly. Il avait vécu nonante ans, six mois et six jours. Mme Bailly, assise auprès de la fenêtre de la chambre qu'elle partageait avec Mme Courvoisier, en proie à un grand chagrin, les paupières éversées et rougies, ne voulait pas abandonner son fauteuil. Elle disait n'avoir plus qu'un seul désir, celui d'aller rejoindre son mari. Mme Courvoisier était surprise de cette fidélité excessive. Ella avait, elle, facilement surmonté son veuvage.

Elle s'offrit pour s'occuper de tout. Elle avertirait les petits-neveux du défunt par télégramme. D'ailleurs, l'administration avait certainement adressé à ceux-ci l'avis de maladie réglementaire. Mais personne jusque-là ne s'était manifesté.

– Ma pauvre petite, disait-elle, à son âge, il fallait bien vous y attendre.

– Il est mort subitement, lui qui redoutait tellement cela.

– Du moins, il n'a pas souffert, rétorqua Mme Courvoisier, qui se lança dans un long discours sur les façons de disparaître.

Elle avait son opinion qui n'était en rien originale : mieux valait mourir brutalement que d'assister à sa propre déchéance au cours d'une longue maladie.

– Mais il aura connu les deux ! s'exclama Mme Bailly. On peut parfaitement mourir subitement au cours d'une longue maladie.

Mme Courvoisier haussa les épaules devant tant de bon sens.

– Si vous voulez absolument vous faire du mal… !

Une heure plus tard, Mme Bailly tint à se rendre auprès de la dépouille de son mari bien que ce déplacement constituât pour elle un lointain voyage.

Mme Courvoisier tenta de l'en dissuader :

– Vous ne lui rendiez pas visite quand il était encore vivant et maintenant…

– Maintenant, maintenant, balbutia Mme Bailly. Si Mme Montagard était là, elle me comprendrait.

– Ne comptez pas sur les absents, Lucie. Mme Montagard n'est pas encore sortie de l'infirmerie.

– Je veux revoir mon mari pour la dernière fois.

Mme Courvoisier accepta de l'accompagner. Au fond, elle ne détestait pas ces visites funèbres. Rien ne lui était plus insupportable que l'indécision. Or la mort était un état définitif. En cette circonstance, il n'existait pas plusieurs solutions. Les choses suivraient leur cours.

Il était de tradition en ces circonstances qu'une voiture fût mise à la disposition du veuf ou de la veuve par les soins de l'administration.

Parvenue dans la cour de l'hospice, Mme Bailly eut quelque peine à descendre de voiture. Elle s'appuyait à une canne et, cahin caha, courbée en deux, elle commença à gravir les marches des infirmeries des hommes. Des pensionnaires désœuvrés étaient assis sur les plus basses marches. Le sol était jonché de mégots. Contrairement aux femmes dont le comportement était le plus souvent silencieux, les hommes étaient agités et bruyants. Ils formaient des groupes dont jaillissaient les paroles véhémentes de discussions. Quelques-uns jouaient aux cartes, assis sur les lits de leur dortoir. Le ton montait souvent, là aussi, assez vite et on en venait aux mains.

Tandis que Mme Courvoisier et Mme Bailly gravissaient l'escalier, elles entendirent s'ouvrir et se fermer les portes du monte-charge.

Sur le palier du premier étage, elles furent accueillies par une infirmière :

– J'aurais voulu, dit Mme Bailly essoufflée, revoir une fois encore le visage de mon mari.

– Nous venons d'emmener le corps, dit l'infirmière. Vous avez dû le croiser en montant. Nous ne vous attendions plus.

Mme Bailly eut un geste de découragement.

– Mais où est-il, où l'avez-vous emmené ?

– Au dépôt mortuaire. Nous lui avons passé son costume noir. Le règlement est impératif, ajouta-t-elle, compréhensive mais assurée. Les morts doivent être évacués une heure après la constatation de leur décès. Le certificat se trouve à la signature du docteur Desportes. Nous ne pouvions laisser le corps de votre mari dans la chambre où se trouvent d'autres malades.

– Vous auriez tout de même pu disposer un paravent, dit Mme Courvoisier.

– Non, reprit l'infirmière. Nous avons dû abandonner cette pratique. Elle attire l'attention des autres pensionnaires.

– Alors, vous avez bien fait, dit Mme Bailly, conciliante. Tout cela n'a guère d'importance. Me permettez-vous cependant de voir le lit où il a passé ?

L'infirmière y consentit. Elle précéda Mme Bailly et Mme Courvoisier dans un couloir dont les plafonds et les murs avaient été récemment repeints. Sur le couloir s'ouvraient des chambres rénovées. Elles aperçurent en avançant quelques malades assis, en chemise, sur des chaises, ou étendus sur leur lit.

– Très convenable, très convenable, répétait Mme Courvoisier. Je suis heureusement surprise.

Une haleine chaude s'élevait malgré tout de ces locaux où des vieillards végétaient depuis des mois. Ce souffle était rythmé par les respirations et contenait, là encore, des relents de sueur, de tabac et d'urine que l'odeur de la peinture fraîche ne parvenait pas à dominer.

Enfin l'infirmière se présenta sur le seuil d'une chambre toute neuve. Mme Bailly et Mme Courvoisier s'y hasardèrent. Elles n'aperçurent d'abord que deux malades. L'un était couché. Un fin tuyau de matière plastique s'échappait sous les draps et une poche était fixée au pied du lit pour recevoir l'urine d'une sonde. L'autre assis, les jambes pendantes, au bord du lit, fumait. Lorsqu'il vit l'infirmière, il s'empressa d'écraser son mégot dans le couvercle d'une boîte en fer.

– Vous fumiez encore, Chevreul. Avec votre artérite ! On vous coupera le pied un jour.

– Je m'en fous, grommela Chevreul. Si je ne peux plus fumer, j'aime autant disparaître. Je m'ennuie à crever ici.

Des fleurs étaient disposées en bouquets sur la table.

Le lit où le père Bailly avait vécu ses derniers instants était déjà défait. Le sommier métallique soulevait le matelas rabattu. Le traversin demeurait sur une chaise. Tous les objets que le malade avait conservés auprès de lui avaient été enlevés.

Mme Bailly s'étonna :

– Il ne reste plus rien.

– L'inventaire a été fait. Tout a été déposé à la recette, dit l'infirmière. Les souvenirs de votre mari y sont à votre disposition. Il n'avait pas grand-chose.

Ce même jour, Mme Terrier mourut aussi et un vol fut commis à la Résidence. L'agitation qui en résulta fit qu'on y oublia les défunts. Un porte-monnaie avait disparu. Mme Legros puis Orsini menèrent leur enquête. Impossible de soupçonner quiconque. Orsini aurait volontiers accusé l'un des pensionnaires.

Le directeur fut informé. Il parla d'avertir la maréchaussée. L'énigme se dénoua le surlendemain quand on retrouva le porte-monnaie sur l'un des sièges du hall. Il n'y était pas la veille.

Cet incident ne fit qu'accroître les suspicions. Personne n'était assuré de rien. Chacun savait que les membres du personnel ne s'entendaient pas entre eux et qu'ils s'efforçaient de compromettre les uns ou les autres. La Résidence vivait dans une atmosphère de délation et de mouchardage. On y nouait des intrigues, on y disposait des mines dans l'espoir que l'ennemi sauterait dans l'explosion et s'y casserait les reins.

Deux enterrements étaient prévus pour le même jour, celui d'Auguste Bailly et celui de Mme Terrier. On fut soulagé lorsqu'on apprit que la famille de Mme Terrier avait demandé le transfert du corps et que les funérailles auraient lieu ailleurs.

Restait Auguste Bailly. Il fut convenu que Mlle Touraine veillerait sur Mme Bailly durant la cérémonie et les obsèques. Les petits-neveux, deux hommes d'une quarantaine d'années, leurs épouses, leurs fils dans la fleur chevelue de leur jeunesse, prirent place dans la chapelle de l'hospice. Tous, sauf les adolescents, étaient gantés de noir. Des provinciaux sans doute, et de modeste origine, de conduite honnête. Lebrun, Renaudin, les Latour, Mme Courvoisier, Montagard se rangèrent sagement dans les travées tandis que de très vieilles pensionnaires de l'hospice qui ne manquaient jamais de participer à la distraction que leur apportait toute cérémonie funèbre se placèrent tout au fond de la chapelle. Hortense Ribollet se trouvait parmi elles. Orsini représentait l'administration.

L'office religieux fut vite expédié par le jeune prêtre farfelu. Lorsqu'il fut terminé, on se mit en route pour le cimetière. Sous le soleil, le cortège emprunta le chemin habituel. Le chantier des pavillons, sur son tertre, fourmillait d'engins et déjà les murs d'une première construction s'élevaient du sol. Dans leur fraîcheur neuve, ils jetaient dans l'air léger une note lumineuse. Dans le lointain, on apercevait la blancheur de la station-service où des flammes rouges et or flottaient à des mâts.

Le fourgon mortuaire allait au pas, précédé du petit prêtre impatient qui s'efforçait de rameuter le cortège. Hortense flânait à quelques pas derrière. Montagard était distrait. Son attention était attirée par les travaux du chantier et il chantonnait. La pensée de la guérison de sa femme ne le quittait pas et il goûtait une sorte de bonheur devant les prémices de cette journée : le vent léger, le ciel pur, les couleurs des drapeaux et des fleurs, le vol des oiseaux.

Enfin on pénétra dans le cimetière dont le sol sablé lui parut agréable à fouler. On s'immobilisa devant la fosse et tandis qu'on y descendait le cercueil, le prêtre prononça à la va-vite quelques prières qui se perdirent dans la brise océanique.

On jeta deux ou trois pelletées de terre et quelques menus cailloux rebondirent sur le cercueil. Les membres de la famille se rangèrent auprès de la grille pour recevoir les condoléances et Hortense Ribollet fut la première à s'avancer. Des mains se tendirent. On les serra. Ce geste appartenait au jeu.

On se dispersa très vite. Kupfer et ses camarades buveurs se dirigèrent incontinent vers le café du « Marronnier centenaire » pour y vider un verre et faire leur rapport à Kermadec.

Montagard et Lebrun regagnèrent la Résidence. Lorsqu'ils parvinrent au pont, un épagneul feu, la queue battante, les dépassa. Ce chien paraissait être libre. En fait, il n'était que le chien d'Eulalie Patricot. Il retournait vers la ferme. Il s'éloignait quand un homme à la démarche hésitante se présenta de l'autre côté du pont. Il avançait, tête basse, et l'une de ses mains s'accrochait au parapet. Il était vêtu d'une robe de chambre et chaussé de pantoufles. Les oiseaux de mer le cernaient de leur vol.

C'est alors que Montagard comprit : c'était Syntheuil. En un instant, Montagard le rejoignit.

À l'embouchure de l'estuaire, découvert à marée basse, flottait sur les bancs de sable une brume solaire et marine.

– Qu'est-ce que vous faites ici ? demanda Montagard.

Syntheuil leva la tête. Il était pâle.

– Je suis malheureux, dit-il.

– Vous ne vouliez tout de même pas vous foutre à l'eau !

– Si, murmura-t-il enfin.

– Ceci demeurera entre nous, dit Montagard.

Il entraînait Syntheuil vers la Résidence, le portait presque, et Syntheuil lui expliquait les raisons de son désespoir. Il devenait aveugle, il tremblait. Il ne pouvait plus distinguer les couleurs.

– Je ne parviens même plus à copier mes toiles.

– Nous sommes avec vous, dit Montagard.

– Je le sais ; le petit Masson aussi. Il vient parfois m'encourager à peindre et reste à causer avec moi. Je ne peux pas décevoir ce jeune homme.

Lebrun, essoufflé, était à leur côté.

Jamais fin de printemps n'avait été aussi ensoleillée. Dès le début de juin, le bourg de Saint-Pierre s'était paré de rouge : garance des pivoines, vermillon des pavots et des géraniums, amarante des roses. Les fenêtres de la petite place étaient en fête. Le marronnier centenaire balançait ses fleurs et de vieux plants de jasmin, de chèvrefeuille et de glycine, accrochés aux murs de l'église répandaient dans l'air tiède des parfums sucrés dont la vigueur s'exaltait au soleil couchant.

Les vieux s'endormaient sur les bancs de pierre.

Inoccupé au jardin, Montagard avait repris ses promenades à travers la campagne où il découvrait des arbres bourdonnants d'abeilles, des châtaigniers aux longs chatons d'un jaune vert plus pâle que le réséda. Il était surpris qu'un pays en apparence si pauvre et si désolé pût donner naissance à de telles magnificences et que cette terre convînt si bien aux fleurs. Dès qu'elles étaient apparues aux fenêtres du bourg, elles avaient repoussé d'un seul coup l'océan et ramené Montagard de plus en plus vers la terre. Ce n'était plus le poids et l'immensité de la masse liquide, éternelle dans sa présence stupide, ni ses houles roulant leurs franges qui attiraient le regard mais au contraire la somptuosité du sol.

Montagard savait que cette gloire ne serait qu'éphémère et que si les fleurs possédaient leur éclat, elles consentaient aussi à disparaître lentement, sans amertume et sans doute sans souffrance lorsqu'elles avaient accompli le rôle qui leur était dévolu pour la fécondation.

Il songeait aux cinq pétales vermillon des pavots dont les bases portaient comme la marque noire d'un passage diabolique. Une armée d'étamines fragiles assiégeait le pistil lui aussi teinté d'une encre funèbre. L'existence de ces corolles serait brève et, dans l'espace d'une nuit, l'ombre atténuerait les couleurs en les baignant de ses cendres.

Montagard était confronté avec l'opposition du rouge et du noir, entre la vie exaltante et le repos de la mort, entre la terre et la transcendance.

Dans quelques jours, lorsque les temps de la Pentecôte et de la Fête-Dieu seraient venus, temps où autrefois les enfants de chœur de Châtillon et de Relevant poussaient les barrières des jardins pour y cueillir des fleurs et y faire provision, dans leurs corbeilles, de roses et de pivoines dont ils jetteraient les pétales sur les chemins des processions, lorsque le soleil aurait touché le solstice et que l'esprit des dieux aurait visité les jardins et abandonné les cimes des arbres aux aubes silencieuses, ce qui subsisterait des fleurs ne serait que fruits et graines, et les tiges dressées vers le ciel ne porteraient plus que le témoignage de l'accouplement. Le sensible et les fêtes de ce monde quitteraient la terre. Les couleurs, celles des fleurs, des flammes, des guirlandes et des étendards appartenaient au combat de la lumière et de l'ombre, aux rites des noces et des funérailles.

Au retour de ses promenades, Montagard s'arrêtait auprès des ouvriers. Des grues aux longues flèches étaient apparues sur le chantier où des camions déversaient du sable et des sacs de ciment. Les architectes parcouraient l'aire et tout le peuple des petits vieux attentifs surveillait les progrès du soleil et celui des travaux.

Maria lui serait bientôt rendue. Si les fleurs étaient destinées à disparaître à l'automne, des hommes préparaient l'hiver d'autres hommes. La vie méritait d'être vécue. Le destin maintenait en équilibre les plateaux de la balance. C'était dans cette harmonie fragile que chaque instant tendait à détruire que tout homme devait conquérir son bonheur et accepter sa fin.

Il se rendait compte qu'il devait se décider à saisir sa chance et hâter le retour de sa femme à la Résidence. Car Maria avait pris l'habitude de vivre sans lui.

Maintenant, à l'infirmerie, elle était vêtue d'une blouse bleue comme les autres pensionnaires. Elle s'était faite à cette vie recluse où sans doute elle se trouvait protégée.

Les visites de Jean étaient devenues fréquentes et c'était son fils que Maria semblait heureuse d'accueillir. Elle savait bien que son garçon ne pouvait la trahir et que les anciennes querelles étaient oubliées. Joseph, assis sur le bord du lit, écoutait leur conversation. Il pensait être délaissé et il n'avait pas tort.

Un jour de grand soleil, tandis que les malades étaient assoupies sur leurs lits, Jean proposa à sa mère de la recevoir chez lui pour sa convalescence. Il se tourna vers son père :

– J'espère que tu me pardonneras s'il ne m'est pas possible de vous accueillir tous les deux.

Joseph regarda sa femme et il comprit qu'elle était consentante.

– Ne serait-ce pas plus raisonnable ? dit Maria.

– Il t'appartient de choisir, répliqua Joseph.

Il était plongé dans une grande tristesse et il comprenait pourtant qu'il ne pouvait pas refuser. Il devait se soumettre au désir de Maria qui, pour la première fois, lui échappait et espérait trouver le bonheur loin de lui.

– Ce ne sera que pour un temps très court, murmura-t-elle.

– Tu viendras chaque dimanche, dit Jean. Tu ne seras pas le premier à vivre séparé de sa femme pendant quelques semaines.

Maria fermait les yeux et écoutait la voix de son fils avec dilection.

– Je ne sais pas, dit-elle pourtant, si mon devoir n'est pas de demeurer auprès de ton père.

– Ton devoir ! Je comptais davantage sur ton affection. Mais vous avez raison, poursuivit Joseph. Faites comme vous l'entendrez.

Ce n'était pas une approbation, à peine un consentement prononcé du bord des lèvres. Chacun devait prendre ses responsabilités.

– Il faut alors préparer dès maintenant ton départ, fit Joseph, bourru. Tes vêtements ?

– Mes vêtements n'ont aucune importance.

Joseph n'avait plus rien à dire. Il aurait dû partir. Il ne se résignait pas.

– Je serai très malheureux, dit-il avec humilité. Je n'ai pas été habitué à être seul.

Son fils et sa femme se regardèrent.

– Je ne te connaissais pas comme ça, dit Jean.

– Mon pauvre Joseph, ajouta Maria, ne décidons rien aujourd'hui.

Il revint les jours suivants. Parfois Maria semblait vouloir rester auprès de lui, le lendemain il perdait espoir. Il savait qu'il ne pensait qu'à lui-même et qu'il était égoïste.

– Pourtant, Joseph, il faudra bien nous quitter un jour, disait-elle.

– Justement, répondait-il, le temps nous presse de plus en plus. Il n'est plus l'heure de nous séparer, ne fût-ce que pour quelques semaines.

Elle n'était que le miroir où il se contemplait et il disait que la conduite de Jean ne servait qu'à les diviser.

– Si tu savais comme il t'aime ! Il agit peut-être avec maladresse. Ton caractère ombrageux a mal interprété ses intentions. Il ne nous veut que du bien. Il n'ira pas contre ta volonté.

Au fil des jours, Maria parut se résigner. Elle l'accompagnait jusqu'à la porte de l'infirmerie. Elle boitait encore. Elle pensait qu'elle serait de plus en plus à la merci de Joseph et elle avait beaucoup de reproches à lui adresser. Ne l'avait-il pas quelque peu séquestrée au cours de son existence ? Il était encore trop tôt pour le lui dire. Elle avait appris à être libre et ces quelques semaines passées à la ville auprès de son fils seraient peut-être ses premières et dernières vacances.

Le personnel de l'hospice commençait à partir en congé. L'administration demanda à Montagard par l'intermédiaire d'Orsini de bien vouloir assumer pendant quelque temps les fonctions de vaguemestre. Il accepta puisqu'il était inoccupé.

Aussi tous les matins se rendait-il à la poste de Saint-Pierre pour recueillir le courrier de l'administration et celui, à la vérité, très maigre des pensionnaires. Il portait une lourde sacoche de cuir et il était satisfait qu'on lui ait confié cette mission.

Chaque jour, il déversait le courrier sur la table de la secrétaire du directeur et il s'étonnait du silence qui régnait dans les bureaux accrochés aux pentes de la butte qui dominait l'hospice comme une citadelle.

Après avoir descendu les escaliers, il traversait les cours où il retrouvait tantôt le lent cheminement des vieux et des vieilles, tantôt l'affairement des femmes de service, chargeant sur des chariots les plats métalliques contenant la nourriture des pensionnaires.

Sa mission le conduisait aux portes des infirmeries où il remettait à l'infirmière les lettres ou mandats destinés aux hospitalisés.

C'est ainsi que, un matin, il se présenta à la porte de l'infirmerie n° 3. Une grande agitation paraissait y régner. Il entendit des cris. Puis, tout à coup, l'infirmière se précipita vers lui. Il reconnut Claire. Elle cherchait les internes qu'elle ne parvenait pas à joindre par téléphone.

–Vous êtes-là, monsieur Montagard ! s'exclama-t-elle. Voulez-vous me rendre un service ? Allez contenir Mlle Ranvers qui cherche à étrangler ou à étouffer Mme Rautenberg. Nous ne sommes ici que des femmes et nous ne parvenons pas à la maîtriser. Au fond de la salle, dans la chambre d'isolement.

Montagard s'élança dans l'infirmerie, enjamba plusieurs tas de draps sanieux et sanglants posés sur le carrelage. Il était l'heure du change et, devant le péril, les femmes de service avaient abandonné quelques vieilles cachectiques nues sur leurs lits.

Guidé par les cris, il parvint à une petite chambre à la fenêtre haute et grillagée. Les murs clairs étaient souillés par les excréments projetés par les deux démentes. Trois employées s'efforçaient de maîtriser une femme encore jeune, au visage bouffi, aux cheveux noirs et plats. En chemise, écumante, elle hurlait des injures à sa compagne de réclusion, une vieille, très longue, échevelée, dont les pieds passaient entre les barreaux du lit à barrière. Son visage ascétique était marqué d'ecchymoses et les commissures de ses lèvres saignotaient. Elle paraissait égarée, elle aussi, mais impotente.

Alors, Montagard se jeta sur la grosse Ranvers, l'enveloppa de ses bras et parvint à l'étendre sur le lit. Malgré toute sa force, il ne parvenait qu'avec peine à la contenir.

Desportes et les internes arrivaient. D'un coup d'œil, ils embrassèrent la situation.

– Foutez-lui dans les fesses un cocktail de neuroleptiques, hurla Desportes. Fangio, restez près de moi et vous, Masson, téléphonez à l'hôpital psychiatrique et demandez qu'on veuille bien y admettre cette folle. Les salauds ! Ils nous l'ont refilée en prétendant qu'elle était guérie !

Claire avait gagné le réduit qui servait d'office à la salle.

Fangio, puissant, avait relayé Montagard. Ranvers n'était qu'une boule de graisse fuyant sous les prises. En proie à une crise de démence furieuse, son but demeurait d'en finir avec Rautenberg dont une aide-soignante pansait les plaies.

– Restez à notre disposition, dit Desportes à Montagard. Nous pouvons avoir encore besoin de vous.

La piqûre qu'avait reçue Ranvers commençait à agir. Elle s'efforçait pourtant de ne pas céder au sommeil. Son corps se détendait peu à peu mais ses membres étaient encore agités de soubresauts.

Desportes se tourna vers Montagard :

– Je vous demande d'être discret, dit-il.

– Comptez sur moi, répliqua Montagard.

– C'est bon, dit froidement Desportes. Elle a son compte. Elle commence à ronfler.

Masson était de retour. Soucieux, il apportait une mauvaise nouvelle. L'hôpital psychiatrique, surchargé de malades, ne pouvait recevoir Ranvers le jour même.

– Demain, demain seulement, dit Masson. Ou bien ils proposent un échange.

– Toujours la même chanson. Je n'accepterai aucun échange. Nous ne pouvons prendre en charge de telles malades.

Fangio, Masson et Desportes s'isolèrent un instant pour tenir conseil à voix basse. Ils étaient d'accord : la piqûre de neuroleptiques serait renouvelée toutes les huit heures. Il ne fallait à aucun prix que Ranvers se réveillât. Claire s'était approchée de leur groupe. Elle proposa de transporter Ranvers dans la salle commune pour la mettre en sécurité. C'était une solution. On discuta de son opportunité. Finalement on ne la retint pas. La présence de Rautenberg parmi les autres grabataires ne manquerait pas de provoquer le trouble.

Dans ces instants, Desportes appréciait l'aide que lui apportaient Claire, Fangio et Masson. Ils s'épaulaient les uns les autres et formaient une équipe où les responsabilités de chacun étaient partagées par tous.

D'un commun accord, on décida de transmettre des instructions précises aux veilleurs de nuit. Ceux-ci devaient appeler Fangio ou Masson aux moindres signes d'agitation que présenterait Ranvers. Celle-ci avait glissé de son lit et dormait à même le carrelage. Sa courte chemise relevée laissait apercevoir ses cuisses velues et les poils touffus, à peine grisonnants, du bas-ventre. On l'étendit à nouveau sur son lit. Une femme de service épongeait les flaques d'urine. Rautenberg s'agitait à son tour et proférait des injures qu'on ne pouvait pas comprendre parce qu'elle ne parlait que l'allemand. Elle se tut tout à coup. Montagard qui ne la quittait pas des yeux vit qu'elle portait à sa bouche une boule noirâtre et essuyait ses doigts aux draps.

– Elle mange sa merde, murmura Montagard.

Il eut envie de vomir et un puissant haut-le-cœur le souleva.

– Puis-je me retirer ? demanda-t-il.

– Je vous avais oublié, dit Desportes. Vous pouvez partir. Vous nous avez rendu un grand service. J'espère que le spectacle dont vous avez été témoin sera sans importance pour vous et que vous l'oublierez vite.

Montagard emporta sa nausée et traversa rapidement la salle. Il eut juste le temps d'apercevoir, tout près de lui, un pied charbonneux et desséché dont les tendons dénudés luisaient comme des cordes plates et irisées.

Dès le lendemain on apprit la nouvelle. Montagard pourtant s'était tu et avait gardé le secret. Mais les renseignements apportés par Bernard étaient parvenus jusqu'à la Résidence. Orsini n'avait pas caché la vérité à Kermadec : Ranvers était parvenue à étouffer Rautenberg malgré les précautions prises.

Fangio s'était rendu à trois reprises, durant la nuit, à l'infirmerie n° 3. Toutes les femmes y reposaient, sauf une qui avait franchi la barrière de son lit et s'efforçait de grimper dans celui de sa voisine. De temps en temps, un cri jaillissait.

Fangio avait rencontré le veilleur qui effectuait ses rondes. À chaque passage, Ranvers lui était apparue calme et plongée dans un profond sommeil.

Au matin, alors que le jour se levait et blanchissait les murs, le veilleur avait trouvé la vieille Rautenberg étouffée. Le drap avait été profondément enfoncé dans sa gorge. Surprise, il ne semblait pas qu'elle se fût débattue. Seules les lèvres portaient quelques excoriations.

La grosse Ranvers s'était rendormie sur le carrelage.

Maintenant, elle avait empoigné entre ses deux mains courtaudes la barre du lit de Rautenberg et regardait le cadavre longiligne avec satisfaction.

Dans les jours qui suivirent, on raconta que la famille de Rautenberg qui n'avait d'ailleurs jusque-là manifesté aucun intérêt à l'égard de sa parente avait demandé à rencontrer Desportes. Elle voulait obtenir quelques explications sur ce décès subit.

Desportes se contenta de répondre que l'âge de Mme Rautenberg, la cachexie, la démence rendaient sa mort inévitable. Dans quels délais ? Il aurait été difficile de le prévoir. Certes, rien ne laissait présager une fin aussi rapide. Il ne pouvait en dire davantage.

– Vous êtes venus de loin ? demanda-t-il.

– De très loin, nous venons de l'Est.

Desportes hocha la tête :

– En effet, murmura-t-il.

L'affaire se termina ainsi. La grosse Ranvers fut alors rapidement admise à l'hôpital psychiatrique. Trop tard !

Les pensionnaires des « Cèdres » ne parurent pas trouver que cet accident fût extraordinaire. Tout ce qui survenait à l'hospice leur semblait plausible. Ils estimaient à tort être à l'abri de telles mésaventures. Lebrun s'empressa de consigner cette histoire dans son cahier. Syntheuil s'efforçait à nouveau de peindre et Masson, fidèle, venait tous les deux ou trois jours observer ses défaillances progressives.

L'arrivée des premiers estivants suivit cet événement de quelques jours. Montagard était alors immobilisé par des douleurs de reins. Il devait garder la chambre et avait renoncé à ses fonctions de vaguemestre comme à ses visites auprès de sa femme. Maria avait en apparence renoncé à son séjour chez Jean et était décidée à rejoindre son mari au plus tôt.

Montagard, de sa fenêtre, observait à la jumelle la migration, pour lui nouvelle, des estivants.

Tout avait commencé au soir du 1er juillet alors que le repas s'achevait à la Résidence. La circulation sur la levée avait pris une intensité particulière. Toutes les voitures se dirigeaient vers la même direction : l'océan. La plupart d'entre elles se trouvaient provisoirement rangées au bord de la chaussée, en file, les unes derrière les autres, mais déjà d'autres avaient envahi les champs proches de la villa de Desportes. On commençait à y dresser des tentes parmi les caravanes. Quelques voitures avaient, faute de place, poursuivi leur chemin jusqu'à l'océan en empruntant une route nouvelle qui conduisait aux immeubles neufs du septentrion.

Des hommes, des femmes, des enfants et même des vieillards descendaient des voitures. Tous paraissaient harassés par un long voyage. Le crépuscule éteignait les couleurs vives des carrosseries.

Des fenêtres des dortoirs, les pensionnaires de l'hospice observaient ce même spectacle étonnant.

Montagard abaissa ses jumelles. L'aspirine ne parvenait pas à calmer son lumbago.

Le lendemain, le nombre de voitures avait encore augmenté. Elles étaient partout et occupaient le moindre espace disponible. Leurs carapaces, comme celles d'insectes, luisaient sous la pesanteur du soleil.

– Je n'ai jamais assisté à une migration pareille, dit Lebrun. Le nombre des vacanciers a certainement triplé depuis l'an dernier. Il serait tout de même intéressant d'aller sur place pour se rendre compte.

Montagard allait un peu mieux mais il ne se trouvait pas encore suffisamment rétabli pour entreprendre ce voyage jusqu'au bord de l'océan. Il ne voulait pas commettre d'imprudence et il se devait d'être en bon état pour accueillir sa femme. Il se souvenait de cette fièvre tenace du précédent été.

Il continuait à observer. Il put remarquer que la vie des estivants se déroulait avec une régularité singulière.

Le matin, dès dix heures, des courants contraires emportaient les bipèdes dans deux directions opposées. Sortant de leurs maisons, de leurs tentes ou de leurs trous, certains d'entre eux, une minorité, chargés de couffins et de sacs se rendaient vers le bourg de Saint-Pierre où les éventaires des commerçants s'étaient multipliés, pour y faire quelques achats et assurer ce que Montagard nommait «la croûte», la plupart, mains ballantes, en tenue légère envahissaient la plage.

Vers onze heures, un grouillement siégeait au bord de l'eau. Un rassemblement de larves ou de minuscules reptiles semblait y tenir conseil. Puis, tout à coup, le fourmillement gagnait l'océan pour s'y baigner.

Plus tard, la plage se vidait presque et n'était plus occupée que par des enfants, des chiens fous et des silhouettes brunes qui, assises sur leur derrière, paraissaient, comme des singes, croquer quelques fruits rouges et décortiquer des œufs durs.

Vers le soir, des focs, des voiles, des canots blancs se détachaient sur le ciel encore lumineux. L'océan s'empourprait. Les embarcations disparaissaient derrière les dunes du septentrion. L'enseigne du bar « L'Amirauté » s'éclairait et projetait une lumière rouge sous la lueur blafarde des lampadaires.

Ces renseignements demeuraient bien fragmentaires. De la Résidence, ces faits apparaissaient singuliers dans la mesure où la distance à laquelle ils se déroulaient semblait permettre de croire qu'ils appartenaient à un autre monde. D'ailleurs, personne, aux « Cèdres », ne s'inquiétait de ce phénomène bien qu'il fût tout de même nouveau par son ampleur.

Mme Courvoisier et Renaudin prétendaient que Saint-Pierre deviendrait bientôt une plage très fréquentée durant l'été.

– En somme, tous ces pauvres gens avaient besoin de détente et de changer d'horizon, affirmait Mme Courvoisier. N'est-il pas vrai, Paul, que nous éprouvons, nous aussi, la même nécessité ?

Renaudin souriait :

– Nous partirons bientôt pour un long voyage, disait-il. Nous irons vers le grand soleil, les pierres sèches et un climat plus chaud.

L'union prochaine de Paul Renaudin et de Mme Courvoisier ne faisait plus de doute. Quelle serait leur vie future ? Nul ne pouvait le prévoir.

Montagard parut se rétablir complètement. Cette douleur des reins n'avait été sans doute que rhumatisme.

Lebrun le décida de l'accompagner à la plage pour observer de plus près les mœurs de cette étrange peuplade.

La plage fourmillait en effet de torses et de cuisses nus pressés les uns contre les autres. Les hommes et les femmes se doraient au soleil, y exposaient leurs corps enduits d'huile ou de crème à brunir. Des parasols de couleurs vives se dressaient çà et là, des enfants couraient sur le rivage, d'autres manœuvraient au sifflet sous la conduite d'un moniteur. Des têtes émergeaient du flot. Des voiles fusaient sous le vent et des proues entaillaient la houle dont le clapotis ondulait sur les coques.

La foule restait indifférente. Ce peuple, armé de lunettes d'écaille aux verres teintés, ressemblait à un agrégat d'insectes animés de lents mouvements se déployant avec lassitude.

Quelques membres de cette colonie fumaient distraitement et feuilletaient en bâillant des magazines ou des journaux.

Les promoteurs, en accord avec la municipalité, avaient installé de nouveaux toboggans et de nouvelles balançoires auprès desquels les enfants se chamaillaient. Au-delà des immeubles neufs, des silhouettes blanches jouaient au tennis ou au volley-ball.

Au soir, un étrange phénomène se produisit. L'océan se retira lentement et peu à peu la laisse découvrit des rochers lointains. La foule reflua vers les caravanes, les tentes, les hôtels et les maisons où elle vivait entassée. Le bar de « L'Amirauté » s'illumina sur le front de mer.

Quelques hommes, chaussés de bottes, fouillaient les eaux captives que l'océan avait abandonnées en se retirant, à la pêche aux crevettes. Partout dans l'air, confondues avec les couleurs pâlissantes, flottaient des odeurs d'herbes aquatiques, algues, fucus, varech, odeurs si proches des relents que Montagard avait perçus dans la salle des grabataires : relents de pourriture et de décomposition.

Comme sur une photographie, le gros œil rouge du soleil descendait sur l'horizon à l'occident

Lebrun et Montagard revinrent vers la Résidence. Tout au long de la levée, les visiteurs d'un jour avaient laissé des traces de leur passage : gras de jambon couvert de mouches, boîtes de conserves et de pilules contraceptives, papiers souillés.

– Ça renifle, dit Montagard.

Ils abordèrent enfin le vaste chantier où un long pavillon rectangulaire émergeait. Les ouvriers avaient abandonné les engins. Les grues et les bétonneuses attendaient la nuit pour dormir. À l'extrémité de la route, là où les postes d'essence s'étaient multipliés, des drapeaux, bleus, jaunes, rouges, verts, flottaient, suspendus à des mâts à l'orient. Flammes et pavois frétillaient sous leurs cordes. Des étals offraient leur pacotille publicitaire aux automobilistes de passage. Parodiant des navires à l'ancre à l'escale, s'était installée au bord des routes avec les stations-service la poésie commerciale du voyage.

– Heureusement qu'on va foutre le camp, dit Montagard. Je refuse tout ça.

Lebrun ne répondit pas.

Dans l'esprit de Montagard, la solitude avait été violée. La foule souillait les espaces sacrés. Tout ce qui au cours du printemps et de l'hiver, saisons lucides, avait appartenu à son bonheur fragile si chèrement conquis s'effondrait.

– Pauvre vieux, murmura Lebrun.

Une grande lassitude gagnait les jambes de Montagard. Il ne pouvait encore savoir si elle appartenait à l'indignation ou à la maladie qu'il redoutait tant. Il n'hésita pas longtemps. Il fut bientôt pris par un premier frisson et il reconnut peu à peu la douleur qui s'installait dans ses os.

Hortense Ribollet l'attendait devant la porte de la Résidence :

– Vous direz à Mme Montagard qu'Eulalie a été admise en quatrième. Elle ira à l'école à Beaulieu.

– Joli voyage, bougonna-t-il.

Montagard fut transféré à l'infirmerie des hommes. Il avait eu tort de confier à Mme Legros qu'il était atteint par la fièvre et qu'il était obligé de garder la chambre. Il ne songea même pas à protester. Il pensait que son absence serait brève.

On le plaça dans une chambre à deux lits dont le confort était suffisant. En quelques heures, il fit connaissance avec son voisin d'infortune, un homme du Midi, de petite taille, sec et brun, dont le crâne était coiffé d'un bonnet de coton. Il se nommait Pizzuti.

Appuyé à ses oreillers, bavard, il raconta sa vie. Elle était simple. Enfant abandonné, il avait vécu jusqu'à sa majorité sous la protection et la férule de l'Assistance publique. Tour à tour, berger puis commis dans une ferme, il ne prenait pas ses repas à la table de ses maîtres paysans mais par terre, accroupi auprès du feu en hiver. Son assiette voisinait avec l'écuelle du chien. Il couchait suivant les saisons dans l'étable ou la grange, sur la paille ou le foin. Libéré, il avait travaillé chez un artisan maçon.

En l'écoutant, Montagard regardait par la fenêtre. Il découvrait une partie de l'hospice qu'il connaissait mal. Il apercevait en contrebas une cour goudronnée et, plus loin, les bâtiments de l'administration. Auprès d'eux, en retrait, s'ouvrait la porte de la cantine. Sur sa terrasse bitumée, exposée au grand soleil, étaient disposées des tables et des chaises de fer. Des vieilles et des vieux y étaient installés et buvaient de la petite bière. La cantine elle-même n'était qu'un bâtiment exigu et sans doute provisoire, adossé à la croupe de terrain sablonneux qu'il avait fallu entailler pour la construire. De ce côté, la limite de l'hospice était formée par cette pente où s'accrochaient des buissons.

Les deux serveuses portaient des blouses bleues.

Pizzuti, essoufflé, les lèvres cyanosées, n'avait pas d'âge. Il était plutôt ridicule avec son accent et sa chemise ouverte qui découvrait quelques poils sur sa poitrine où saillaient les arcs des côtes.

– Vous regardez les serveuses ? demanda-t-il à Montagard.

Montagard, en pyjama rayé, les pieds nus, ressemblait à un forçat. L'autre poursuivait sa confession.

Très vite, il était tombé malade et respirait avec difficulté. Non, pas la tuberculose mais une bronchite chronique, un catarrhe. Durant les hivers, il toussait et il crachait. Il avait dû fréquenter les hôpitaux. À cinquante ans, l'insuffisance respiratoire était telle qu'il ne pouvait plus travailler. Sa pension d'invalidité ! Une plaisanterie ! Alors il était entré à l'hospice. Le cœur était maintenant défaillant. Il montra à Montagard ses chevilles enflées. Il s'asphyxiait lentement sous ses draps. Desportes lui rendait visite de temps en temps.

Il alluma une cigarette. La fumée du tabac déclencha une quinte de toux.

– Je sais que je ne devrais pas fumer mais je m'ennuie. Et vous ?

– J'étais à la Résidence avec ma femme.

– Morte ?

– Non, elle se trouve depuis bientôt deux mois à l'infirmerie.

– Je vous plains, dit Pizzuti. Il faut avoir l'habitude de vivre ici. Moi, je n'ai jamais été à la Résidence.

Il tourna le dos à Montagard et continua de fumer.

La journée passa. Ils ne virent personne, sauf le soir, quand on apporta un suppositoire à Pizzuti.

Pendant la nuit, Montagard ne parvint pas à dormir. Il entendit son compagnon se lever, s'asseoir sur une chaise auprès de la fenêtre pour mieux respirer. Après quelques instants, Pizzuti s'accouda à la fenêtre. La nuit était pure et étoilée. Les façades blanches de l'administration, exposées à la lumière de la lune, éclairaient la chambre. Il lui semblait parfois percevoir la rumeur de l'océan. Peut-être n'était-ce que la respiration lointaine et difficile de Pizzuti. Une longue allée montait à flanc de coteau. Maria occupait la pensée de Joseph. Mais son désir de retrouver sa femme n'avait pas l'acuité de naguère. N'était-ce pas naturel ? Lui aussi, désormais, était en cause.

Le matin survint bien après l'aube. À cette heure, les rues du bourg, la plage, les routes devaient être désertes. Le temps glissa sur les lits.

On vint aspirer la poussière de la chambre.

Au cours de la matinée, Fangio passa. Il semblait joyeux, son visage inspirait confiance. Il savait les mots qu'il fallait dire. Il s'arrêta devant Pizzuti et le regard de Pizzuti s'éclaira. Fangio saisit la main de Pizzuti, la retint dans la sienne et jeta un coup d'œil sur la feuille de température. Il songea que l'océan était proche et il se souvint qu'il avait donné rendez-vous à Masson.

Lorsque la plage serait abandonnée, ils se baigneraient ensemble et ils nageraient l'un à côté de l'autre. Pizzuti tenta de dégager sa main. Fangio la serra davantage.

– Vous me faites mal, dit Pizzuti.

– Dites-moi, reprit Fangio en relâchant son étreinte, n'êtes-vous pas comme moi d'ascendance italienne ?

– Comment voulez-vous que je le sache ?

– J'oubliais. Aimeriez-vous regagner votre dortoir ?

– J'en serais incapable.

– Vous vous trompez. Je crains que vous ne vous trouviez bien ici !

– Bien, c'est beaucoup dire. Il ne serait guère raisonnable de vouloir partir.

– Allons, dit Fangio, vous vous croyez plus malade que vous ne l'êtes.

Pizzuti s'assit sur son lit. Il était content. Sans doute vivrait-il encore longtemps. Cette espérance le consolait de beaucoup de ses peines.

– Et vous, monsieur Montagard ? demanda Fangio.

– Moi, je ne m'explique pas la rapidité avec laquelle j'ai été transféré ici. Une indisposition d'un jour a suffi.

– Je reconnais que nous sommes allés un peu vite. Mme Legros ne badine pas et je crois que Desportes a peur d'elle. Elle téléphone et menace trop facilement.

Fangio inclina la tête. La sueur coulait sur son visage. Il essuya les verres de ses lunettes.

– D'autant plus que je n'ai plus de fièvre. Je suis guéri, reprit Montagard.

– Je vais essayer d'arranger ça, dit Fangio. Admettez que nous avons commis une erreur.

– Je ne me plains pas. Je comprends les difficultés du docteur Desportes qui paraît dépassé en certaines circonstances. Je me plains d'autant moins que je suis ici plus près de ma femme que je n'étais à la Résidence. Mais a-t-elle seulement été avertie de ma mutation ? Il y a tout de même la manière ! On ne dispose pas des gens comme ça !

Fangio, au fond satisfait que Montagard ne protestât pas davantage, accusa le coup cependant.

– Si votre femme n'a pas été avertie, comptez sur moi pour le faire.

Montagard était contrarié. Sa femme devait quitter l'infirmerie le surlendemain. Il avait attendu ce jour avec impatience.

– Ce serait un chassé-croisé regrettable, murmura-t-il. Suis-je libre de quitter l'infirmerie demain ?

Fangio était assuré du contraire.

– Je n'en suis pas sûr. Les bureaux de l'administration sont fermés le samedi et le dimanche. Les mutations ne pourront être faites aussi rapidement même si le docteur Desportes donne un avis favorable. Une entrée, une sortie en vingt-quatre heures ! Ça ne paraîtrait pas sérieux. Passez le dimanche ici. Il faut compter avec une certaine lenteur administrative. Je vous apporterai le journal demain matin.

Fangio s'en fut. Pizzuti et Montagard se félicitèrent de la bonne volonté de l'interne.

– L'autre n'est pas mauvais non plus, dit Pizzuti.

– Nous sommes bien tombés, dit Montagard.

Ils déjeunèrent face à face sur une petite table. Après le repas, Pizzuti alla à son placard. Il en sortit une bouteille de vin. Il se rinça la bouche et avala une gorgée. Et il ferma le goulot en frappant joyeusement sur le bouchon.

Dans l'annexe des femmes, de l'autre côté de la cour d'honneur, Maria ignorait le destin de son mari. Elle continuait à vivre au rythme de l'infirmerie, de ses repas tôt servis pour libérer le personnel, de l'attente et des longues nuits. Elle rendait à nouveau quelques services, disposait le couvert de ses compagnes et aidait à laver la vaisselle. Elle ignorait encore les noms de la plupart des pensionnaires qui vivaient avec elle. Pourtant celles-ci n'avaient pas changé. En été, les mutations étaient rares. Deux nouvelles avaient fait un séjour d'une semaine. Elles provenaient des dortoirs et étaient ivres. Toutes deux avaient été placées en infirmerie le dimanche soir. Elles avaient mené grand tapage durant la nuit, crié, hurlé, vomi. La mère Briche et la Créach étaient connues de tout l'hospice. Chaque fois que Desportes était entré dans la salle, elles l'avaient insulté.

Leur passage n'avait guère retenu l'attention de Maria. Elle aimait bien sa voisine, Mme Crottet, de plus en plus essoufflée et la petite Lempereur, la débile mentale de cinquante ans qui jouait au médecin avec sa poupée à qui elle instillait des gouttes dans les yeux et administrait des lavements.

Tout au fond du box se trouvait une pauvre fille abandonnée depuis longtemps. Elle s'ennuyait tellement qu'elle passait son temps à s'arracher des cheveux si bien qu'elle portait une tonsure. Quant à Mme Blaizé, elle était toujours là. Peu vaillante mais lucide. Elle se laissait gagner par la torpeur. Cependant à chacune de ses visites, Desportes lui serrait la main, lui caressait la joue et s'informait de ses désirs. Elle ne demandait plus rien.

Une ou deux fois par semaine, Mme Futtet « faisait les tablettes », c'est-à-dire qu'elle ôtait les vieux journaux, essuyait les tables de chevet où s'entassaient des rouleaux de papier hygiénique, des biscuits, des flacons d'eau de Cologne ou d'eau des Herbiers.

Maria aimait beaucoup Mme Futtet. Cette dernière avait son métier d'aide-soignante dans la peau. Elle était forte et cela lui était nécessaire pour relever les vieilles d'un coup de rein et les adosser à leur oreiller.

Presque toujours patiente et douce, elle poussait parfois un coup de gueule. Elle veillait sur son troupeau et lorsqu'elle était absente, la salle paraissait abandonnée.

Chaque soir, entre cinq et six heures, Maria se rendait à la chapelle. C'était, pensait-elle, une distraction honorable qui convenait à son nouvel état. Assise ou agenouillée, elle pensait surtout à ses parents. Ainsi était-elle reliée au passé. Elle ne songeait guère aux vivants. Il lui était plus facile et plus simple d'envisager la résurrection de ceux qu'elle avait connus de chair et d'os, puis morts.

Ceux-ci retrouveraient leurs formes familières. C'était cela le paradis : le retour à l'enfance, au foyer, à l'âtre dans la cuisine étroite aux murs noircis, aux jardins de l'été, aux terres chaudes. Que tout périsse sauf l'inégalité des jours et des nuits et le rythme des saisons.

Elle égrenait un chapelet et elle n'était pas la seule. Elles se trouvaient toujours là neuf ou dix à cette heure où la lumière du jour déclinant projetait à travers les vitraux des rais violets et éclairait de teintes fades le visage de ses compagnes.

Elle regagnait ensuite l'infirmerie, ce royaume où venait battre et s'épuiser le temps et où chacune connaissait cette résignation, cette absence de désirs, ce détachement progressif à l'égard de la vie. C'était l'Éternité déjà trouvée. Plus que le cloître dont le silence aurait été seulement troublé par la voix de Mme Futtet, la Révérende Mère Supérieure. Quant aux enfants, au mari, ils n'appartenaient plus au présent. Ils étaient presque devenus des étrangers, des êtres peut-être encore chers mais dont peu à peu on s'éloigne.

Montagard se trouvait toujours à l'hospice. Au début d'un après-midi, il s'aventura sous le préau. Quelques vieux, pipes au bec, s'y attardaient à lire les faire-part des décès de la veille. Des noms inconnus.

Il s'arrêta pour nouer l'un des lacets de ses chaussures. Une douleur lui transperça les reins. Il se redressa avec peine. Devant lui se trouvait Marcel Bal. Il l'avait connu lorsqu'il remplissait les fonctions de vaguemestre. Marcel Bal était chargé du ramassage des poubelles. Lui aussi était un débile mental qui avait été muté à l'hospice depuis une trentaine d'années après un séjour dans un autre hospice. Il devait toucher à la soixantaine mais son regard innocent n'avait pas vieilli. Sans être nain, Marcel Bal était de très petite taille. Coiffé d'un béret, d'une extrême politesse, il se découvrit devant Montagard qui aperçut son crâne ovoïde et tondu.

– Alors, dit Montagard, tu reviens de Lourdes.

– Oui, je rentre de vacances.

Le pèlerinage de Lourdes auquel Marcel Bal participait chaque année représentait pour lui son congé annuel. Cette absence d'une huitaine de jours lui suffisait.

– Es-tu jamais allé aux Herbiers ?

– Non, mais j'aimerais.

– Bonne chance, mon petit vieux. Je vais voir ma femme.

Montagard se glissa dans les couloirs où les vieilles traînaient leur ennui. À l'infirmerie, il n'aperçut pas

Maria. On lui dit qu'elle se trouvait auprès de Mme Futtet dans la petite salle de pansements. Il l'appela. Elle vint à pas lents. Sa robe de chambre ballait autour de son corps fragile.

– Je ne suis pas solide sur mes jambes, mon pauvre Joseph.

Mme Futtet leur offrit de s'asseoir et elle les laissa seuls. Ils se trouvèrent face à face séparés par une petite table.

– Je te rejoindrai après-demain, mardi au plus tard, à la Résidence.

La pièce était vieillotte. Le badigeon des murs, là aussi, s'écaillait. Par la fenêtre, Joseph apercevait la Résidence.

– Me rejoindre ? Je n'en suis pas sûr, dit Joseph. Dès hier, j'ai été transféré à l'infirmerie des hommes. Parce que j'avais eu de la fièvre.

Maria le regarda avec étonnement.

– Il y a longtemps que je m'étais aperçue de ta fatigue. Je ne te disais rien. Je pensais que cette séparation était pour toi très pénible. Il est temps de te soigner.

– Pas ici, dit Joseph dont les traits se durcirent.

– Rien ne nous presse.

Maria était très calme. Joseph regardait ce profil dont les traits s'étaient peu à peu accusés.

Elle lui tendit la main :

– Jamais tu ne fus aussi proche de moi, murmura-t-elle. Te souviens-tu du sentier, derrière l'étang, où pour la première fois tu as pris ma main ?

– Tais-toi, dit Joseph.

– Puisque nous sommes seuls, ajouta-t-elle, je peux te dire que j'ai beaucoup pensé à toi, à notre situation présente au cours de ces dernières semaines. Il faut penser à l'avenir.

– Notre avenir est tout tracé. Nous repartirons pour Relevant.

– Bien sûr. Mais si, par hasard, il arrivait que l'un d'entre nous disparût avant notre départ, si je devais te quitter, Joseph, je n'aimerais pas être enterrée ici.

Il baissa la tête.

– Je voulais justement t'en parler, dit-il. Je t'emmènerais à Relevant.

– Je prends le même engagement. Jean est au courant. Il est d'accord. Il a compris.

Ils se trouvaient là, perdus dans cette petite salle où sur la paillasse de l'évier s'alignaient des seringues et des boîtes métalliques. Mme Futtet venait de les sortir du stérilisateur dont le chrome brillait sous un rayon de soleil. Une blatte, avec entêtement, progressait contre la plinthe dans l'espoir d'y trouver un trou.

La porte s'ouvrit largement :

– Allons, dit Mme Futtet, les deux amoureux, il est temps de vous séparer.

Le dimanche passa. Joseph et Maria préparèrent leurs bagages. Il était presque une heure, le lendemain, lorsque Desportes, pressé, se présenta à l'infirmerie.

– Il y a contrordre, dit-il à Maria. J'ai décidé qu'il était plus prudent de surveiller l'état de votre mari pendant quelques jours. Des analyses sont nécessaires. N'est-ce pas votre avis, Masson ?

L'interne se tut. Il pensait que rien ne s'opposait à ce que les analyses soient faites à la Résidence.

– Votre mari, reprit Desportes, m'a demandé de mettre à votre disposition une chambre de façon à ce que vous soyez réunis. Cette demande n'est pas raisonnable. De toute façon, elle est impossible à satisfaire. Les deux chambres dont nous disposons pour recevoir des couples sont occupées et nous ne pouvons envisager toute une série de mutations pour un séjour de brève durée. Votre mari se propose d'aller rendre compte de votre situation à M. Legrain. Il n'obtiendra rien et son impatience risque d'importuner le directeur.

Masson était devenu très pâle :

– Il ne serait pas très difficile de réunir M. Montagard et Mme Montagard, dit-il.

– Nous ne pouvons séparer les uns pour réunir les autres.

– Le père Magny et sa femme ne se reconnaissent plus !

– Je sais, Masson, je sais, mais nos infirmeries sont pleines. Vous êtes généreux, Masson, dit Desportes agacé. Pour huit jours ! Vous entendriez les protestations de la famille Magny !

Maria les écoutait, tandis que toutes les vieilles de la salle tendaient l'oreille. L'une d'elles, atteinte de l'une de ces crises de diarrhée qui parfois tordait les ventres au cours de brusques épidémies, se leva tout à coup et, la chemise relevée, gagna la chaise-tinette où elle s'assit. L'odeur des excréments gagna peu à peu le box.

Desportes la regarda longuement :

– Ce n'est pas possible, dit-il. Tout au moins pour l'instant.

On appela Montagard au milieu de la nuit suivante pour lui annoncer que sa femme avait pris un malaise. Il se hâta de s'habiller. L'hospice dormait. Les cours désertes étaient éclairées par la lumière de la lune. Des chats miaulaient dans l'ombre.

Une lampe brillait dans le box de l'infirmerie. Des femmes, en chemise, étaient appuyées au chambranle de la porte. Auprès du lit, se trouvaient la petite Lempereur et la mère Crottet. Il reconnut Fangio.

– Est-ce grave ? demanda-t-il haletant.

Il s'approcha et vit que la bouche de sa femme était tordue. Il empoigna le bras de Fangio. Maria paraissait dormir d'un sommeil agité.

– Tout à l'heure, j'ai craint le pire, murmura Fangio.

L'infirmerie tout entière était réveillée. On entendait les conciliabules des vieilles.

– Vous avez bien fait de m'avertir, dit Montagard.

Il saisit le visage de sa femme entre ses mains et l'embrassa. La sueur perlait sur le front de Maria. Joseph prit son mouchoir et l'essuya.

– Une nouvelle attaque ? dit-il en se relevant.

– Oui, dit Fangio.

– On ne pouvait pas le prévoir ?

– Nous le redoutions mais nous ne pouvions faire davantage.

Montagard observait Fangio désemparé. Celui-ci pourtant était calme. Il surveillait l'écoulement de la perfusion.

– Croyez-vous que me femme me reconnaisse ?

Il se pencha à nouveau. Après avoir humecté un mouchoir, il épongea à nouveau le visage. Maria ouvrit les yeux.

– Tu es allé chercher de l'eau au ruisseau, dit-elle faiblement.

– Vous avez entendu. Le ruisseau, le ruisseau ! Elle croit que nous sommes à Relevant, chez nous. Puis-je passer la nuit auprès d'elle ?

– Ce n'est pas possible, dit Fangio. Vous reviendrez

demain matin. Je vous promets de vous faire avertir… Je reste là.

Cette pensée calma un peu l'inquiétude de Montagard. Fangio l'entraîna dans le couloir. Ce chagrin l'épouvantait.

– Conservez-moi ma femme, conservez-moi ma femme, répétait Joseph.

Et toujours la même phrase stupide revenait sur les lèvres de l'interne :

– Soyez raisonnable.

Le vaste hospice respirait dans la nuit tiède. Tous deux allaient en frôlant les murs. « Une nuit comme on n'en voit guère », songeait Fangio. À son bras pesait de plus en plus ce corps défaillant dont la poitrine clamait le désespoir.

– Maria, Maria, ma femme, plus rien, jamais plus.

Montagard trébuchait en montant l'escalier qui menait à sa chambre. Alors, Fangio le souleva et le déposa sur son lit. Pizzuti dormait. Montagard, inerte, aperçut longtemps la silhouette de l'interne dressée devant la fenêtre ouverte.

Le lendemain matin, Jean était là. La vie de l'infirmerie continuait. Masson s'était joint à Fangio.

– Je ne pouvais faire plus, dit Fangio.

– Mais oui, mon vieux, tu as fait ce que tu devais.

Ils ne s'étaient même pas aperçus de la présence de Montagard. Maria était immobile et pâle. L'écume perlait aux coins des lèvres. Montagard regarda son fils. Celui-ci inclina la tête. Maria était morte.

Joseph s'enfuit en gueulant qu'on lui avait pris sa femme.

Montagard était assis dans le fourgon mortuaire. L'océan l'aveuglait par son scintillement. Trois hommes s'avançaient sur la levée à la rencontre de la voiture. Il reconnut de très loin Tavernier à sa démarche maladroite et à sa main gantée de noir. Dans le contre-jour, il marchait flanqué de deux présences.

Lorsque le fourgon croisa les trois hommes, Montagard put constater combien Tavernier avait vieilli. Il posa lentement sa main sur le cercueil. Exposé au soleil, le drap qui le recouvrait était chaud.

DEUXIÈME PARTIE

LORSQUE MONTAGARD REVINT deux ans plus tard à la Résidence des « Cèdres », il ne reconnut qu'avec peine les lieux qu'il avait quittés. Le car l'avait déposé sur la place du Marronnier centenaire qui se nommait maintenant « Place de la République ». L'aspect en avait changé. Kermadec n'était plus à son comptoir. L'ancien café où se réunissaient les pensionnaires de l'hospice avait été acheté et un night-club, le « Stephenson », s'y était installé. Les vieux magasins qui abritaient timidement leurs devantures et leurs étals sous les arcades étaient devenus des boutiques modernes.

À partir du bourg, s'éloignaient comme les branches d'une étoile les perspectives d'avenues rectilignes bordées de jeunes acacias chétifs et de villas neuves et blanches coiffées de tuiles ou d'ardoises, alignement de maisonnettes avec leurs jardinets dont la monotonie était parfois rompue par la présence d'un magasin qui, le soir tombant, projetait la lumière de son éclairage sur l'asphalte de la chaussée.

Partout des enseignes lumineuses, vertes, rouges, bleues, s'allumaient. La cité nouvelle était animée. Sur ses murs, étaient placardées des affiches invitant la population à bâtir, à profiter de la détente obtenue grâce à la proximité de l'océan et des bienfaits de la « Source Saint-Hilaire ».

Ce village qui amorçait sa mutation lors du départ de Montagard s'était transformé en deux ans en une station balnéaire qui avait en outre le privilège d'abriter dans son voisinage des installations de cure thermale et une eau miraculeuse. Là-bas, au sud, on pouvait apercevoir, au-dessus de sa flèche de béton, le campanile d'une nouvelle église.

Montagard se retrouva sur la levée qu'on avait élargie. Elle aussi était plantée d'arbres rabougris et bordée de villas semblables à celles qui s'alignaient au long des avenues récemment ouvertes. Au-delà des maisons s'étendait un vaste terrain de camping que les caravanes n'avaient pas encore abandonné. Il pensa que l'automne et l'hiver balaieraient bientôt cette population encombrante qui ne pouvait que gâcher le recueillement qu'il souhaitait trouver. Il en douta pourtant lorsqu'il s'aperçut que deux nouvelles stations-service étaient ouvertes. Elles fixaient les points cardinaux par les pavillons portant les couleurs et les marques des compagnies pétrolières. Au nord de l'estuaire, les immeubles s'étaient multipliés et dressaient leurs façades tout au long du boulevard du front de mer prolongé.

Ce bourg qui ne comptait guère que cinq cents habitants devait abriter désormais quinze ou vingt mille âmes. Des âmes, Montagard n'en était pas sûr !

Toute la cité nouvelle trahissait qu'elle avait été construite à la hâte, sans espoir de durer. L'important était que l'argent roulât. Tout avait été conçu pour le clinquant et le provisoire.

À sa gauche, les pavillons se dressaient sur leur tertre dont les pentes étaient semées de pelouses. Ils étaient entourés de jardins ornés de bosquets encore nains.

Oui, les pavillons étaient là, bas, accroupis sur leur tumulus de verdure, réunis entre eux par des allées cimentées, couvertes et abritées des intempéries par des vitres.

Les murs étaient de béton précontraint. Leurs toits formaient des terrasses soulignées par des acrotères où de gros galets étaient pris dans la masse même du ciment. De larges baies et les fenêtres s'ouvraient sur les jardins qui descendaient vers l'estuaire. Sous les baies, des plaques de fibrociment peintes donnaient à chaque pavillon sa note colorée particulière : tilleul, réséda, orange et rouge.

Montagard, dans son innocence, n'allait pas jusqu'à penser que cet ensemble constituât une réussite architecturale. Il estimait même que les pavillons avaient un air de blockhaus. L'architecture était à la mesure de ce temps. Cependant, dans leur nouveauté, ils possédaient une fraîcheur de propreté et de confort. Seul le pavillon tilleul paraissait habité. Des silhouettes glissaient derrière les fenêtres. Au-delà de l'estuaire, l'hospice dressait sa masse immuable.

Il reconnut de loin la Résidence. Le temps ne semblait pas l'avoir épargnée. En deux ans, les vents et les pluies avaient terni ses façades. Sans doute avait-elle été un peu négligée. Elle apparaissait encore comme un havre isolé, éloigné de la cité neuve.

Il avait accompli à nouveau ce long voyage. Il revenait sans avoir bien compris la décision qu'il avait prise.

Il revenait comme un homme plus démuni que pauvre. Lorsqu'il avait retrouvé sa maison, tout lui était apparu facile. Il était en accord avec lui-même. Au cours de l'automne et de l'hiver, il avait patiemment nettoyé sa chambre et sa cuisine et bêché le jardin.

Le cimetière était proche et il s'y rendait presque tous les jours. Il en aimait la sobriété et l'ordonnance géométrique : jardin de la solitude où des voix murmuraient dans le silence, lieu sacré habité par l'éternité.

À la fin du printemps et dans l'été, sur le soir, il gagnait souvent les bords d'un étang pour y pêcher. Le poisson ne l'intéressait guère, mais plutôt cette attente mystérieuse devant la surface immobile où se miraient le ciel, les saules, les peupliers, les frênes, arbres de son pays et de sa terre.

À cette heure, sa femme pouvait l'attendre. À son retour, elle n'était pas revenue. Il haussait les épaules mais il ne manquait pas de dresser deux couverts sur la table. Il dînait seul, à la nuitée, après avoir fermé les volets. Elle ne reviendrait pas encore ce jour-là. Il était trop tard. Elle était pourtant si présente. Allons ! Demain, il irait lui parler au cimetière.

Il ne tenait guère à quitter sa maison. Il préférait la discrétion. Il savait que, depuis son retour, on le nommait « le solitaire » bien qu'il eût renoué des relations avec ses voisins de la ferme la plus proche, une grande bâtisse de pisé, où chaque soir il allait chercher son lait. Il rendait en échange quelques services à ces gens.

Après un an sur ce sol où reposait sa femme il pensait parfois qu'il avait retrouvé la liberté. Pas toujours. Il estimait alors que ce mot ne désignait rien de précis et n'exprimait qu'une abstraction. Qui a jamais rencontré la liberté ? On la porte en soi et heureux sont ceux qui la connaissent. Ils ne sont pas nombreux.

Au déclin du deuxième été, il commença à éprouver la solitude. Il avait vécu dans un rêve. Sa femme non seulement ne revenait pas mais elle s'éloignait de lui au fur et à mesure que les jours passaient. Il ne parviendrait plus à rassembler les traits de son visage en une image vivante. L'oubli l'assaillait et le torturait. Le timbre de cette voix s'effaçait peu à peu. Ses visites au cimetière perdaient toute signification. Il comprit que le dialogue avec les morts n'est pas facile.

Il fallait qu'il apprît à vivre réellement seul et il s'y efforça pendant quelque temps. Effort illusoire. Ne restait que la terre. Il entrevit bientôt que, elle aussi, allait lui manquer.

Au cours du dernier hiver, une lettre inattendue, écrite par sa belle-fille, lui avait annoncé la mort subite de son fils. Jean travaillait trop, disait-elle, ses journées étaient épuisantes et ses projets trop ambitieux. Il avait peut-être succombé pour avoir trop voulu entreprendre.

Montagard n'avait pas éprouvé de réel chagrin. Si cette mort ne lui faisait pas de peine, elle était pourtant contraire à la nature des choses. Au fond, il jugeait son fils avec amertume. Il n'était qu'un médiocre, soucieux de sa carrière.

La lettre était demeurée longtemps sans réponse sur la table.

Il tarda à écrire à sa belle-fille. Il lui répondit cependant en s'inquiétant de ce qu'elle allait devenir. Elle écrivit à son tour. Cette lettre était pleine d'affection. Marianne lui apparut alors comme le seul être à qui quelque lien l'attachait encore.

Il fut atteint à nouveau par la fièvre. Celle-ci ne se montrait pas tellement inquiétante mais éprouvante par sa répétition vespérale.

On ne le vit plus. Il avait fermé sa porte et ses volets.

C'est alors qu'il se décida à quitter Relevant. Plus rien

ne l'attachait ici. Il aurait pu entrer à l'hospice de Châtillon pour y achever ses jours. Il y aurait été connu. Il préférait que sa fin fût anonyme. À la Résidence, il retrouverait peut-être Lebrun, le père Syntheuil et ce bourru de Tavernier.

Il vendit ses biens. Il conserverait une part du produit de sa vente pour payer le complément de sa pension. Il donnerait l'autre part à sa belle-fille. Il ne voulait pas qu'elle fût prématurément assiégée par le besoin.

À son arrivée, Orsini se montra presque déférent. Mme Legros lui avait réservé une chambre voisine de celle qu'il avait quittée deux ans plut tôt. Il avait vieilli mais il demeurait encore alerte.

Il préféra passer inaperçu le premier jour. Ce ne fut que le lendemain que chacun apprit que Montagard était revenu. Il fut accueilli à bras ouverts par Syntheuil, par Tavernier et surtout par Lebrun. Il raconta le deuil récent qui l'avait atteint. On le plaignit pendant quelques jours. Perdre en trois ans sa femme et son fils, c'était beaucoup. Mais d'autres avant lui avaient subi des pertes aussi cruelles. La vieillesse avait aussi cet inconvénient d'assister au départ des êtres les plus proches.

Il tenta de reprendre la vie qu'il avait menée autrefois et, après quelques jours d'attente, il demanda à travailler à nouveau avec les jardiniers.

C'était déjà l'automne. Un soir, il se présenta à Maréchal qui était occupé dans les serres à soigner les plantes vertes qui décoreraient pendant l'hiver les couloirs de l'hospice, le hall et le salon de la Résidence et du pavillon tilleul.

– Pourriez-vous m'employer encore ?

– J'ai appris votre retour, lui dit Maréchal.

Les deux hommes se regardèrent. Dans la tiédeur moite de la serre s'élevait une bonne odeur de terreau.

– Si vous refusez, vous me condamnez.

Maréchal parut gêné. Ils restèrent un moment face à face. Un ouvrier en blouse bleue passa derrière eux.

– Nous avons tous conservé un excellent souvenir de vous, murmura Maréchal. Mais à votre âge…

Il se tourna vers les pavillons neufs et désigna d'un geste vif les lumières de la nouvelle ville.

– Ainsi Mme Montagard et votre fils nous ont quittés, reprit Maréchal en inclinant la tête. Vous n'avez pas été épargné.

Partout Montagard était accueilli par des condoléances. Il en était exaspéré.

– Dans mon pays, j'étais plus étranger qu'ici. J'ai laissé ma pauvre femme là-bas. Je la retrouve un peu ici. Elle y est morte.

Il jeta un regard vers l'hospice.

– Pour l'instant, dit Maréchal, je n'ai pas de travail à vous offrir. Mais vous pouvez nous accompagner pour vous distraire.

– J'aimerais encore être utile.

Montagard s'arrêta net. Le regard de Maréchal le priait de ne pas insister. Il recula de quelques pas. Il aperçut les lierres, les philodendrons alignés dans des bacs sur des étagères et il reçut une dernière haleine chaude.

Il s'en alla. On ne voulait plus de lui. Il n'appartenait pas pourtant à cette catégorie d'hommes qui prend son plaisir à regarder travailler les autres.

Il revint vers la Résidence un peu découragé, supportant avec difficulté ce sentiment nouveau d'être inutile. Il ne critiquait pas l'attitude de Maréchal à son égard. Elle était naturelle et, après tout, justifiée peut-être.

Il alla trouver Lebrun dans sa chambre. Ce dernier parcourait un journal. Montagard s'en voulut de troubler la tranquillité de son compagnon.

– Tu ne me déranges pas du tout, dit Lebrun… Au contraire.

Il tremblait. Il raconta à Montagard que depuis quelques mois, il était affligé de cet inconvénient. Cette maladie avait débuté par une sensation d'enraidissement.

Il s'efforça de plier le journal qu'il avait ouvert devant lui. Montagard le lui prit des mains.

– Je n'y vois plus guère, reprit Lebrun, et ce tremblement des doigts est très gênant.

Montagard s'assit familièrement sur le lit :

– J'aimerais savoir ce qui s'est passé durant mon absence.

– Et moi, reprit l'autre, émoustillé, j'aimerais connaître les raisons de ton retour.

Montagard baissa la tête. Il pleuvait. Une pluie fine, chassée par le vent, n'effleurait qu'à peine les vitres. La lampe était allumée près de la fenêtre et l'abat-jour ne laissait filtrer qu'une faible lumière.

Montagard pensait que Lebrun aurait pu lui épargner cette question.

– Il me semble que je suis revenu pour chercher une sorte de sécurité. Cette vie ralentie que nous menons ici est peut-être moins éprouvante que l'activité imposée par la solitude. Il est difficile pour un homme de vivre seul, surtout à nos âges. Je crois que les femmes y parviennent plus facilement. Nous nous trouvons très vite désemparés devant des tâches domestiques auxquelles nous ne sommes pas préparés.

Montagard réfléchissait :

– Et puis, il y a l'absence.

– Et l'océan ? demanda Lebrun.

Montagard inclina le buste. Ses mains pendaient entre ses genoux.

– Oh ! l'océan ! Parlons-en ! Je ne veux pas le connaître davantage.

Il ajouta à voix basse :

– Quand une femme et la terre vous manquent…

Lebrun essuya ses lèvres où perlait une goutte de salive d'un revers de main.

– À la Résidence, on a compté deux décès par an : Mme Bailly, Latour, Durieux et Kaufman.

– Je ne me souviens pas de Durieux et de Kaufman. Pour Mme Bailly et Latour, on pouvait s'y attendre. Et c'est Desportes qui les a croqués.

– Bien entendu. Comme il nous croquera tous.

– Desportes n'est qu'un intermédiaire, dit Montagard. C'est l'océan ici qui est le grand prêtre, le dieu de la mort.

Une lueur d'étonnement alluma derrière ses verres le regard de Lebrun.

– Quand je dis qu'il ne s'est rien passé, reprit-il, ce n'est pas exact. Notre situation n'est plus la même. En deux ans aucun nouveau pensionnaire n'est entré à la Résidence. Des chambres demeurent vides. Il paraît que ces lits vacants préoccupent l'administration. On prétend que si cette situation se prolongeait, Desportes souhaiterait qu'on fermât cette partie de l'établissement.

– Ce serait un comble ! s'exclama Montagard.

– Il faut comprendre. Desportes n'a pas tout à fait tort. Il est certain qu'une résidence pour vieillards n'a plus de sens aujourd'hui. Ou bien les vieux sont valides et ils restent chez eux, ou bien ils sont impotents et ils relèvent d'un établissement de soins. On attendra sans doute que nous nous éteignions pour clore les portes.

L'alternative que présentait Lebrun parut lumineuse à Montagard. Elle n'était pas réconfortante.

– Et à l'hospice ?

– Les demandes d'admission y affluent. Les familles sont de plus en plus désireuses de se débarrasser d'une vieille ou d'un vieux devenu gâteux ou impotent. On dit qu'on ne peut s'occuper des vieillards parce qu'on travaille. Mais on les place aussi quand on veut partir en vacances. Les vacances sont sacrées. Il faut être libre. Et puis on raconte que les vieux peuvent être dangereux lorsqu'ils sont seuls, qu'ils peuvent mettre le feu ou se jeter par la fenêtre, et j'en passe.

Montagard grommela.

– Drôle d'époque ! Les merdeux à la crèche et les vieillards à l'hospice, au fourre-tout !

– Ici, reprit Lebrun, nous sommes de plus en plus isolés. Personne ne s'occupe guère de nous. Surtout depuis l'ouverture du pavillon tilleul. Les médecins prétendent que là, du moins, ils peuvent être utiles.

Montagard haussa les épaules. Le vent soufflait avec de plus en plus de violence.

– Gros temps, murmura Lebrun.

– Fangio et Masson n'assurent plus de consultations à la Résidence ?

– Que si, fit Lebrun. Mais nous n'y voyons plus Desportes.

– Et Syntheuil et Tavernier ?

– Ils ont vieilli. Tavernier est toujours aussi occupé. Il se passionne pour l'Histoire. Il étudie la décadence des empires et les guerres de partisans.

Lebrun soupira :

– Tout a tellement changé. Bien sûr, la plage attire du monde en été. Mais depuis qu'une société a décidé l'exploitation commerciale de l'eau des Herbiers qu'ils ont appelée « Source de Saint-Hilaire », on bâtit de plus en plus. Il est curieux, ajouta Lebrun, que cette eau qui possède, dit-on, des vertus médicinales attire aussi de nombreux pèlerins qui lui attribuent une valeur mystérieuse sinon mystique.

– Que soigne-t-on avec cette eau ?

– Tout mais surtout la vieillesse ou, pour être plus exact, le vieillissement. Aussi de nombreux médecins se sont-ils installés. Pendant l'été, ils observent avant tout les signes de vieillissement de leurs patients. Ils soignent de plus, à la rigueur, les piqûres de guêpes, les insolations et les maladies vénériennes. Le printemps et l'automne sont surtout réservés aux curistes et aux pèlerins de la source Saint-Hilaire.

« L'hiver, les médecins s'en vont. Ils se reposent.

« La réussite commerciale est entière. »

– Et Kermadec ?

– Il a été arrêté. Je n'ai jamais su pourquoi.

– Une histoire politique ?

– Je ne crois pas. On lui a reproché de tenir un bordel pour les vieux pensionnaires de l'hospice.

– Ce n'était pas un mal.

– Eh oui, reprit Lebrun. On ne s'interroge pas assez sur la sexualité des vieillards. As-tu connu le ménage Rayer ? Affreux ce qu'elle a pu souffrir cette femme ! Le père Rayer était un vrai sagouin. Toutes les positions qu'elle devait prendre ! Par terre, sur une chaise, debout les bras en l'air, par-devant, par-derrière !

Les yeux de Lebrun devenaient de plus en plus brillants.

– Allons, calme-toi, dit Montagard.

Et Lebrun, dégrisé, laissa tomber ces mots :

– Elle en est morte.

La bourrasque grossissait. Des gouttes lourdes giclaient et bondissaient sur les vitres.

– On dirait que nous sommes embarqués, dit Montagard.

– Embarqués, fit en écho Lebrun. La vérité, je vais te l'apprendre. Tout a changé ici lorsque s'est ouvert le pavillon tilleul qu'on appelle encore le pavillon A. Tilleul est plus poétique, A est plus administratif. Desportes n'y reçoit que des convalescents, hommes ou femmes, de plus de soixante-cinq ans, en provenance des hôpitaux de Beaulieu et de Saint-Macroix. Ils n'y séjournent pas plus de deux mois.

« Il estime que de cette façon l'établissement respire et n'est plus voué à l'asphyxie. Il est très content. La plupart des convalescents retournent chez eux ou dans leur famille lorsque leur séjour est achevé. De temps en temps, il s'y glisse une ou un désorienté, ou une malade que les enfants ne veulent plus reprendre. Desportes s'empresse alors de réexpédier l'indésirable à l'hospice ou de le muter dans une infirmerie de l'hospice. »

– Mais alors l'entassement y est le même.

– Certainement. Je ne vois pas comment l'hospice pourrait changer. Il répond à une nécessité. Il faut bien que les gens meurent quelque part.

– En somme, reprit Montagard, Le Hardouin reste encore un village de vieillards. Le pire serait que nous soyons cernés par la ville.

Elle s'illuminait tandis que, plus proches, les fenêtres de l'hospice s'allumaient. Des phares trouaient l'obscurité pluvieuse sur l'ancienne levée. Montagard fut gagné par une bouffée de chaleur. Son visage s'empourpra. Il était atteint depuis quelque temps par ce nouvel inconvénient. Lebrun s'était levé et de ses doigts malhabiles fouillait le tiroir de la table. Il en tira une feuille de papier sur laquelle étaient tracées quelques lignes d'une écriture minuscule. Montagard parcourut la lettre qu'il plia soigneusement avant de la rendre.

– Il m'arrive de recevoir du courrier, dit Lebrun, mais je ne parviens pas à le lire.

– C'est une lettre de Renaudin. Sa femme est malade et a dû être hospitalisée.

– Pourtant elle ne doit pas être tellement vieille.

– Soixante-quinze ou soixante-seize ans, si je me souviens bien. Tu te la rappelles, quelle garce !

– Je ne crois pas qu'elle était une garce. Seulement elle ne pensait pas qu'elle pouvait mourir. Elle aimait la vie et elle l'aime encore peut-être.

– Si elle aime la vie je ne comprends pas qu'elle ne

pense pas à la mort, dit Montagard. Ton raisonnement est stupide.

Il y eut un long silence que vinrent troubler les pas précautionneux des pensionnaires se rendant dans le hall pour y attendre l'heure du dîner.

– Cette nuit, reprit Lebrun doucement, j'ai pensé à toi, à nous. Accepterais-tu que nous partagions la même chambre ? Ce serait moins onéreux pour l'un et pour l'autre.

Le vent continuait à souffler en tempête. La pluie noyait les vitres. Lebrun paraissait ému en attendant la réponse. Le tremblement de ses doigts se fit plus vif.

– Nous pourrions nous entraider.

– Pourquoi pas, dit Montagard. Rien ne nous a jamais séparés et nous arrivons à un âge où nous pouvons avoir besoin l'un de l'autre. Mais nous allons nous heurter à des difficultés administratives. Il faut obtenir le consentement du directeur.

– Je m'en suis occupé. Nous aurons l'autorisation. En tout cas, Orsini me l'a promis.

– Entendu. Je me demande seulement quelle chambre nous sera attribuée. Je n'aimerais pas me retrouver dans celle que nous occupions ma femme et moi.

– J'y ai pensé. Nous aurons la chambre située entre celle de Syntheuil et celle de Tavernier.

De nouveau, des phares illuminèrent la levée. La main de Lebrun glissa vers celle de Montagard. Celui-ci la retira vivement.

– Nous serons deux amis, dit Lebrun.

Montagard se tut. L'amitié, c'était un bien grand mot ! Il eut envie de sourire. L'amitié est une vertu noble et exigeante. La gravité du visage de Lebrun le retint. De son regard émanait une sorte d'appel.

– Je ferai ce que tu voudras, dit-il.

Il posa une dernière question sans importance :

– Et Bernard ?

– Il est à l'infirmerie depuis un mois. Il buvait beaucoup.

Dès le surlendemain, ils partagèrent la même chambre. Montagard avait invité Lebrun à occuper le lit le plus proche de la table. Il pourrait continuer à écrire plus facilement. La lampe était à portée de sa main.

Ils s'installèrent. Lebrun déposa ses cahiers, son stylo, ses crayons, une gomme, une loupe, un grattoir sur la table. Montagard fixa ses cartes au mur.

Ils prirent leurs habitudes. Comme le temps était maussade à l'approche de la Toussaint, Montagard, lui aussi, avait renoncé à sortir. Une nouvelle vie semblait commencer pour eux. Chacun s'efforçait de respecter la liberté d'autrui et de ne jamais enfreindre la règle d'un rigoureux savoir-vivre.

Montagard parlait peu et lisait beaucoup : des livres d'Histoire, des magazines. Il s'intéressait surtout à la guerre.

– À quelle guerre ? demanda Lebrun.

– La seule, la vraie, la grande.

Il n'achetait plus les journaux. Les événements récents ne l'intéressaient plus.

Étendu sur son lit, il s'exclamait tout à coup :

– Ah ! celui-là, quel bonhomme ! Quelle brute ! La contre-offensive du 18 juillet sur le Matz !

– Quel 18 juillet ?

– Seuls peuvent comprendre ceux qui ont entendu raconter ces choses, répliquait Montagard. Tais-toi et écris.

Et soudain ironique :

– Je me demande pourquoi tu continues à cacher tes cahiers ? Et d'abord, pourquoi écris-tu ?

– J'ai toujours écrit, répondait Lebrun. Autrefois, j'écrivais ce que ne je pouvais pas dire. Je m'exprimais ainsi. Maintenant, j'écris par habitude. D'ailleurs je n'y parviens pas quand tu me regardes. Ta présence me gêne.

– Je peux sortir, disait Montagard en souriant.

– J'ai honte mais je ne souhaite pas que tu t'en ailles. J'ai simplement l'impression que tu me juges.

– Tu as peut-être raison, reprenait Montagard, taquin. Je te juge parce que tu voles ton temps aux autres. Tu t'isoles, tu es absent.

– J'écris de moins en moins, je ressasse.

– Tu finiras par recopier, comme Syntheuil.

– C'est possible.

Lebrun contemplait ses crayons. Il les taillait avec volupté. Les cahiers étaient en ordre, bien empaquetés, ficelés.

Plus Montagard réfléchissait à ses lectures, plus il aurait souhaité qu'il ne se fût rien passé. Depuis plus de soixante ans, un voile noir était tombé sur l'histoire de son pays. Après la saignée du début du siècle qui avait laissé les campagnes exsangues, il avait connu la honte, les sacrifices inutiles, l'humiliation d'une défaite sans précédent, la captivité sur une terre étrangère, la lente dispersion du peuple paysan. Il savait bien, lui, avec son bon sens, que si son pays avait été présent lors de l'ultime bataille, il n'avait pas gagné la guerre.

Alors en maugréant, il jetait le magazine au pied du lit.

– Je ne comprends pas, disait-il. Il y a toujours des gens pour prétendre s'être opposés à une invasion ou avoir favorisé un débarquement.

– Comme Tavernier.

Et Montagard sortait dans le couloir pour se dégourdir les jambes.

Le soir, comme deux ans plus tôt, ils se réunissaient dans le hall avec Tavernier et Syntheuil. Renaudin manquait comme beaucoup d'autres. Les rangs s'éclaircissaient. Syntheuil était toujours enveloppé dans une longue robe de chambre grise sur laquelle il bavait.

Montagard retrouvait une chaleur auprès de ses compagnons, bien que, le plus souvent, tous quatre demeurassent silencieux. Mais l'écran du téléviseur ne projetait plus sur le hall une vague clarté. Il n'existait plus de spectateurs. Qu'il était loin, le temps de l'animation ! Souvent Syntheuil s'endormait. Quant à Tavernier, il paraissait indifférent et perdu dans un songe.

Un soir pourtant, il dit :

– La reprise de la guerre est plus proche que vous ne le pensez. Mais je veille.

Ils se regardèrent et Tavernier se tut. Lebrun ne semblait pas étonné par les propos de l'ancien officier. Il avait seulement ébauché un haussement d'épaules vite réprimé. Saint-Pierre, dans le lointain, n'était qu'un scintillement lumineux. Les fenêtres du pavillon tilleul étaient encore éclairées et se réfléchissaient dans les eaux de l'estuaire.

Comme il était l'heure où ils regagnaient habituellement leurs chambres, Tavernier invita Montagard à venir lui rendre visite l'un de ces prochains jours. Montagard accepta cette invitation.

Lorsque Montagard et Lebrun furent réunis, le premier, quelque peu étonné, voulut s'informer auprès de son compagnon des paroles prononcées par Tavernier. Lebrun se déshabillait avec maladresse et Montagard lui offrit de l'aider.

– Pas encore, dit Lebrun. Il paraît que cette gymnastique m'est salutaire.

Il déposa en tremblant son pantalon sur le dossier de la chaise après l'avoir soigneusement disposé pour en conserver le pli.

– Ce que tu es raide, mon pauvre vieux, dit Montagard.

– Tavernier est fou mais il n'est pas dangereux. Depuis plusieurs semaines, il passe ses matinées à observer le rivage à l'aide d'une lunette. Il s'est mis en tête qu'un débarquement est proche. Il ne peut supporter d'attendre sans but. Alors, il espère toujours qu'un événement se produira.

Montagard songea que, lui aussi, au début de son premier séjour avait été atteint de la même obsession. Cette attitude était compréhensible lorsqu'on arrivait ici. Il en fit la remarque à Lebrun qui se glissait entre les draps.

– Il est certain, dit celui-ci, que nous avons tous connu pareil passage. Mais cette période a été courte. Tavernier m'étonne non seulement par sa constance mais plus encore par son imagination et par l'interprétation de tout ce qu'il prétend voir.

Et Lebrun tira le drap sous son menton et s'endormit.

Dès le lendemain matin, Montagard frappa en curieux à la porte de Tavernier.

– Qui va là ? lui répondit une voix grave.

Montagard se nomma.

– Vous pouvez entrer.

Tavernier étais assis à califourchon sur une chaise devant la fenêtre. Il avait appuyé une lunette sur le dossier. Il fit signe à Montagard de s'approcher.

– Regardez, lui dit-il.

Montagard appuya son œil et vit.

– Je ne vous mentais pas, dit Tavernier qui s'était dressé. Regardez au septentrion, au nord des immeubles récemment construits sur la côte.

Montagard apercevait une forme lointaine, noire, qui lui parut à demi immergée.

– C'est un navire coulé, dit Tavernier. Il ne portait probablement que des observateurs à la recherche d'une plage propice à un débarquement.

– Ou à une infiltration clandestine, ajouta Montagard incrédule en souriant.

– Vous l'avez dit.

Montagard avait vu en effet. Il ne savait pas trop quoi. Cependant, il ne pouvait douter que cette forme fût nouvelle. Du moins, elle avait échappé jusqu'ici à son regard.

– Réfléchissez avec bon sens, reprit Montagard. Pourquoi un navire ? Et pourquoi un navire coulé ?

– J'aimerais le savoir. Récifs ou bas-fonds peut-être.

L'espoir s'était levé dans l'esprit de Tavernier.

Des cartes étaient ouvertes sur la table. Tous deux s'y penchèrent. Tavernier y avait indiqué un tracé au crayon rouge : ligne brisée qui se dirigeait laborieusement vers l'océan en joignant des villages aux noms inconnus : Montaigu, Moulin-de-Givry, Saint-Florentin, Saint-Fiacre, Machecoul, Saint-Fulgent. Les noms étaient à peine lisibles. La carte sur laquelle travaillait Tavernier était fort ancienne.

– Ceci ne vous rappelle rien ?

– Rien, dit Montagard.

– Même pas Savenay ?

– Non.

– Aucune importance, reprit Tavernier en haussant les épaules.

Montagard que commençait à gagner un certain inconfort convia Tavernier à passer dans sa chambre pour consulter la carte marine. Aucun écueil n'y était signalé.

– C'est beaucoup plus au nord, dit Tavernier.

Il posa sa main valide sur l'épaule de Montagard.

– Soyons discrets. Demain, nous partirons en reconnaissance.

Ils atteignirent la côte et marchèrent longtemps vers le nord. Tavernier, en raison de sa paralysie, ne marchait qu'avec peine. Ils parcoururent pourtant une longue distance et ne s'arrêtèrent que lorsque le soir tomba. En dirigeant ses jumelles vers le nord, Montagard crut discerner des roches émergées. Derrière elles, il distinguait l'assaut tumultueux des vagues qui, après s'être brisées sur cette forme, semblaient la circonvenir. Elles s'avançaient de la haute mer puissantes et menaçantes, assurées de leur masse et de leur fluidité. Montagard n'était pas sûr que la forme découverte ne se balançât pas à la surface de l'océan. Il essayait malgré lui de lui trouver une ressemblance :

– À certains moments, murmura-t-il, on dirait qu'il s'agit d'un immense corps de femme.

Cette image devint obsédante.

– C'est une hallucination, dit-il en passant ses jumelles à Tavernier. Si je vous écoutais…

– Mais nom de Dieu ! s'exclama ce dernier, ce n'est pas

un navire mais une flotte ! Ils sont en avance. Rien n'était prévu avant le printemps.

La raison de Tavernier vacillait. Au nord-est des fumées s'élevaient, lointaines sur le ciel gris qu'un rougeoiement embrasait parfois : fumées d'usines, de forges ou de constructions maritimes. Les deux hommes ne devaient pas être très éloignés des faubourgs de Saint-Macroix.

– Allons, dit Montagard, il est l'heure du retour. Si vous ne voulez pas que nous nous égarions, suivez-moi.

Le bras de Montagard enveloppa l'épaule de Tavernier.

– Comprenez-moi, vous avez seulement vu quelque chose dont nous ignorions la présence.

Tavernier, mécontent qu'on l'arrachât à sa fascination, bougonna :

– Présence insolite.

– De là à penser qu'il s'agissait d'une flotte, il y a un pas que le bon sens interdit de franchir. Ce n'était peut-être qu'une épave ou même rien du tout.

– Il faut voir au-delà des choses, grogna Tavernier. Le rôle d'un chef est de prévoir.

Mais ce débarquement vous le souhaitez ou vous le redoutez ?

– Je l'attends. De toute façon, il serait une délivrance.

Ils avançaient dans la nuit et leurs pas s'enfonçaient dans le sol mouvant. Ils longèrent un marais et Montagard écartait du bras des bouquets d'ajoncs. Ils débouchèrent bientôt sur une étendue sablée et de très loin Montagard repéra les lumières de l'hospice. Saint-Pierre qu'ils appelaient désormais « la ville » précisa bientôt son ordonnance étoilée et Montagard eut l'impression qu'elle s'était encore étendue.

Sauf au nord préservé, maîtrisée à l'ouest par l'océan, elle projetait ses tentacules vers le plat pays. Plus inquiétant encore, ce boulevard circulaire qui commençait à se dessiner et qui venait mourir d'une part sur la côte et d'autre part sur le nouveau quai de l'estuaire d'où il menaçait les arrières de la Résidence.

Le nord lui-même serait un jour conquis par les immeubles et les routes qui uniraient l'estuaire à Saint-Macroix.

Ils se dirigeaient vers l'hospice dont la masse plus claire que la nuit les guidait. C'est alors que Montagard sentit un frisson lui parcourir l'échine. Les muscles de ses jambes tremblèrent. La fatigue le gagnait et ses os devenaient douloureux.

Bientôt l'hospice se découpa distinctement sur le ciel. Une voiture était arrêtée devant la porte. L'arrière de la voiture béait. Deux hommes paraissaient en repousser les sièges. Ils comprirent qu'ils s'efforçaient d'extraire la couchette d'une ambulance. Ils eurent juste le temps d'apercevoir une forme humaine couchée que l'hospice absorba.

Lebrun s'était endormi dans un fauteuil de la chambre. L'arrivée de Montagard l'éveilla.

– D'où viens-tu? demanda Lebrun. J'étais presque inquiet.

– J'ai accompagné Tavernier jusqu'à la côte. Je voulais lui montrer qu'il était victime d'hallucinations.

Montagard jeta son imperméable sur le lit, contempla son visage dans la glace du cabinet de toilette puis vint s'étendre.

– Tavernier m'a crevé, murmura-t-il.

Ils entendirent celui-ci marcher de son pas heurté dans

la chambre voisine. Montagard ferma les yeux et croisa ses bras sur sa poitrine.

– Avec des gens comme ça, reprit-il à voix basse, on ne sait jamais où se trouve la vérité. Il finirait par convaincre.

Il transpirait et la fièvre battait ses tempes.

– Ah, non ! s'écria Lebrun, tu ne vas pas, toi aussi, commencer à délirer. Depuis que je suis ici, j'en ai connu au moins cinq qui avaient perdu la tête. Dans une résidence comme la nôtre il se trouve toujours quelques égarés. Tant qu'on ne s'occupe pas d'eux, ils vous foutent la paix. Malheur à celui qui entre dans leur jeu. Disons que Tavernier est atteint d'un délire militaire.

– Ne t'emporte pas, dit Montagard. Ce n'est qu'une façon d'échapper à l'angoisse. Tavernier attend n'importe quoi, quelque chose qui change sa vie. Il appelle.

– Qui ou quoi ?

– Du nouveau.

Une voix anonyme nasillait dans le poste de radio de Lebrun.

– Du nouveau. Est-ce ce qui nous manque ? Est-il si banal de voir grandir une ville ?

– Rien de plus commun dans notre temps et ça n'intéresse pas Tavernier, murmura Montagard d'une voix si faible que Lebrun se leva et se pencha sur lui.

Il toucha de ses doigts le front moite de Montagard.

– Tu es malade ! s'exclama-t-il. Tu as la fièvre.

Montagard ne répondit pas. Le sommier de son lit gémit sous son poids lorsqu'il se tourna face au mur.

Lebrun, agité, marchait dans la chambre. Montagard écoutait les bruits de vaisselle venant de la cuisine. On disposait la table pour le repas du soir. Lebrun s'installa à la table et se prépara à écrire.

Tavernier entrouvrit la porte :

– Quel temps demain ? demanda-t-il.

Le poste de radio grésilla :

– Vent d'ouest, ciel couvert, pluies intermittentes.

– Merci, messieurs, dit Tavernier.

– Tu ne veux pas dîner ? demanda Lebrun.

– Donne-moi un comprimé.

Montagard s'assit sur le lit pour boire. Sa tête tournait.

– Veux-tu que j'avertisse l'infirmière ?

– Surtout pas. Aide-moi à me déshabiller.

Lebrun avec maladresse et précaution aida son compagnon à se défaire de sa veste et de son pantalon.

– Mal foutu, bougonna Montagard.

Alors commença pour Montagard et Lebrun un siège qui devait durer plusieurs mois. Ils connurent tour à tour l'espoir et le désespoir. Montagard était souffrant et il fallait à tout prix que Lebrun l'aidât à dissimuler sa maladie.

Était-ce vraiment une maladie ? Plutôt une fatigue incompréhensible qu'accompagnaient chaque soir la montée de la fièvre et la reviviscence de douleurs et de courbatures.

Il s'agissait avant tout de ne pas donner l'éveil et de ne pas susciter les soupçons de l'infirmière et de Mme Legros. Elles n'auraient pas manqué d'avertir Desportes.

Aussi Montagard s'efforçait-il de paraître chaque jour à l'un ou l'autre des repas. Autour de la table, les vides étaient de plus en plus nombreux et Mme Legros n'avait pas encore songé à faire serrer les convives. Chacun demeurait à la place qui lui avait été assignée autrefois.

Si les autres pensionnaires le questionnaient sur sa santé, Montagard répondait que l'âge l'avait brusquement surpris et il s'étonnait de cette fatigue qui, espérait-il, ne serait que passagère. Le regard de ses compagnons l'assurait pourtant du contraire. Il tâchait de faire bonne contenance et d'apparaître encore comme un homme soigné dans son vêtement bien que celui-ci fût de plus en plus élimé. Maria n'était plus là pour le surveiller.

Il ne sortait plus et il n'était pas le seul. Le temps n'était pas engageant. Finalement sa vie était devenue semblable à celle des autres pensionnaires. Acceptant son état, il restait le plus souvent étendu sur son lit et avait renoncé à ses veillées passées auprès de Syntheuil, de Lebrun et de Tavernier.

Montagard se couchait de bonne heure et Lebrun qui l'entourait d'attentions, après avoir griffonné quelques lignes sur son cahier, s'installait auprès de lui pour lui lire quelques passages d'un livre consacrés à l'Histoire. Car l'Histoire contient les seuls faits dignes d'attention pour un vieillard.

Le tremblement de Lebrun s'accentuait, sa vue devenait de plus en plus basse et son élocution plus difficile.

Malheureusement, les récits qui leur étaient offerts étaient peu variés. Ils racontaient toujours des événements semblables. Il n'était question que de batailles, d'attentats, d'espionnage. La guerre était partout et toujours actuelle. Les massacres ensanglantaient la terre et les déportations emplissaient les camps et les prisons. La délation conduisait à la torture. Jamais l'homme n'avait montré autant de cruauté.

Et la cessation des hostilités n'amenait pas la paix. D'autres délateurs apparaissaient. Ils écumaient de rage et la vengeance les habitait. Ils fusillaient à leur tour, souvent sans raison, arrogants dans leur triomphe et ivres de sang. Les divisions et les haines coupaient les nations en deux et la faim continuait à régner. Au nom de la Liberté et après des parodies de justice, les plus forts du moment tuaient à nouveau et les exécutions étaient orchestrées par la propagande.

– Il ne faut pas se souvenir, disait Montagard. C'est le passé. Il faut l'oublier.

– Je ne le peux pas ! s'exclamait Lebrun avec indignation. Je ne finirais pas mes jours ici si cette révolution n'avait pas eu lieu.

– Quelle révolution ?

– Je m'entends. Les arrestations arbitraires, les tribunaux d'exception. Je ne supporte pas les mensonges dont l'Histoire écrite aujourd'hui par des partisans se nourrit. Quarante mille morts, pour le moins !

Rien n'était aussi triste que Lebrun remâchant sa rancune à la fin de sa vie dans la pénombre de cette chambre perdue, loin de son sol, près de l'océan. D'autant plus triste qu'incertain était le temps auquel Lebrun se référait. L'Histoire était remplie de ces retournements quand les minoritaires d'un jour devenaient les maîtres du lendemain.

Un soir, Lebrun confia à Montagard que sa femme avait été abattue sur le seuil de leur maison d'une rafale de mitraillette par des inconnus. Par erreur sans doute.

Tous deux restèrent silencieux :

– Couche-toi, mon vieux, fit Montagard.

L'autre obéit en essuyant une larme. Il se glissa entre les draps et Montagard se demanda quelle pouvait avoir été la vie de son compagnon. Probablement une vie semblable à celle de beaucoup d'autres. Peut-être était-ce sa propre histoire que Lebrun transcrivait sur ses cahiers secrets.

L'hiver se prolongeait. Personne de la Résidence ne se rendait plus à Saint-Pierre. À la ville, l'animation était de plus en plus grande, les visiteurs de plus en plus nombreux. Ils fréquentaient les bureaux des agences immobilières pour acquérir un terrain ou acheter un appartement. Ainsi se développait la spéculation immobilière qui avait été longtemps freinée par le voisinage de l'hospice. Partout la publicité retenait l'attention des promeneurs.

Au fur et à mesure que les jours passaient, les douleurs de Montagard devenaient, sans être aiguës, de plus en plus tenaces. La position couchée se faisait intolérable. C'était toujours la même souffrance des os du bassin et de la colonne vertébrale. Elle s'exaspérait au milieu de la nuit et son intensité progressait avec sûreté et lenteur. Alors, il se levait pour marcher dans le couloir avant de regagner son lit.

Pendant quelque temps Montagard avait cru que le bruit de goutte à goutte provenant d'une fuite de la chasse d'eau contribuait à gêner son sommeil. Il avait fallu attendre plus de deux mois avant que la réparation fût faite. Les services d'entretien de l'établissement étaient retenus par les installations sanitaires des pavillons que les entrepreneurs avaient livrées avec des malfaçons.

Finalement, un plombier avait consenti à faire une réparation provisoire. Depuis, le bruit agaçant s'était tu. Les nuits étaient à peu près silencieuses. Montagard ne dormait pas mieux. Son agitation nocturne troublait le sommeil de Lebrun et l'éveillait; le dévouement de Lebrun demeurait exemplaire. Chaque soir, il apportait à Montagard des calmants qu'il s'était procurés clandestinement. Ceux-ci ne pouvaient offrir qu'un soulagement passager.

– Il te faudrait des piqûres, disait Lebrun.

– Surtout pas. Il faut que nous passions inaperçus.

– Ton attitude est tout de même absurde, bougonnait Lebrun assis sur son lit, découragé.

– Mon vieux, reprenait Montagard, ton état n'est pas plus brillant que le mien. C'est entendu, tu vas et viens encore mais pour combien de temps ? Nous sommes embarqués sur le même bateau. Si nous étions découverts, on nous transporterait tous les deux dans une infirmerie de l'hospice.

Lebrun se taisait. Il partageait cette même crainte.

– Que faut-il faire alors ?

– Éteindre la lampe. Les veilleurs pourraient nous surprendre s'ils apercevaient la lumière sous la porte. Il faut nous taire et tenir tant que nous pourrons.

Autant que la maladie et la vieillesse, les médecins étaient les assiégeants. Montagard ignorait que Lebrun avait mis Fangio au courant de leur situation. Fangio gardait le secret et c'était lui qui procurait les calmants.

Montagard essayait de se rendormir. Il appliquait sa main gauche sur sa cuisse où, à l'aine, était apparue depuis quelques jours une petite tuméfaction de la taille d'un haricot qui roulait sous ses doigts. Son autre bras était comme d'habitude sur son front.

Chaque matin, il était repris par la même espérance. Dans quelques mois ou dans quelques semaines, un nouveau pavillon serait ouvert et on y soignerait les malades de la Résidence et les infirmeries de l'hospice seraient fermées. Il disposerait d'une chambre pour lui seul et échapperait à la promiscuité. À l'hospice, jamais !

Lebrun était cependant surpris par l'obstination de son compagnon. Il trouvait, lui aussi, que le partage de cette chambre devenait de plus en plus inconfortable.

– Tu vas me faire crever, disait-il.

– Nous crèverons ensemble. Je pensais être plus courageux et plus détaché que je le suis. J'aime encore la vie. D'ailleurs, tu pourrais toi-même avoir besoin de moi.

Et il ajoutait ironique :

– Je tâcherai de ne pas t'abandonner.

Lebrun se serait volontiers passé d'une telle fidélité.

Montagard, quant à lui, s'accrochait à la présence de son compagnon dont les plus humbles manies lui étaient devenues familières et chères. Elles meublaient sa vie : telle la façon dont Lebrun avait l'habitude de se moucher bruyamment, ou celle de s'asseoir sur son lit, en ahanant, pour dénouer les lacets de ses chaussures, telle la grimace de sa bouche édentée lorsqu'il soufflait sur la flamme de son briquet.

Allons, l'hiver passerait ainsi. Montagard continuait à se traîner à la salle à manger pour y occuper sa place.

Il constata, un jour, que Mlle Touraine avait disparu. Il apprit qu'elle était morte.

Lui, il ne goûtait plus guère à la nourriture.

Cette chambre, dans laquelle Lebrun et Montagard soutenaient un siège, était devenue peu à peu, comme il est naturel, un observatoire. Chaque matin, Lebrun épiait l'horizon mais sa vue trop faible ne lui permettait pas de recueillir des renseignements importants. Il discernait seulement une portion de plus en plus réduite de rivage océanique toujours ourlé d'écume. Tout semblait somnoler à nouveau sous l'hiver.

Un matin, Montagard, assis devant le lavabo, achevait sa toilette. Lebrun avait ôté le feuillet de l'éphéméride. Le jour se levait, gris. Ils entendirent la sirène lointaine d'un chalutier croisant devant la côte.

Tavernier, toujours vigilant, avait remarqué l'agitation qui, depuis quelques jours, régnait à certaines heures auprès du pavillon réséda, dit encore pavillon B.

L'observation était pourtant malaisée. Ce pavillon était en partie masqué par un bâtiment cubique qui, selon les projets, devait abriter la cafétéria, les salles d'ergothérapie, le salon de coiffure de ce qui serait plus tard un vaste ensemble gériatrique.

Comme cela s'était produit lors de l'occupation du pavillon A, on avait commencé à décharger des chaises et des tables, des fauteuils et des lits sur le terre-plein. Fidèle à son obsession, Tavernier avait interprété ce fait comme un mouvement d'état-major. Il avait gardé ce secret pour lui.

Montagard et Lebrun s'en aperçurent presque en même temps. Et comme Montagard était habité par l'espoir, il saisit la main de son compagnon et la tint serrée. Il était d'autant plus heureux que, depuis la veille, la fièvre et les douleurs l'avaient une fois encore abandonné. Ce répit était le bienvenu.

Sa vigueur retrouvée put lui permettre d'observer durant la matinée les mouvements qui s'opéraient au voisinage du nouveau pavillon. Desportes s'affairait auprès de M. Legrain.

Montagard commenta longuement cette nouvelle conquête. Il était satisfait. Décidément on pouvait compter sur les hommes qui n'avaient pas renoncé dans leur entreprise et dont lentement les projets se réalisaient.

Pourtant, il vit bientôt apparaître quelques vieillards, hommes et femmes, qui emmitouflés dans leurs manteaux ou leurs robes de chambre quittaient tristement le pavillon des convalescents. Ils marchaient en file et se dirigeaient par l'allée couverte vers le pavillon B. Chacun portait sa valise. Tous étaient chaussés de pantoufles, ce qui semblait indiquer que le voyage serait court. Eux aussi avaient l'aspect d'émigrants se rendant d'un gîte vers un autre ou de déportés éveillés au petit matin pour marcher vers les camps de l'exil. Les infirmières tentaient de maintenir une apparence d'ordre autour de leur cortège.

– Nous ne sommes pas concernés, dit Montagard, dégrisé.

– Combien sont-ils ? demanda Lebrun.

– Une dizaine. Quant à savoir pourquoi ces convalescents ont été conviés à cette promenade matinale, nous l'ignorerons peut-être toujours ? Les uns s'appuient à des cannes, d'autres se protègent du froid en plaçant leurs mains devant leur poitrine. J'aperçois la buée de leurs haleines.

Montagard se tut un instant. Puis, se levant de sa chaise :

– C'est fini, dit-il. Ils sont entrés. J'avais tort d'espérer.

La fin de la matinée s'écoula dans cette déception. Au cours du déjeuner, ils apprirent enfin que M. Legrain et Desportes avaient tout simplement décidé de transférer une partie de la population des convalescents au pavillon B. Tous ceux qui, pour une raison quelconque ne s'étaient pas montrés capables de regagner leur domicile, avaient été mutés dans ce nouveau pavillon, dit désormais « pavillon de suite ».

Lebrun fit remarquer que cela ne signifiait rien.

– Ni l'administration ni Desportes n'ont trouvé de solution. Tous ces pauvres vieux finiront leurs jours comme nous, à l'hospice.

– Tu as probablement raison, dit Lebrun

Les survivants des « Cèdres » oublièrent peu à peu cet événement d'un matin. Rares étaient ceux qui y avaient prêté attention. Le père Syntheuil déclinait. Il ne pouvait plus peindre et ses fugues étaient de plus en plus fréquentes bien qu'inutiles. Depuis longtemps il s'ennuyait et souhaitait disparaître. Il s'éloignait en direction du pont, hanté par l'appel de la noyade. Toutes ses tentatives avaient été infructueuses. Chaque fois la lenteur de sa marche avait permis qu'on le rattrapât. Il regrettait qu'on ne lui laissât pas cette liberté dernière puisque son existence était une condamnation.

Par contre, Tavernier travaillait de plus en plus dans sa chambre. Il élaborait des plans avec croquis à l'appui et un règlement destiné en cas de conflit aux pensionnaires des « Cèdres » où siégerait sous ses ordres l'état-major.

On ne savait toujours pas s'il souhaitait ce débarquement ou s'il lui était hostile et les phrases saisies au vol au cours de sa conversation ne pouvaient éclairer Lebrun et Montagard sur ses vœux : « Il faudra nous montrer insaisissables », ou bien : « Nous attendons le Prince », disait-il.

Lorsqu'il avait longtemps travaillé à la préparation de ses plans de feux, il aimait à se retrouver parmi ses camarades. Il n'avait pas perdu tout humour :

– Ah, mon cher, disait-il en regardant Syntheuil, sur la fin de votre vie, vous allez devenir un peintre de batailles.

Et quand Montagard somnolait, gagné par la fatigue :

– Si vous êtes malade, il faudra vous faire évacuer.

Il s'enflammait parfois :

– Il n'empêche que si, un jour, je déclare l'état d'urgence et qu'Orsini contrecarre mes projets, je le tirerai comme un lapin.

Ni Montagard, ni Lebrun, ni Syntheuil ne prêtaient attention à ses propos. Et devant leur mutisme, tirant avec nonchalance sur sa pipe, il reprenait une attitude énigmatique, le visage tordu mais immobile, les genoux croisés.

Les autres regardaient les lumières de plus en plus nombreuses de la ville et les feux orange clignotant aux carrefours. L'estuaire limitait encore l'extension de la cité. Mais les alentours de la Résidence s'étaient transformés en un quartier suburbain. Des baraques en planches s'y édifiaient peu à peu. Un nouveau café s'était ouvert, un caboulot. Il avait emprunté l'enseigne de Kermadec, « Au marronnier centenaire ».

Le sol de la route était parsemé de flaques d'eau dont la surface se frisait sous le vent. Comme dans toutes les banlieues récentes, le vent chassait devant lui de vieux journaux et soulevait des cartons. Les détritus fournissaient aux rats une pitance inespérée.

Desportes, arrivé tôt, s'enfermait chaque matin dans son bureau. Dès que les familles et les hôpitaux avaient été informés de l'ouverture des pavillons, les demandes d'admission avaient aussitôt afflué, même des contrées les plus lointaines.

Desportes brassait des dossiers concernant des vieillards. Il devait pourtant procéder à un tri et, dans la mesure où il le pouvait, n'accepter que des convalescents encore valides. De là de longues tractations non dépourvues d'acrimonie entre Desportes et sa fidèle secrétaire d'une part, les assistantes sociales hospitalières et les familles d'autre part. Toutes cherchaient à placer à tout prix leurs vieillards impotents.

Dans les dossiers que compulsait Desportes il n'était souvent question que de dépression mineure, de fragilité cérébrale, de porose osseuse, d'arthrose, de surdité. Il fallait savoir lire entre les lignes, apprendre à déchiffrer un code pour savoir ce qui se cachait sous les mots et pour dessiner une esquisse de l'impétrant.

Les assistantes sociales pressées par les internes des hôpitaux essayaient de minimiser l'impotence des candidats présentés. Desportes aurait voulu se montrer intraitable. On arrivait le plus souvent à un accord ou à un échange.

Desportes cependant reculait de plus en plus l'échéance en repoussant les dates d'admission, espérant que d'ici là… Ce marchandage aboutissait à un trafic de vieillards dont, malgré son attitude, Desportes reconnaissait l'absurdité.

Il ne pouvait ignorer que, en fin de compte, beaucoup de convalescents qu'il acceptait de recevoir ne pourraient regagner leur domicile et que dans trois ou quatre ans il faudrait bien réserver un pavillon pour accueillir des grabataires. Il serait, tôt ou tard, acculé à cette nécessité. Il l'éludait encore, guidé tantôt par un comportement instinctif de défense, tantôt par une attitude réfléchie lorsqu'il songeait à l'absence de personnel. Ce temps était marqué par le manque de vocation et par la répulsion qu'éprouvait chacun à soigner de ses mains ses semblables et à assister les mourants.

Trois ou quatre ans, c'était loin ! Il serait peut-être mort avant.

Pourtant nul ne pouvait douter que la médicalisation de l'établissement progressait. Le nombre des stagiaires s'accroissait puisque les hôpitaux de Beaulieu et de Saint-Macroix ne pouvaient tous les recevoir. Et certains d'entre eux s'intéressaient à la gériatrie.

Depuis quelques semaines, des consultations de cardiologie, d'ophtalmologie, de psychiatrie étaient ouvertes. Desportes avait vivement souhaité qu'on allât de l'avant et M. Legrain l'avait encouragé. M. Legrain était un allié fidèle. Il fallait être dans le vent. L'essai était à tenter. Il avait réussi car les malades se pressaient à ces consultations.

Cette activité demeurait assez étrangère à la Résidence. Le temps passait et Montagard traînait à nouveau sa fatigue. La chambre qu'il partageait avec Lebrun était devenue le rendez-vous des veillées.

Ces messieurs avaient essayé de jouer aux cartes. Ils avaient vite renoncé à ce divertissement que Montagard n'avait d'ailleurs jamais beaucoup apprécié. Syntheuil, après des efforts méritoires, avait été jugé incapable de participer à ces jeux tant sa mémoire défaillante y apportait une fantaisie que Tavernier jugeait contraire à sa dignité. Il ne pouvait se débarrasser de ses souvenirs d'officier captif et de raconter les parties mémorables de bridge qu'il avait disputées. Le bridge était un jeu noble qui convenait aux gens d'une certaine éducation tandis que la belote n'était qu'un passe-temps réservé au vulgaire.

Une tension commençait à gâter les rapports amicaux qui avaient régné jusqu'ici entre Montagard et Lebrun.

Montagard était maintenant agacé par les nouvelles habitudes prises par son compagnon dont la préoccupation essentielle était désormais la constipation. De là, le rite vespéral de l'absorption de pilules laxatives, du choix d'un papier hygiénique placé sous son traversin dans la crainte qu'une selle inattendue mais souhaitée ne l'obligeât à se lever brusquement pendant la nuit. Espoir toujours déçu d'ailleurs.

Mais l'attitude de Montagard, cloîtré dans sa maladie et dans sa faiblesse, ne pouvait demeurer longtemps supportable. Lebrun estimait que son compagnon de chambre empoisonnait les derniers temps qui lui restaient à vivre en l'obligeant à des soins de garde-malade.

– Il faut te rendre à l'évidence, disait-il.

– Quelle évidence ?

– Je me demande ce que ça peut te foutre que de crever ?

– Je n'ai pas peur de crever mais de souffrir et d'être longtemps malade. Il est indécent d'offrir le spectacle de son déclin. Je me moque de la mort mais j'ai peur d'être absent.

– Tu aimes trop la vie.

– Parfaitement.

Montagard serrait les dents et rongeait son frein. Il sentait se dissoudre cette amitié qu'il avait crue véritable. Rien ne le protégeait plus. L'insécurité allait croître de jour en jour.

Ces scènes suivies de réconciliations fictives l'épuisaient.

En face de son lit où il restait le plus souvent étendu, la fenêtre découpait un paysage dont aucun détail ne lui était étranger : l'hospice, l'estuaire, les oiseaux qui le survolaient, les immeubles construits au nord de la plage et le fracas de l'océan et le sempiternel souffle du vent.

Un jour, Montagard reçut la visite de sa belle-fille. Il ne l'attendait pas. Il n'avait pas rencontré Marianne depuis trois ans. Elle était vieillie précocement ; un foulard sur la tête, noué sous le menton.

Elle venait, disait-elle, après son épreuve, faire la paix et se mettre à la disposition de son beau-père. Elle avait appris qu'il était malade et elle l'aurait volontiers accueilli chez elle si son travail ne l'eût obligée à des absences prolongées.

Son travail ! Elle travaillait donc !

– Que faites-vous ?

– J'ai trouvé un emploi de secrétaire. Cela m'occupe et de toute façon je ne pouvais et je ne voulais pas être une charge pour ma famille.

– Je comprends, dit Montagard, vous auriez perdu votre indépendance.

– Jean était très imprévoyant. Vous le connaissiez mal et vous ne le jugiez pas comme il le méritait. C'était un homme solide, travailleur, sans détour, confiant dans la vie et peut-être imprudent.

« Je ne vous avais jamais remercié de votre générosité, reprit-elle. Je n'osais pas. Je n'ai jamais touché à l'argent que vous m'avez adressé. Il ne m'appartient pas. »

– Mais si, dit Montagard. Vous pouvez en disposer.

Marianne avait donc sa fierté et elle se montrait courageuse.

– Pourquoi n'avez-vous pas eu d'enfants ? demanda-t-il tout à coup.

– Parce que nous ne le pouvions pas.

– C'eût été une charge mais aussi un espoir.

– Je sais, dit-elle, le regard planté dans les yeux de son beau-père.

Montagard était étonné que Marianne fût là.

– Vous êtes meilleure que je ne le pensais.

Elle se montra emplie de bonne volonté. Que pouvait-elle faire pour lui ? Elle habitait un petit appartement à Beaulieu et ne paraissait pas être très à l'aise.

– Vous ne pouvez rien, Marianne. Il ne faut pas vieillir. Vous comprenez mes craintes et je vous en suis reconnaissant. Beaucoup à votre place ne se seraient pas inquiétés d'un beau-père tel que moi !

Il soupira :

– J'étais un homme comme les autres.

Elle insista pour qu'il consentît à se laisser soigner.

Montagard persistait à vouloir éviter les médecins.

– Pourquoi ne pas accepter d'entrer à l'hôpital de Beaulieu ? J'irais vous rendre visite tous les jours.

Montagard se souvint de son séjour à l'hôpital et des familles qui venaient s'asseoir au chevet des malades pour quelques instants.

– Je ne doute pas de vous mais de moi, dit-il. Si je consentais à être hospitalisé à Beaulieu, j'y demeurerais une quinzaine de jours puis ces messieurs, comme ils le font toujours, me remettraient entre les mains de Desportes. Je serais admis dans l'une des infirmeries de l'hospice et je n'en sortirais pas. Je ne veux pas entrer dans ce jeu. Desportes est lui-même prisonnier et il le sait. Je ne suis pas sûr d'être malade. Il est possible que je sois simplement vieux, usé comme on dit.

« Je ne condamne personne. Le drame de la vieillesse est que personne n'est coupable, ni celui qui s'en va, ni son entourage. Je me souviens de ce que disait parfois ma mère : "La mort, la maladie, la vieillesse, c'est comme le péché originel. C'est idiot et inexplicable." »

Marianne ajusta son imperméable. Elle allait partir. Elle aussi aurait aimé être utile. Elle embrassa son beau-père.

Lebrun attendait Marianne dans le hall. Il lui expliqua que l'attitude de son beau-père était incompréhensible et que son dévouement en était arrivé à l'extrême limite. Il fallait avertir Desportes. Elle le crut sincère et l'approuva.

Lebrun avait trahi et la première partie du siège était terminée.

Il ne se passa rien tout d'abord. Lebrun se montrait maussade et impatient. Le printemps était proche et

Montagard supportait ce renouveau avec difficulté. Cependant, bien que condamné à la chambre, il sentait qu'il appartenait à ce monde en gésine qui, au-dehors, commençait à annoncer les fastes de la délivrance : le ciel n'était que perpétuel changement, l'herbe des nuits croissait dans l'ombre. Il écoutait le bruit de l'océan qui, au-delà des eaux troubles, gonflées, tourbillonnantes de l'estuaire, s'abattait sans relâche sur la plage. La lumière de ce printemps maritime était belle. Lorsque le soir descendait, il demandait à Lebrun d'ouvrir les fenêtres. Une odeur de terre humide lui parvenait et il apercevait les jardins où les tulipes commençaient à poindre. Durant ses insomnies, immobile, il écoutait gémir la nuit terrestre que dominait l'immense brasillement stellaire.

Lebrun, lui, continuait à fouiner dans la chambre, plus agité au fur et à mesure que les jours s'écoulaient. Il ne se préoccupait plus guère de la présence de Montagard. Il attendait que son espoir se réalisât enfin.

On inaugura le pavillon orange, le pavillon C. Sur le coup, Lebrun consentit à parler. Il rapportait quelques renseignements : tout dans ce pavillon avait été prévu pour la rééducation motrice des vieillards récemment opérés de fracture ou victimes d'accidents ou de paralysies. Ainsi avaient été installées des salles de kinésithérapie avec leur bric-à-brac d'appareils : vélos, poulies, échelles grillagées, cadres de marche et haltères. Deux piscines avaient été aménagées : l'une recevait de l'eau Saint-Hilaire, l'autre de l'eau de mer. Outre les salles de massages, d'autres salles avaient été prévues pour que des ergothérapeutes puissent parachever l'œuvre des kinésithérapeutes. On s'attacherait à diriger les travaux de poterie, de vannerie de tous ceux et de toutes celles qui voulaient vaincre l'ennui et reconquérir une dextérité perdue depuis des mois.

Tout commençait à se dessiner et à s'éclairer suivant la logique apparente des choses. Le pavillon A recevait des vieillards convalescents. À la fin de leur séjour, trois possibilités leur étaient offertes : ou bien regagner leur domicile, ou bien poursuivre une rééducation au pavillon C si un espoir pouvait être conservé dans leur autonomie future, ou bien enfin se résoudre à attendre au pavillon B dit « pavillon de suite » un sort provisoire et incertain. Quant au pavillon D, dit de « long séjour », il recevrait plus tard les vieillards dont personne ne voulait plus en raison de leurs multiples déficiences.

Ainsi tout était ordonné et chaque destin était fixé à la suite de longs entretiens entre Desportes et les familles.

La Résidence demeurait un appendice qu'on ne savait plus très bien où ranger dans le dessein des autorités médicales et administratives. Comme partout, chacun y vieillissait. Peu à peu, il faudrait bien choisir une destination pour ses pensionnaires : le pavillon A (tilleul) dans le cas d'une maladie de courte durée, parfois les pavillons B ou C (réséda et orange) pour des séjours plus longs. Mais dans l'état présent, en attendant l'ouverture du pavillon D (rouge) l'hospice ouvrait ses bras à la majorité d'entre eux.

Qu'il existât des décisions difficiles à prendre, personne ne l'ignorait. La difficulté résidait dans l'attitude d'une société qui sécrétait des institutions rigoureuses pour les vieillards, aussi terrifiantes que celles mises en place pour l'orientation scolaire des enfants et des adolescents. On était pris dans l'absurdité du système.

Lebrun et Montagard commençaient à entrevoir l'ordonnance du projet qui peu à peu se précisait.

Les choses devaient se passer pour Montagard comme elles s'étaient passées pour beaucoup d'autres.

Un matin, le grand Fangio entra dans la chambre accompagné de l'infirmière. Aussitôt, Lebrun s'enfuit.

L'interne était là, dressé dans toute sa puissance débonnaire et son sarrau sans ceinture flottait autour de son corps. Montagard le dévisagea :

– Je n'ai rien demandé, dit-il.

– Je sais, reprit Fangio d'une voix douce en s'approchant du lit. Votre belle-fille, dans une bonne intention, a signalé à Orsini que vous étiez malade. Elle ne pouvait pas savoir.

L'infirmière intervint :

– Vous ne pouvez pas nier que vous ne paraissez plus aux repas et que vous êtes confiné au lit.

Elle s'abrita derrière Fangio :

– Supposez, ajouta-t-elle, que les derniers pensionnaires de la Résidence soient dans un était semblable au vôtre.

– Les « Cèdres » deviendront peu à peu une infirmerie, répliqua Montagard. Je ne vous gêne en rien. Vous ai-je appelée une seule fois pour faire mon lit ? Cette maison est une souricière. C'est Lebrun, n'est-ce pas, qui a mis ma belle-fille au courant ?

Montagard se tourna vers Fangio :

– Souvenez-vous de ce que je vais vous dire : la peste n'est pas ce que vous croyez. Elle se présente comme une épidémie qui tue mais qui passe et qui laisse derrière elle un sentiment de délivrance. Le vrai mal est la vieillesse. Personne n'y échappe.

Fangio réfléchissait. Il était prêt à croire que Montagard lui reprochait sa jeunesse. Surpris, il ne répondit pas mais approcha tout de même une chaise auprès du lit et s'y assit. Ses cuisses écartées tendaient le tissu de son pantalon dont le pli s'effaçait. Ses hanches étaient solides, épaisses.

– Laissez-moi faire, monsieur Montagard. Juste le temps d'un bref examen.

Déjà ses mains courtes avaient soulevé la veste du pyjama et commençaient à fouiller le ventre.

Le visage de Fangio était juvénile. Derrière ses lunettes, l'expression de son regard était douce. Des cheveux noirs foisonnaient sur son cou. Une impression de sagesse bienveillante émanait de sa personne. Montagard s'abandonna. Il était presque réconforté. Fangio souriait et plaisantait car ses mains ne découvraient rien.

Tout à coup, son visage se figea, exprima la surprise puis la gravité : les doigts venaient de s'arrêter sur les ganglions dont Montagard avait gardé secrète l'existence.

Fangio recula sa chaise et appuya ses mains à ses cuisses.

– Qu'est-ce que j'ai ? demanda Montagard.

Fangio releva ses cheveux sur son front :

– Je ne sais pas. Votre maladie dure depuis trois ou quatre ans.

– Avec de très bonnes périodes.

– Des rémissions, je vous l'accorde. L'existence de ces deux ganglions, à votre âge, ne signifie pas grand-chose. Il est très difficile d'établir un diagnostic. Des examens sont nécessaires.

– Je vous vois venir, dit Montagard. Essayez un instant de vous mettre à ma place. Plus de dix médecins m'ont examiné depuis quatre ans et aucun d'entre eux n'a été capable de me dire de quel mal j'étais atteint. Je ne veux plus les voir. Je veux qu'on me laisse tranquille. D'ailleurs, vous m'avez fort bien compris puisque vous m'avez fait parvenir des calmants par Lebrun à l'insu de tous.

L'infirmière regarda Fangio avec sévérité.

– J'ai temporisé autant que j'ai pu, dit Fangio.

Il marcha jusqu'à la fenêtre et en souleva le rideau. Il aperçut la ville. Jamais elle ne lui avait paru aussi envahissante. La cité maritime absorbait peu à peu le charme de l'océan devenu presque invisible.

Il revint lentement vers le lit. L'infirmière, craignant que Fangio ne cédât, montrait des signes d'impatience.

– Je ne peux pas me mettre à votre place. Je n'en suis pas pour autant étranger, dit-il.

– Monsieur l'interne, reprit l'infirmière, il s'agit d'une question de principe.

– Nous ferons une exception. Les premiers examens auront lieu ici. Nous verrons ensuite.

Fangio se tourna vers l'infirmière :

– La Résidence ne répond plus à aucune nécessité. Il faudra bientôt l'abandonner.

Dès que Fangio et l'infirmière eurent quitté la chambre, Lebrun y entra.

– La visite que je viens de recevoir m'a surpris, dit Montagard. Il faut que quelqu'un m'ait livré et ce ne peut être que toi. Tu as peur. Je ne t'en veux pas. Tu es comme moi, en sursis. L'interne est un brave garçon et il a voulu prendre quelques ménagements avec moi. Ses origines sont simples et il est possible que je lui ai rappelé son père. Je ne me fais pas d'illusions. Si j'ai un conseil à te donner c'est de songer dès maintenant à mon successeur. Orsini peut t'imposer n'importe qui.

Lebrun tremblait au chevet de Montagard. Il protesta de son innocence. La veste de son pyjama entrouverte laissait apercevoir sur sa poitrine une touffe de poils gris.

Lebrun espérait bien qu'on lui laisserait la jouissance de cette chambre pour lui tout seul. Les hôtes de la Résidence n'étaient plus très nombreux. Rien ne lui avait paru aussi pénible que la cohabitation. Il savait que, pour économiser le personnel, Orsini s'efforçait de regrouper les pensionnaires par couples.

– À ta place, poursuivit Montagard, je demanderais à Tavernier de partager cette chambre. Il est fou mais sincère.

– Tu plaisantes ! s'exclama Lebrun. J'espère que tu vas rester ici.

– Ne cherche pas à m'abuser, murmura Montagard. Tu t'es conduit comme un salaud. Je reconnais que tu as des excuses. Avec ce loufoque de Tavernier, tu t'amuseras au moins de temps en temps. Il vaut mieux entendre parler de la guerre que de la constipation.

Lebrun commença une phrase :

– Mon pauvre vieux…

– Je ne suis pas ton pauvre vieux. Ta pitié me dégoûte. Si j'en avais la possibilité, je me ferais sauter la tête.

Ramassé sur lui-même, assis près de la fenêtre, Lebrun apparaissait tout menu.

– Et puis merde ! s'écria Montagard. Je ne céderai pas. Qu'ils emploient la force !

Lebrun demeurait silencieux et contrit.

– Il est peut-être lâche de ne pas accepter son sort, de ne pas abdiquer, reprit Montagard. L'humilité m'a toujours été étrangère.

Il souriait, adossé à son oreiller. Il apercevait les herbes folles qui commençaient à dresser leurs tiges sur les bas-côtés de la route. Un chien passa. Il trottinait devant les fenêtres de la Résidence, toujours à la même heure. C'était le chien des Patricot qui avait pris l'habitude de visiter les poubelles.

Ainsi, songeait Montagard, devaient attendre les condamnés à mort dans leurs cellules et eux n'avaient même pas pour se distraire un instant de leur destin le bonheur d'apercevoir la lumière du jour.

Le printemps fit un retour en arrière. Après quelques journées ensoleillées où frissonnaient de vives sautes de vent, le temps se couvrit à nouveau. Il revint à sa monotone humidité et des averses venues de l'océan tombèrent d'un ciel bas parfois déchiré d'éclaircies. Alors, les derniers pensionnaires de la Résidence s'accoudaient à leurs fenêtres pour regarder la nue. Oseraient-ils faire quelques pas dehors et se hasarder sous ce climat incertain ? On entendait tousser.

L'évolution du centre de gériatrie progressait. Les pavillons étaient pleins et l'aménagement du pavillon rouge était décidé.

Comme l'avait prévu Lebrun, il serait un pavillon de long séjour et abriterait les malades chroniques ou les invalides jusqu'à leur fin.

Pourtant c'était avec ironie que les pensionnaires de la Résidence apprenaient les nouvelles en provenance du pavillon C consacré à la rééducation des vieillards victimes de fractures ou plus simplement du vieillissement de leurs artères.

On rapportait que chaque matin, les vieux et les vieilles y étaient condamnés à des séances de massage, de balnéation et de kinésithérapie.

Bernard, depuis qu'il était sorti de l'infirmerie, observait ces véritables travaux forcés du renouveau et riait en évoquant les mouvements imposés à ces pantins maigris et à ces sirènes squelettiques des piscines. Peu d'hommes s'y présentaient, les femmes s'y soumettaient plus volontiers.

Après ces épreuves, les plus vaillantes d'entre elles passaient au salon de coiffure ou abandonnaient les rides de leur visage aux mains des esthéticiennes qui, elles aussi, appartenaient à ce peuple en blouse blanche toujours multiplié.

Quelques-unes étaient satisfaites des soins qu'elles recevaient et des attentions qu'on leur témoignait. Du moins s'occupait-on d'elles. Le temps passait plus vite ainsi.

La plupart admettaient que ces préoccupations étaient fallacieuses et que rien n'empêcherait le vieillissement de se poursuivre. On ne pouvait faire oublier tout un passé, les joies et les deuils de la vie par la mobilisation des articulations enraidies et le massage des muscles atrophiés. N'étaient-elles pas les victimes d'une farce que se donnait la société qui, après avoir parqué ses vieillards, cherchait à se donner bonne conscience. Elles regrettaient le temps passé où les gens mouraient simplement dans leurs familles, où la mort appartenait à la vie et n'était pas escamotée.

Justement, la jeunesse agitée de cette ville nouvelle, son indifférence, sa population bruyante témoignaient de leur déchéance.

Les parkings étaient envahis par les voitures. Des enfants gagnaient les écoles multipliées et les jeunes femmes se rendaient à leur marché en poussant devant elles, dans la hâte générale, un panier roulant.

Des emplois nouveaux avaient été créés par l'efflorescence artificielle de la cité. Il était dangereux de s'aventurer sur les chaussées des rues tant la circulation y était intense. On y creusait toujours des tranchées nouvelles qui accroissaient encore les embarras et les quelques vieilles qui osaient affronter la ville s'inquiétaient. Elles se demandaient où pouvaient se rendre tous ces hommes dans la force de l'âge aperçus au volant de leur voiture, le visage grimaçant, clignant des paupières dans la fumée de leur cigarette.

C'était surtout au crépuscule que s'imposait et s'affirmait le développement de la ville. Elle était alors envahie par le ruissellement des enseignes lumineuses qui attirait le regard vers les boîtes de nuit du « Stephenson » et du « Pré Cottereau ». Il était probable que ces lieux étaient fréquentés puisqu'ils prospéraient. Quelle pouvait être leur clientèle ? Nul, à la Résidence, ne pouvait répondre à cette question.

L'investissement s'était encore précisé récemment par l'ouverture de deux supermarchés qui s'élevaient désormais hors les murs, au nord de l'hospice, dans ce quartier qui n'était encore qu'une banlieue avec ses bistrots neufs et ses échoppes de petits commerçants condamnés. En quelques semaines, le « Monseigneur » et « le Poulpe » avaient tracé les voies d'asphalte qui reliaient les bords de l'océan à leurs parkings immenses.

On y vendait de tout. Un étage entier était réservé à la publicité, à la présentation et à la vente des eaux de saint Hilaire. L'eau y était offerte à la vue de l'acheteur dans des bouteilles de toutes formes et de toutes dimensions, depuis les outres pansues en matière plastique destinées à l'usage de la table ou à l'effet médicinal jusqu'au flacon de verre recherché par le pèlerin modeste pour une consommation occasionnelle. Il l'emporterait en souvenir de ce voyage en même temps qu'une médaille frappée à l'effigie de saint Hilaire. Car ce temps athée était curieusement épris de gris-gris, d'amulettes et de reliques.

L'hospice était presque cerné et ses pensionnaires prisonniers en étaient condamnés à tourner sur eux-mêmes dans un espace de plus en plus réduit.

Un dimanche, Montagard, au matin, songeait dans son fauteuil. Était-ce une fois encore la Passion ou les Rameaux ? La vieille histoire magnifique surgissait dans son esprit. Oh ! une histoire joyeuse et presque païenne. Cette foule acclamant le Messie, le balancement des palmes, cette fête du renouveau où le soleil tenait sa place. Certes, plus tard, trois croix s'étaient dressées sur une colline chauve et trois hommes y étaient morts dans d'atroces souffrances. Mais après les ténèbres du Vendredi saint, le crépuscule de ce jour avait pu être merveilleux. L'histoire ou la tradition racontait que l'un de ces hommes était ressuscité, qu'il avait été reconnu, un soir, dans une auberge.

Au même instant, Desportes qui marchait vers la Résidence en compagnie de Masson pensait que entre le Dieu caché du Judaïsme dont la Loi interdisait de représenter le visage et la forme et l'anthropomorphisme des dieux grecs, en un moment de l'Histoire et en un point précis de la Terre, était apparu le Dieu fait Homme du christianisme. Suprême habileté !

Oui, les Rameaux : sous un temps aigre, la bénédiction des buis sur le parvis d'une église de campagne, le prêtre en surplis, les enfants de chœur devant le demi-cercle des fidèles découverts devant la croix. Ainsi en avait-il été autrefois !

Maintenant Desportes entrait dans la chambre et brisait le songe. Desportes, clerc d'une religion funèbre, accompagné de ses disciples, Fangio et Masson, se dressait à côté de lui.

Montagard connaissait à l'avance les paroles qui allaient être prononcées. Cet homme, pauvre maître du destin d'autrui, s'était avancé jusqu'à lui. Montagard crut bon d'emprunter le ton de la raillerie :

– Je me suis aperçu, dit-il, que d'importants progrès avaient été faits pour recevoir vos nouveaux pensionnaires. Vous souvenez-vous de nos premières conversations ? Vous mettiez alors tout votre espoir dans la construction des pavillons. Mais vous ne savez pas encore quelle sera la destination du pavillon rouge.

– Si, dit Desportes. Tout n'est qu'une question de temps. Il est certain que nous ferons du pavillon D un centre de soins.

– Un hôpital ?

– C'est notre vœu. Un hôpital où les malades demeureront longtemps.

– Des années peut-être ! Il est curieux, ajouta Montagard en souriant, que le souhait de tout médecin soit d'édifier un hôpital partout où il réside.

– C'est en effet l'une de nos raisons d'être, répondit Desportes.

Des mouettes, taches blanches sur le glacis vert, picoraient le gazon des pavillons. Des couples se promenaient dans les allées. Les cloches sonnaient sur Saint-Pierre et le bourdon grave de la basilique des Herbiers se mêlait à leur chœur.

Il apparaissait de plus en plus à Montagard que Desportes était un homme redoutable par sa faiblesse de caractère. Il grommela :

–Vous pourriez laisser mourir les gens en paix et libres. Vous n'aimez que le système dans lequel vous vous êtes enfermé parce qu'il vous protège et qu'il vous semble raisonnable. La raison n'est pas tout.

– Non, reprit Desportes d'une voix douce, je n'aime pas le système dans lequel je suis enfermé, comme vous le dites. Ce sont les circonstances qui me l'imposent. Vous n'avez pas tort de prétendre que la raison n'est pas tout. Je voudrais que vous me compreniez : votre situation présente à la Résidence ne va pas sans créer de difficultés. Vous ne vous levez presque plus, m'a-t-on dit, et votre ami Lebrun qui a accepté longtemps de vous venir en aide estime qu'il ne peut plus jouer ce rôle de garde-malade. Je ne peux laisser se détériorer davantage le climat qui règne ici. De plus, les soins y sont insuffisants.

– Lebrun ! mon ami ! s'exclama Montagard. Sûrement pas ! Il a beaucoup changé lui aussi et je ne suis pas ici le plus invalide ou le plus fou.

– Je sais. Nous vivons ici une période de transformations et il ne nous est pas possible de surveiller tout en même temps. Ma tâche, comme celle de Masson ou de Fangio, est souvent très lourde. La ville, les nouveaux services ! Votre état s'est altéré lentement.

Il détacha le mot :

– Insidieusement.

Desportes demeurait campé sur ses jambes grêles et arquées. Il ne paraissait pas très solide.

– Fangio m'a entretenu de votre cas. Comme il a le cœur généreux, il est intervenu en votre faveur. Il préférerait qu'on vous laissât en paix jusqu'à l'ouverture de notre prochain pavillon. Malheureusement, nous ne savons pas encore qui nous pourrons y recevoir. Les entrepreneurs sont lents et les travaux ne progressent qu'avec de grandes difficultés. Nous nous heurtons à une sorte de force d'inertie.

« Il ne m'est pas possible, malgré ma bonne volonté, de vous maintenir ici. »

Desportes recula d'un pas :

– Ayez confiance en moi. Acceptez d'entrer à l'infirmerie A. Savez-vous que Pizzuti s'y trouve toujours ? Vous vous souvenez de lui ?

– Oui, dit Montagard. Je partageais sa chambre lorsque ma femme est morte. Il se laissait vivre.

– Vous voyez que vous n'y serez pas dépaysé. Il faut être compréhensif. Les premiers résultats de vos analyses soulèvent un doute.

Desportes se pencha sur la feuille de température que Masson lui présentait :

– Rien de très précis, murmura-t-il. N'est-ce pas votre avis, Masson ?

– Une simple suspicion, M'sieu.

– Alors, c'est l'infirmerie A, dit Montagard en soupirant.

Il se trouvait pris au piège et il lui sembla vain d'opposer un refus et de se révolter. Son regard se troubla et les fleurs jaunes d'un forsythia basculèrent devant la fenêtre. Ce printemps n'était plus comparable aux autres.

– Je me demande quelle idée m'a passé par la tête lorsque je suis revenu ici.

Son corps, vaguement douloureux, se tassa dans le fauteuil.

– Ici ou ailleurs, votre sort aurait été pareil, dit doucement Desportes. Croyez-moi, cette solution est la plus sage. Il est sûr que si votre état s'améliore, je ne m'opposerai pas à votre retour à la Résidence. Je vous demande de consentir librement à votre mise en observation. Vous entrerez demain à l'infirmerie A où un lit vous est réservé.

– Mais enfin, dit Montagard, de quelle maladie suis-je atteint ?

– Justement, nous ne le savons pas.

– Du moins, avez-vous quelque crainte ?

– C'est un bien grand mot, reprit Desportes avec nonchalance. Tout paraît assez banal dans votre état et, à votre âge, rien n'est plus courant que la fatigue et les douleurs. Votre cas est bien différent de celui de votre femme.

Montagard jugea ce propos saugrenu. Mais il ne songeait plus guère à sa femme. C'était lui qui désormais était en jeu.

– Cette petite fièvre ne peut guère retenir l'attention, ajouta Masson qui ne voulait pas inquiéter Montagard.

Rien ne semblait avoir de signification précise dans les symptômes dont souffrait Montagard. Tout demeurait vague, enveloppé de mystère. « Imprécis, douteux, incertain », tels étaient les termes dont usaient les médecins. On ne pouvait même pas attacher d'importance à l'apparition de ces deux ganglions.

– Seulement, dit Desportes, l'un des résultats de vos analyses n'est pas normal. On pourrait certes accuser une erreur du biologiste mais ce ne serait guère raisonnable. Ce résultat doit donner l'éveil, inviter à chercher bien qu'on ne puisse tirer aucune indication particulière d'un examen courant qui, nous en avons la preuve chaque jour, est souvent perturbé à partir d'un certain âge sans que nous sachions pourquoi.

Montagard regarda longuement Desportes :

– Relevant, murmura-t-il.

– Châtillon, dit Desportes.
Ils se sourirent.

Montagard ne pensa à rien pendant l'après-midi de ce dimanche. Il s'était alité et ne souffrait pas trop. Une mouche aux ailes bruissantes voletait entre la vitre et le rideau. Un rayon de soleil se déplaçait lentement contre le mur, léchait les livres de l'étagère. Le frémissement de cette mouche était le signe du printemps.

La Résidence était silencieuse. Le murmure des dimanches d'autrefois avait disparu. Aucune voiture ne s'était arrêtée devant la porte. La ville, dans le lointain, semblait assoupie.

Lebrun avait disparu depuis le matin. Il revint à la nuit tombante. Montagard sommeillait. Lebrun se pencha sur lui. Montagard sentit le souffle de son compagnon lui effleurer le visage. Il retint le sien. Il entrouvrait imperceptiblement les paupières de telle sorte que ses yeux laissaient filtrer un regard immobile tel qu'on ne pouvait savoir s'il appartenait encore à la vie.

Lebrun murmura :

– Il est mort.

Le souffle abandonna le visage de Montagard qui entendit Lebrun rôder dans la chambre.

– Que veux-tu ? dit Montagard d'une voix forte.

Lebrun tressauta et se retourna brusquement :

– Ah bon, dit-il. Que tu m'as fait peur ! Tu as une drôle de gueule quand tu dors.

– C'est involontaire, dit Montagard.

Lebrun dénouait lentement sa cravate. Il se préparait à écrire.

– Tu placeras un journal sur l'abat-jour de la lampe. Je ne peux plus supporter cette lumière.

– Heureusement que c'est le dernier jour, murmura tout bas Lebrun.

La nuit envahit la chambre. Montagard ignorait que Desportes n'avait pu, lui non plus, trouver le sommeil. Il avait préféré se lever et s'efforçait de lire dans son bureau.

La cité s'était assoupie et il apercevait le miroitement des lumières sur l'océan.

Desportes songeait que Montagard avait peur, comme tous les autres pensionnaires de la Résidence. Montagard lui révélait que tout ce qu'il avait fait jusqu'ici était inhumain.

La lampe éclairait les reliures des livres. Il entendit la porte du bureau s'ouvrir. Sa femme était auprès de lui.

– Tu as besoin de longues vacances, dit-elle.

– Les vacances ne sont qu'une fuite. Elles ne changeront rien. J'avais promis à Montagard de l'aider et je m'aperçois que je ne puis rien pour lui. Il serait trop difficile de t'expliquer quels liens m'attachent à lui.

– Viens essayer de dormir.

– Chacun peut avoir ses souvenirs, murmura seulement Desportes.

Lorsque le jour se leva, Montagard le salua en souriant. Maintenant qu'il avait maigri, il percevait mieux le contour de son corps dont les os reposaient plus intimement sur le plan du lit. Lebrun dormait en ronflant. Montagard attendait. Dans une heure ou deux, on viendrait le chercher. Il sommeilla.

Quand il s'éveilla, Lebrun était levé et était vêtu d'un costume que Montagard ne lui connaissait pas. Le revers de sa veste était orné du ruban violet des palmes académiques. Costume défraîchi que Lebrun avait dû porter autrefois en de grandes occasions. Il se tenait au milieu de la chambre, impatient, fureteur dans sa fébrilité.

– Je ne comprends pas ce qu'ils attendent, murmura-t-il. Il tira une grosse montre en or d'une poche de son gilet et il l'approcha de ses yeux.

– Je vais aux nouvelles, dit-il.

Montagard savait qu'il n'avait plus rien à espérer. Vers neuf heures, Mme Legros entra dans la chambre, décrocha les vêtements de la penderie, prépara la valise de Montagard et s'en fut.

Lebrun revint quelques instants plus tard :

– Je commence à croire qu'ils t'ont oublié. Je n'ai pas rencontré l'infirmière.

Cependant lorsqu'il aperçut la valise de Montagard bouclée sur le lit, il parut rasséréné.

Montagard ne lui adressa pas la parole. Une vague lueur d'espoir veillait en lui. Allait-on lui accorder un sursis ?

Il s'accrocha à ce présent qu'il savait éphémère.

La porte venait de s'ouvrir, livrant passage à deux infirmiers qui portaient un brancard.

– Alors, dit l'un d'eux, c'est vous le petit père que nous devons conduire à l'infirmerie A.

Montagard, blessé par cette familiarité, lança un tel regard que l'autre crut devoir s'excuser.

Tavernier pénétra dans la chambre :

– Ne vous laissez pas faire ! cria-t-il.

Les infirmiers, d'abord surpris par cette irruption, se reprirent aussitôt et refoulèrent Tavernier dans sa chambre où ils l'enfermèrent.

Tavernier protestait en frappant la porte de ses poings.

– Je veux marcher, dit Montagard. Laissez-moi m'habiller.

Il s'assit sur le lit et s'efforça avec peine d'en extraire ses jambes retenues par les draps. Il posa ses pieds sur le sol, se dressa et ses orteils se crispèrent.

Il redoutait de se donner en spectacle. Il s'imaginait qu'il trouverait ses compagnons faisant la haie pour le regarder partir. Mme Legros lui offrit son bras tandis que, de l'autre main, elle portait son bagage. Il consentit à s'appuyer.

Le hall était désert. Montagard comprit que son départ était indifférent à tous. Il préférait qu'il en fût ainsi. Il jeta un regard sur la salle à manger où les derniers hôtes avaient pris place autour de la table.

Une ambulance attendait à la porte. Auprès d'elle, se trouvait Hortense Ribollet.

Montagard, pris en main, se trouva peu après couché dans une chambre à quatre lits. Il essaya de se dévêtir mais ne put y parvenir. L'infirmière l'aida avec douceur. Puis elle lui tendit la chemise des malades de l'hospice. Ses effets furent empaquetés dans sa valise. Il réclama quelques objets personnels : sa montre, un couteau pliant. L'infirmière y consentit. Son visage n'était pas inconnu à Montagard. Il se souvint de Claire Besson-neau. Elle apprit à Montagard que Desportes l'avait affectée à cette infirmerie parce qu'elle ne pouvait plus supporter de vivre parmi les grabataires.

– Je suis heureux de vous trouver, dit Montagard.

Claire s'assit auprès de lui, le questionna et se confia. Elle aurait aimé que Desportes lui donnât une tâche nouvelle dans les pavillons.

– C'est une ambition modeste, dit Montagard.

– Je n'ai pas le choix. Mes études ont été payées par l'établissement.

Elle inclina la tête et regarda le sol.

Lorsqu'elle le quitta, Montagard se sentit seul. Il se trouvait pourtant avec les deux autres malades de la chambre. Mais il ne cherchait pas à savoir qui occupait ces lits. Il but un bol de bouillon qu'on lui apporta puis s'étendit et essaya de sommeiller. Tout au long du couloir devaient s'ouvrir des chambres. Celle qu'il avait occupée avec Pizzuti ne devait pas être très éloignée. De temps en temps, sur la rumeur confuse s'élevait un appel.

L'après-midi commençait. Une heure sonna au clocher de la chapelle. Montagard ne cherchait pas à savoir ce qui se passait auprès de lui. Son esprit s'arrêtait à des constatations simples. Il ne songeait même pas à ce qu'avait été sa vie. Son lit était plutôt plus inconfortable que celui de la Résidence. Le matelas était dur et son corps s'y insérait avec moins de facilité. Il faudrait qu'il y creusât son trou.

Il s'y tint coi, l'œil mi-clos. De temps en temps, une forme blanche passait devant la porte de la chambre. Il regardait le plafond neuf déjà terni par une auréole bistre laissée par une infiltration d'eau. Les murs étaient badigeonnés de jaune paille. Rien ne pouvait y retenir son attention. Il n'avait pas encore tourné les yeux vers la gauche et la droite et l'incuriosité le dominait. Lorsqu'il s'y décida, il s'aperçut que son lit était proche de la fenêtre. La blancheur qui pénétrait dans la chambre provenait de la façade des bâtiments administratifs. Le ciel était gris et des bourgeons pointaient aux branches des arbres. Une table de chevet le séparait du lit voisin où un corps était étendu. Une poignée suspendue à la corde d'une potence demeurait immobile au-dessus de lui. Le regard de Montagard s'éleva jusqu'au visage de l'homme dont le dos était appuyé à l'oreiller. C'était Pilduski : il le reconnut. Il l'avait rencontré autrefois au «Marronnier centenaire». Pilduski, ancien officier tsariste, avait exercé la profession de chauffeur de taxi. Il avait épousé une modiste qui l'avait abandonné parce qu'il buvait trop. Il avait échoué à l'hospice. Longtemps hébergé dans les dortoirs, l'infirmerie aurait été un havre s'il n'avait souhaité retrouver à tout prix la liberté.

Il reconnut Montagard et parut en être heureux. Il voulait lui parler mais Montagard ne comprenait pas ce que Pilduski voulait lui dire. Ses lèvres bougeaient. Aucun son ne sortait de sa bouche. Pilduski appuya sur une compresse de gaze placée devant sa gorge et d'une voix enrouée interrogea :

– Qu'est-ce que tu fous là, jardinier?

– Et toi?

L'autre s'était dressé, en chemise. Le pan ballait sur ses jambes amaigries. Il chaussa ses pantoufles et expliqua : on l'avait opéré parce qu'il ne pouvait plus respirer. Il avait un trou dans la trachée. De temps en temps, la voix de Pilduski s'éteignait puis réapparaissait. Il joignait le geste à la parole. Une cicatrice s'étendait au long de son cou.

Montagard ne répondit pas. Il souhaitait qu'on l'oubliât. Pilduski, déçu, n'insista pas. Une quinte de toux le secoua lorsqu'il s'éloigna vers la porte. Une autre toux, lointaine, lui répondit et Montagard sut que Pizzuti était là. Il regarda l'homme assis sur le lit qui lui faisait face : c'était Kupfer, l'un des ivrognes de la Résidence. Celui-ci lisait un magazine et paraissait indifférent. Un ventre énorme soulevait ses draps. On recueillait ses urines dans un bocal.

L'après-midi avança avec lenteur. Vers quatre heures, Masson entra dans la chambre, suivi de l'infirmière. Ils s'arrêtèrent devant Pilduski qui les salua militairement. Masson plaisanta avec lui pendant quelques instants sans familiarité excessive. Pilduski répondit avec gouaille. Sa voix entrecoupée et chuchotante donnait à ses propos un ton ridicule. Il ressemblait à un vieux clown démaquillé.

– Depuis combien de temps vous trouvez-vous à l'infirmerie ? lui demanda Masson, les bras croisés.

– Depuis quatre mois.

Il trouvait cette durée excessive et demandait à être libéré. Masson regarda Claire qui souriait. Elle ne pouvait résister à l'appel de ses malades.

– Vous fumiez et vous buviez beaucoup, dit Masson.

Pour fumer, il fumait encore et les mégots qui s'entassaient dans son cendrier en témoignaient.

Pilduski trompeta :

– Si je ne peux plus boire ni fumer, ce n'est plus la peine de vivre !

– C'est une opinion, fit Masson. Je ne la partage pas.

La voix était chaude mais le ton sec.

Tel devait être l'objet de la conversation qui s'engageait entre eux tous les jours. Lentement, l'interne et l'infirmière s'approchèrent du lit de Montagard. Celui-ci se rendit compte que l'expression de leurs visages avait changé. Elle était devenue grave quand, tout à coup, Masson s'exclama :

– Ah ! voici notre ami ! Claire, avez-vous son dossier ?

L'infirmière le tendit. Masson l'ouvrit. En s'asseyant sur le lit, Masson dérangea Montagard qui avait adopté l'attitude où il souffrait le moins. Il ne put retenir une plainte et grimaça.

L'abord avait été cordial : des tapes sur les mains, des paroles de bienvenue et d'espoir. On le guérirait.

Déjà le siège reprenait. Masson menait à nouveau un interrogatoire serré : de quelles maladies étaient morts ses parents, ses grands-parents, et ses oncles et ses tantes ?

Claire intervint :

– M. Montagard a déjà répondu à ces questions, dit-elle, impatientée.

– En effet, reprit Montagard, tous ces renseignements sont consignés au dossier.

Il ajouta qu'il n'avait jamais été malade jusqu'à cette fièvre qui l'avait tenu, voici quatre ans, et qui réapparaissait de temps en temps, modérée, accompagnée de fatigue et de douleurs.

– Rien, vraiment rien, murmura Masson. C'est désespérant. Il me semble toujours que M. Montagard a oublié de nous signaler un fait qui pourrait nous guider. Vous êtes sûr de ne rien me cacher ?

– Absolument sûr, dit Montagard.

Un doute avait gagné Masson. Il connaissait l'avis de Desportes sur ce sujet. Selon Desportes, contrairement à ce que beaucoup pensaient, on pouvait mourir de vieillesse. La vieillesse constituait à elle seule une maladie inhérente à tout individu. Masson ne partageait pas cette opinion qui lui semblait, à la vérité, trop facile. Combien de fois avait-il eu avec Desportes des discussions serrées sur ce point !

C'est pourquoi il tint à recommencer son examen avec minutie. Il aurait voulu trouver un signe qui pût expliquer le déclin de Montagard. Il ne possédait que ses mains, ses yeux et ses oreilles. Rien ne lui permettait de pénétrer dans l'intimité de ce corps et d'en saisir les perturbations chimiques cellulaires. Malgré ses immenses progrès, la chimie biologique n'en était, en fait, qu'à ses balbutiements. Si elle constatait des faits, elle était souvent incapable d'en saisir l'explication.

Sur un signe de Masson, Claire présenta un plateau. Masson passa à son index droit un doigt de gant :

– Les poings fermés sous les fesses, ordonna-t-il à Montagard.

Celui-ci consentit à cette humiliation. Il obéit bien que le drap découvrit son sexe aux poils gris, ses cuisses maigrelettes et leur peau flasque et ridée.

– Poussez, dit Masson, comme si vous vouliez aller à la selle.

Montagard sentit le doigt franchir l'anus, s'enfoncer dans le rectum, s'y promener, y appuyer çà et là, enfin se retirer.

Appuyé au chambranle, Pilduski, narquois, regardait la scène.

– Rien, dit Masson.

– Vous espériez trouver ? demanda Claire, intéressée.

– Oui, j'espérais.

Il tendit les mains au-dessus d'un bassin que lui présentait l'infirmière. Elle versa de l'alcool. Il s'essuya à un linge.

Masson n'était que l'officiant d'un rite.

Devant ce nouvel échec, il conclut à la nécessité d'examens complémentaires. Il se mit à écrire longuement, inconfortablement assis sur le lit. Il lui semblait que le fait même d'exposer avec précision ce constat d'échec le soulageait.

Lorsqu'il eut terminé, il adressa à Montagard quelques mots pour l'encourager à attendre.

– Ne vous faites pas de souci, vous ne resterez pas longtemps ici.

Il s'en fut. Montagard s'aperçut alors que le lit qui se trouvait en face de celui de Kupfer était inoccupé. Rien n'est aussi singulier qu'un lit vide dans une chambre d'hôpital. C'est un objet dont la vue heurte le bon sens.

Claire vint s'asseoir auprès de Montagard :

– Mon père aussi..., dit-elle avec gravité.

– Dites.

– Non, fit-elle, ce serait trop long.

Et son regard tendu fixa Montagard.

Le soir allait descendre. On servit le repas. Lorsqu'il fut achevé, Claire fit une nouvelle visite à ses malades pour s'assurer qu'ils ne manquaient de rien. Elle pressentait l'angoisse d'autrui. « Infirmière exceptionnelle », disait d'elle Desportes qui connaissait tout de son adolescence et de ses deuils. Une mère qu'il fallait toujours soutenir, un père malheureux auquel l'unissaient les liens les plus subtils et lui-même était menacé.

Claire quittait son service tardivement. Redoutait-elle de retrouver sa famille ? Elle s'attardait souvent à causer avec Masson bien après l'heure.

Elle s'en alla pourtant ce soir comme les autres soirs et Montagard ressentit le vide de son absence.

Chaque malade se trouvait désormais livré à lui-même. Il devait pourtant exister une sonnerie qui permît d'appeler. Montagard ne savait pas où elle se trouvait. La placidité de ses voisins le rassura. Le temps s'écoulait et c'était à la fois le temps du regret et celui de l'impatience.

La nuit était tombée. Le couloir était vaguement éclairé par des veilleuses. Il se tourna dans son lit. Au-delà du couloir, il apercevait par la fenêtre de la chambre opposée la ville qu'il dominait. Elle était aussi immense que la nuit. Au-dessus d'elle flottait une buée colorée, imprécise, qui se dissolvait au-dessus de l'océan et, très loin, du plat pays. Là-bas, l'ombre régnait, l'ombre religieuse qui unit la terre à l'obscurité.

La cité lui apparut comme un cercle illuminé que crevait l'incandescence de ses places, de ses rues et de ses avenues projetées vers les lointains. Elle scintillait par ses enseignes de plus en plus nombreuses. Au sud, un clignotement de lettres, tantôt rouges, tantôt vertes, projetait ses alternances sur le fourmillement des passants et des voitures.

La présence si proche de la ville, son extension devenaient de plus en plus obsédantes.

Montagard songea au visage de la campagne telle qu'il l'avait connue lorsqu'il était arrivé à Saint-Pierre, à ce pays d'apparence si pauvre avec ses landes, ses haies, ses marais et ses pins. Il avait appris à aimer cette terre fragile, sablonneuse et discrète. Son fond paysan y retrouvait les valeurs éternelles, celles, en tout cas, qui étaient pour lui essentielles : les odeurs simples, les couleurs du ciel, le souffle du vent, la solitude et le recueillement rythmé par sa lente démarche appuyée fermement sur ce sol. Les vraies richesses ne pouvaient jaillir que du dénuement.

Maintenant la ville s'étendait partout et elle avait tout souillé en tuant le silence et en créant l'agitation. Elle était née de toutes les faiblesses humaines où s'alliaient les désirs les plus vulgaires de l'espèce. Son encombrement, ses fumées, ses feux ne relevaient que de la satisfaction d'instincts élémentaires. Toute spiritualité et toute sagesse en étaient bannies.

Les métiers des hommes traduisaient cette régression. Les banques, les agences immobilières, les hôtels, les commerces, les grands magasins y foisonnaient. Tout n'était conçu que pour le passage et l'espoir d'un instant.

Le monde avait été amputé de ce qui faisait sa permanence. Il n'y avait plus de conscience que dans les rues parce qu'il n'y avait d'Histoire que dans les rues. Tel était le décret.

Il ne pouvait s'y soumettre. Nulle communication ne pouvait s'établir entre la ville et lui-même. Elle était le mal, peut-être le péché.

La nuit inexorable commença. Montagard entendait les gémissements qui provenaient d'autres chambres. Kupfer et Pilduski reposaient.

Des heures sonnèrent. Les veilleurs de nuit firent leur première ronde. Ils relevaient les corps tombés des lits, éveillaient les rêveurs les plus bruyants, distribuaient des somnifères, donnaient à boire à ceux qui avaient soif.

Lorsqu'ils quittèrent l'infirmerie, Montagard entendit qu'ils fermaient à clé la porte derrière eux.

Il s'assoupit et dans un demi-sommeil se laissa bercer par de vagues ondes. Il lui sembla que l'espace sur lequel il était embarqué était immense. Au fur et à mesure qu'il reprenait conscience, la surface sur laquelle il dérivait lui paraissait plus lisse, de moins en moins agitée.

Peu à peu, une image se précisa dans son esprit : de l'eau encore mais dont l'étendue était plus limitée. Les rives étaient bordées de saules, d'aulnes, de frênes et de peupliers. Les roseaux couvraient les berges et ils étaient secoués des soubresauts que leur imprimaient les poules d'eau. C'était l'étang de Birieux. Là-bas se trouvait la bonde qu'on ouvrait lors des pêches automnales, lorsqu'on asséchait l'étang et que, à sa surface, foisonnaient les nageoires dorsales des tanches et des carpes. Les pêcheurs plongeaient leurs filets dans le grouillement des poissons fous de peur, et ils les retiraient de l'eau trouble, couverts de vase. Ils les déversaient sur les planchers des barques ou sur la rive boueuse, piétinée et grasse.

Pour l'instant, l'étang était en son plein. Dans le crépuscule, Montagard demeurait immobile auprès de l'arrivée d'eau courante dont le ruissellement se fondait dans l'eau dormante où chassaient encore à cette heure quelques perches ou quelques brochets.

Il remonta le cours du ruisseau en marchant au bord d'une route poussiéreuse puis en empruntant un sentier sur le talus d'où se dressaient des carex et des saponaires. Il reconnaissait les maisons de pisé, aux toits de tuiles romaines, les biefs des moulins abandonnés. Il suivit une haie d'aubépins aux fruits rouges, traversa des prés. Et tout de suite, au bas d'une croupe de terrain taillée en falaise, dans un humble hémicycle, il aperçut l'eau sourdre entre les couches de glaise et de gravier. Sa surface était couverte de cresson vert où s'accrochaient quelques brindilles.

Pilduski toussota. La mémoire de Montagard s'éclaira d'un soleil rasant qui transperçait les frondaisons dont il écoutait le murmure. Les chants et les sons resurgirent des profondeurs d'un autre temps. Lui-même se confondait avec l'espace car il demeurait immobile comme jamais il n'avait su l'être.

Les images se pressaient sous ses paupières. Pourtant tout demeurait fragmentaire et il ne parvenait pas à rassembler les pièces de ce puzzle. Aux éclats de l'eau, à la verdure des ramures s'opposaient des plages grises qu'il ne pouvait combler. Dans la lucidité de son songe, il se rendit compte qu'il n'appréhendait que des mots qui lui étaient chers et qui appartenaient à la substance de son être mais qui n'étaient rien.

Un crissement d'insecte gratta encore au bord de la nuit la sécheresse de l'été. Il s'accroupit et plongea ses doigts dans l'eau vive. Ce fut cette sensation de froid qui le ramena à la réalité.

Il retrouva son corps meurtri et pesant. Au dehors, la vraie nuit s'étendait : dans les cours de l'hospice, batailles de chats, griffures, miaulements, souffles rauques, lueurs de lune, ombres démesurées. La buée qui avait flotté sur le soir au-dessus de la ville avait disparu. Les enseignes lumineuses étaient éteintes. Seules demeuraient éclairées les lampes qui jalonnaient les avenues.

Pour la première fois, une sorte de connaissance neuve effleura l'esprit de Montagard : il avait une âme. Elle n'était qu'une part toute menue de lui-même, différente de l'esprit qui juge et qui critique, immobile et presque indifférente aux contraintes du corps et des sens. Immuable et peut-être éternelle et pourtant non différente de l'espèce des vivants et des morts.

Il demeura un instant confronté à sa découverte. Elle imposait un choix. Il aurait fallu faire le saut. Une douleur le rappela à l'ordre. Il était incapable de franchir ce seuil. Cette délivrance lui apparut même comme une trahison, un reniement difficile.

Lorsqu'il se tourna dans son lit, l'aube allumait une fois encore le ciel à l'orient. Il n'était pas mûr pour ce combat.

Il avait dû dormir et ce rêve n'avait duré qu'un instant.

Les femmes de service avaient commencé leur travail. Il entendit se fermer les portes métalliques de leurs vestiaires. Les femmes parlaient de leurs horaires. La vie était au-dehors.

Sa première nuit à l'infirmerie s'achevait. Kupfer dormait encore. Pilduski buvait au goulot d'une bouteille quelques gorgées de vin.

Dans la matinée, Desportes, entouré de son conseil, entra dans la chambre et marcha vers le lit de Montagard :

– Comment va-t-il ?

– Rien de nouveau, rien de précis, dit Masson. Les nouvelles analyses sont parties ce matin.

Desportes ricana :

– Toujours la même prédilection pour la biochimie ! Croyez-vous que la multiplicité de ces examens soit réellement nécessaire ?

Vieille querelle que celle qui avait si longtemps autrefois opposé la clinique au laboratoire. Pour Masson, elle n'avait plus de sens.

– Absolument indispensable, dit-il avec déférence et fermeté. Je ne suis pas si sûr qu'il n'y ait rien de nouveau, reprit-il. Il me semble avoir perçu la rate de M. Montagard.

– La rate ! s'exclama Desportes. Ce serait la découverte d'un signe capital.

Il était saisi d'une hâte fébrile. Il se fraya un passage parmi les étudiants et invita Montagard à se coucher sur le côté droit. Il s'accroupit auprès du lit. Penché sur sa victime, il insinua ses doigts sous les côtes de Montagard.

– Respirez profondément, dit-il.

Montagard consentit à quelques inspirations. Desportes regardait dans le vague, absent. Ce n'était pas l'extase mais, semblait-il, l'attente d'une lueur divine. Finalement, il se redressa et ses lèvres dessinèrent une moue.

Il n'était pas d'accord avec Masson. Le cercle se resserra. Montagard restait indifférent. Une lueur pâle éclaira son visage.

– Je vous assure, reprit Masson, qu'il m'a bien semblé, hier soir, la sentir.

– Elle n'y est plus, en tout cas, ce matin, dit simplement Desportes. Vous savez, ajouta-t-il à l'intention de son entourage, que la palpation de la rate demeure l'un des signes cliniques dont la recherche est le plus difficile. Il existe, bien sûr, de très grosses rates dont la perception est aisée. Quant aux rates de moyen volume et, à plus forte raison, de petit volume… il faut tourner cent fois sa langue dans sa bouche avant d'en affirmer la présence.

– Mais enfin, si M. Masson l'a trouvée, dit Claire.

– Oui, je sais que vous êtes toujours d'accord, fit Desportes.

Masson, mécontent par le démenti public, se promettait d'y revenir.

– Il est certain, ajouta Desportes en s'adressant à Masson, que je ne peux vous apporter une contradiction absolue. Peut-être est-ce moi qui ai tort.

Il se balançait parmi le groupe des blouses blanches. Il sembla hésiter puis marcha résolument vers la fenêtre. Sa suite glissa derrière lui. Tous découvraient les pavillons qui se présentaient à eux dans le matin frais et leur gloire neuve.

– Souvenez-vous des premiers temps, dit-il.

Ils contemplaient l'œuvre achevée qui constituait à leurs yeux une réussite. Une seule ombre : la lenteur de l'aménagement du pavillon rouge ou pavillon D en établissement hospitalier.

– Il faut bousculer les entrepreneurs, il faut qu'ils sachent que dans quelques mois tout doit être prêt pour que nous puissions y transporter les malades de nos infirmeries, dit Claire.

– Pas facile, répliqua Desportes. J'essaierai pour vous, pour toi.

Fangio, plus que quiconque, se montrait incrédule. Il savait qu'il était impossible de recruter un personnel qui consentît à s'occuper de vieillards.

Desportes saisit le regard de Claire. Il comprit qu'elle souhaitait que cette transformation fût accomplie au plus vite.

–Vous m'emmènerez là-bas, dit-elle.

– Promis. Il faut que dans les six mois nous ayons franchi ce dernier pas.

Six mois ! Ces mots atteignirent Montagard comme une balle.

Desportes avait posé ses mains sur les épaules de Fangio et de Masson. Claire était proche.

– Vous m'avez beaucoup aidé, dit-il. Il faut me seconder encore. Votre présence ici a transformé ma vie. Vous m'avez non seulement apporté votre jeunesse mais aussi des connaissances nouvelles et un savoir plus frais. Quant à moi, je vous ai donné ce que j'ai pu de mon expérience. Je crains de vous avoir parfois appris le doute. Ne faites pas attention à mon scepticisme.

La visite dans la chambre était terminée. Le groupe refluait. Desportes revint sur ses pas.

– Je vous assure que dès que le pavillon rouge sera terminé, je vous y ferai transférer. Il conviendra mieux à votre dignité.

La chambre recouvra son silence. Montagard ne se souciait plus guère de sa dignité et ce futur promis pour un avenir si lointain ne pouvait le concerner. La vieillesse était-elle vécue différemment dans une chambre neuve ou à l'infirmerie d'un ancien hospice ? Ses compagnons étaient de braves gens dont il ne redoutait pas de partager la vie. Rien ne lui aurait été aussi pesant que la solitude. N'était-il pas plus sage de se résigner ?

Desportes et les internes descendaient l'escalier. Ils entrèrent dans le bureau pour discuter ensemble comme ils le faisaient souvent à la fin de la matinée.

Cette amitié que Desportes leur avait vouée appartenait à une confiance réciproque, une sorte de perfusion mutuelle, si bien qu'il apparaissait difficile que chacun d'eux trois pût vivre sans l'appui des autres.

Desportes dénoua la ceinture de son sarrau. Il lui semblait que le cas de Montagard illustrait une fois encore une pensée qui lui était chère : la vieillesse et la maladie étaient une. L'âge accumulait en chacun de nous les réponses que l'organisme avait jetées au cours de la vie dans la bataille quotidienne pour se défendre contre les agressions extérieures et surtout intérieures. Il insista :

– Comprenez-vous, Masson. La vieillesse n'est que le résultat de phénomènes d'auto-défense, auto-immunitaires, comme on dit. Chacun élabore par lui-même et en lui-même les éléments de sa propre destruction. Cette marche est irréversible, parfois marquée d'étapes.

Tout corps prépare sa propre déchéance. La mort n'est qu'un suicide méconnu.

Masson songea à la chambre que Montagard occupait à la Résidence. Les « Cèdres » lui parurent très éloignés. Il ne s'y rendait presque plus. Le ciel était blanc. Une idée lui traversa l'esprit : n'existait-il pas un parallélisme symbolique entre l'invasion progressive de la ville et l'évolution vers le grand âge ? La ville n'était-elle pas, malgré les apparences, l'image de la décomposition prochaine ?

– Votre hypothèse ne repose pour l'instant sur aucun contrôle biologique, dit-il cependant à Desportes.

– Vous verrez, Masson, que dans vingt ou trente ans la génétique et la biologie me donneront raison, répliqua Desportes en passant sa veste.

Ainsi s'achevait cette matinée où Desportes avait retrouvé l'atmosphère des hôpitaux qu'il avait tant aimée dans sa jeunesse.

Voici six mois que Montagard se trouve à l'infirmerie A. Il a traversé l'été et l'automne et il va plutôt mieux. Il semble que les comprimés qu'on lui a fait absorber depuis son arrivée l'aient soulagé. L'amélioration n'a été que progressive mais sa fatigue est moins accablante et il parvient à se déplacer avec plus de facilité.

Aucun signe nouveau n'est venu éclairer les médecins. Toutes les analyses sont muettes, sauf une, toujours la même. C'est ce que résume Desportes en disant que le dossier de Montagard contient un fait discordant.

Montagard a vécu suivant le rythme imposé par le service de l'infirmerie.

Tous les malades sont éveillés dès six heures par l'arrivée des « blouses bleues », c'est-à-dire des femmes de ménage. À cette heure, en cette saison, le jour n'est pas encore levé. On attend que Claire arrive pour procéder aux prises de sang puis on sert le petit déjeuner. Les plus valides s'alignent dans le couloir et tendent un bol ou une assiette creuse qui reçoit le café au lait ou une louche de potage. Les autres restent assis au pied de leur lit. Passe le marchand de journaux. Certains achètent le quotidien du lieu. Le marchand reprend l'exemplaire de la veille en espérant le revendre à quelque innocent qui ne songera pas à vérifier la date.

Ensuite, les fenêtres sont ouvertes, on balaie la chambre, on découvre les lits et frappe les matelas. Dès que les tinettes ont été vidées et la vaisselle du petit déjeuner desservie, les aides-soignantes commencent à procéder aux toilettes malgré les protestations de certains.

Claire distribue ensuite les comprimés et chacun se recouche en attendant la visite des médecins.

Montagard ne les intéresse plus guère. Ils passent auprès de lui et lui adressent parfois quelques mots. Ainsi les ponts ne sont pas rompus. C'est Kupfer qui retient plutôt leur attention désormais. Montagard ignore pourquoi et Kupfer qui n'est pas curieux ne cherche pas à le savoir. On discute de son cas. On lui ponctionne le ventre de temps en temps pour en retirer un ou deux litres de liquide. Son ventre ne dégonfle pas pour autant. Il subit patiemment bien d'autres supplices.

On déjeune à onze heures. Pilduski et Montagard s'asseyent à une petite table, Kupfer sur son lit où il a disposé son couvert. Il contemple avec avidité la topette de vin qu'on a distribuée à ses compagnons. Il est privé, lui, de cette boisson. On lui impose un régime et il proteste tous les jours contre cette brimade. Il a tellement bu autrefois.

Vers midi, commence la sieste. On peut parfois dormir ou somnoler pendant une demi-heure. Puis s'offre l'après-midi où le temps coule avec lenteur. Comme il le faisait autrefois à la Résidence, Montagard a pris l'habitude de s'accouder à la fenêtre. Il contemple la cour dont il connaît maintenant toutes les aspérités du sol. Il aperçoit souvent, parmi les autres pensionnaires qui vont et viennent, un nain dont il ignore le nom. Le nain est coiffé d'une casquette et une trop longue pèlerine jetée sur ses épaules traîne jusqu'au sol. Il s'appuie pour marcher à des béquilles. Ses bras sont courts et ses pieds divergents, chaussés de lourdes galoches, ressemblent à des nageoires.

Sous la fenêtre, au ras du mur, les bancs sur lesquels sont assis les couples. C'est à cette heure que les hommes et les femmes se retrouvent. Ils sont satisfaits d'être ensemble. Une bouteille de vin est posée à côté d'eux. Ils boivent de temps en temps. Les minutes passent et ils demeurent immobiles et silencieux sous le premier soleil. Les chats les entourent, s'offrent, queue relevée, aux caresses. Ils cohabitent avec les rats qui grignotent le pain jeté par les fenêtres. Ils sont bien vivants et ne propagent pas d'épidémie. Aussi Montagard comprend pourquoi les pensionnaires les traitent avec familiarité et bienveillance. Si l'un d'eux crève, la corvée ramasse son cadavre. Ils partagent le même destin que les hommes.

Lorsque le spectacle de la cour lasse Montagard, il gagne le couloir et rend visite aux malades des autres chambres : ce sont surtout des catarrheux, des prostatiques qu'on nomme « des urinaires ». Les chambres sentent la pisse et le tabac refroidi.

Montagard a retrouvé ainsi Pizzuti qui occupe depuis bientôt sept ans le même lit. En le regardant, Montagard se souvient du temps où il était révolté, lorsqu'il croyait que sa femme allait guérir et qu'il avait appris qu'elle était en train de mourir. Pizzuti est depuis longtemps résigné. Il continue à tousser et à cracher mais il vit et il n'en demande pas davantage. Ils se sont parlé deux ou trois fois. Leurs conversations ont été brèves. Ils n'avaient rien à se dire.

Quant aux autres ? Tous ont acquis un aspect particulier par la longue immobilité qui leur est imposée.

Souvent leurs visages n'expriment aucune pensée et leurs traits sont figés. Ils sont mal rasés, hagards.

Montagard s'est parfois assis auprès de certains d'entre eux et il les a questionnés. La plupart se sont montrés incapables de raconter leur vie. Peut-être se sont-ils tus par pudeur. Quelques-uns lui ont confié qu'ils étaient entrés à l'hospice parce qu'ils n'avaient plus d'emploi ou parce qu'une maladie chronique ou un accident du travail les avaient réduits à l'inaction. Les souvenirs demeurent confus, englués dans la mémoire où ils ont essayé de les enfouir.

Que sont devenus leur femme, leurs enfants ? Ils ne le savent guère et cet abandon ne les a pas affectés. D'ailleurs certains d'entre eux sont entrés à l'hospice en même temps que leur femme. Ils y ont d'abord vécu ensemble dans l'une des trop rares chambres réservées aux ménages. La vieillesse, l'impotence les ont séparés et chacun vit dans l'une des annexes de l'hospice. L'affaiblissement a définitivement désuni le couple. Montagard hoche la tête. Il a connu cette expérience. La mort de sa femme lui apparaît toujours aussi irréelle mais aussi lointaine.

Montagard s'est proposé pour écrire leur courrier. Ils y ont consenti. Ils ont expédié des cartes postales en couleur qui montrent les belles avenues de la cité neuve, les pavillons, la plage et ses estivants sous le soleil, à des adresses incertaines. Ils n'espéraient pas de réponse.

Montagard s'est lassé. Il a recherché la compagnie de ceux qui jouent aux cartes, qui discutent politique en buvant un coup de vin ensemble car le vin demeure le plus puissant motif de leur solidarité. Finalement, il n'a pas été retenu par cette camaraderie. Il s'est souvenu que, un jour, Desportes lui a parlé du déracinement profond des vieilles femmes. Celui des hommes est aussi profond mais mieux supporté. Ils acceptent plus facilement la malpropreté, l'indifférence et ils parviennent à nouer quelques liens entre eux.

Un dimanche matin, ils se sont presque tous placés devant les fenêtres de l'hospice. À Saint-Pierre, on célébrait une fête : celle, disait-on, du jumelage de la nouvelle cité avec une petite ville allemande, Linzderbach. Un drôle de nom ! La population de Saint-Pierre était presque chaque dimanche invitée à participer à une réjouissance. Des fêtes dérisoires qui appartenaient à un autre monde que celui de l'hospice.

Durant l'après-midi, Montagard a gagné une petite pièce située à l'extrémité du couloir pour aider Claire à plier des compresses de gaze et à préparer les comprimés du lendemain. Il se sent en confiance auprès d'elle. Elle a dit qu'il faudrait que le personnel se mît en grève parce qu'il est trop peu nombreux.

– Cela ne changerait rien, a dit Montagard.

Claire a parlé des inégalités sociales qui la révoltent. Elle voudrait bouleverser la société. Révolutionnaire, oui ! Mais le syndicalisme où elle milite la déçoit parce qu'il n'a pas d'âme. Ses camarades sont trop préoccupés par des questions matérielles.

Les vitres de la fenêtre sont de verre dépoli. Le chrome du stérilisateur brille et reflète leurs visages déformés.

Claire raconte qu'elle a perdu son père récemment. C'est avec lui qu'elle parlait le soir lorsqu'elle rentrait chez elle après son travail.

– Je n'ai plus personne à qui me confier, dit-elle.

– Masson, Fangio et le docteur Desportes vous apprécient, dit Montagard.

– Je n'ose pas parler au docteur Desportes. Il est si changeant.

– Parce qu'il a peur.

Ils restent assis, silencieux, l'un auprès de l'autre.

Ainsi passent les jours. Le lit qui fait face à celui de Kupfer est toujours inoccupé. Desportes l'appelle le lit de dépannage. De temps en temps, on y dépose un ivrogne ramassé dans l'un des squares de Saint-Pierre ou dans les jardins de la Résidence. Il y cuve son vin pendant la nuit et, au matin, on le renvoie à son dortoir.

Montagard connaît très bien la place de son lit dans la chambre. Il serait impossible de le déplacer de quelques centimètres sans qu'il s'en aperçût. Il sait qu'il occupe le lit le plus proche du sud-ouest dans l'annexe des hommes et que derrière l'épaisseur du mur se trouvent les escaliers et la cage grillagée du monte-charge. Il n'a jamais eu l'audace de s'aventurer sur le palier. La disposition de la table et des chaises lui est si familière qu'il peut avec aisance se mouvoir au cours des nuits lorsqu'il est contraint de se lever. Il gagne à tâtons les cabinets. Sur son chemin, il rencontre parfois des formes blanches qui avancent en titubant vers on ne sait trop quel but.

Dans son lit, Montagard se trouve à l'aise. C'est son domaine. Son corps y a creusé une vallée et avant de s'y glisser il s'efforce de faire disparaître les plis de draps et d'en lisser les pentes. C'est pourquoi, chaque soir, il prépare sa couche avec minutie.

Tout ce qui entoure le vieil hospice s'ordonne dans un éloignement feutré. La ville de Saint-Pierre, les pavillons, la Résidence où il a passé deux ans lui paraissent appartenir à un espace très vaste. Ils y sont disposés et disséminés dans une sorte de lointain et il en est séparé par des distances, lui semble-t-il, impossibles à franchir pour un homme de son âge et de sa condition.

Sa belle-fille est venue plusieurs fois lui rendre visite. Elle lui a apporté de menus cadeaux. Il les a reçus comme un témoignage de l'intérêt qu'elle lui porte. Confiserie, biscuits. Il les a remis à l'infirmière. Chaque fois, sa belle-fille est restée une heure assise auprès de lui. Ils ont échangé quelques paroles. Un dimanche, à la fin du dernier été, elle lui a demandé combien de temps il comptait rester encore ici. Il a répondu qu'il ne le savait pas. Il a tenté d'abréger l'entretien.

– Surtout, a-t-il dit après un long silence, ne vous mettez pas en retard pour moi. Vous savez combien la circulation est difficile ; si j'en juge par les phares des voitures les encombrements doivent être nombreux.

– J'ai bien encore cinq minutes avant de prendre l'autobus.

Ces cinq minutes ont été très longues pour Montagard. Il a regardé sa montre. Il souffrait presque de cette présence.

Elle se retira avec un visage portant les signes d'une vague culpabilité. Il haussa les épaules et s'approcha de la fenêtre. Il la regarda s'éloigner à pas pressés. Il ne comprenait pas cette fidélité. Elle lui était indifférente.

Il songea à sa solitude. Ses anciens compagnons de la Résidence s'étaient abstenus de toute visite. Il est vrai que Lebrun devait être bien diminué et que Tavernier, poursuivant ses chimères, pouvait avoir d'autres préoccupations.

Il ne se doutait pas que, au cours de la nuit précédente, Syntheuil s'était échappé et avait marché longtemps dans les rues de Saint-Pierre. Égaré, perdu, alors que des halos de brume voilaient les lumières des lampadaires et des feux de circulation, il n'avait su où se diriger. Il entendait les pas des hommes lancés à sa poursuite. Tellement perdu, Syntheuil, qu'il avait fait plusieurs fois le tour du même quartier pour se retrouver toujours au même carrefour !

Depuis plus d'une heure, Orsini et les surveillants le cherchaient. Ils étaient enfin parvenus à le rejoindre et à se saisir de sa maigre personne à peine vêtue. On l'avait embarqué dans une voiture et il avait dû regagner la Résidence. Pas pour longtemps !

Au milieu de la nuit, on amena un nouveau malade sur un chariot. Masson le suivait. L'agitation était telle dans la chambre, au fond du couloir, que l'infirmerie entière s'éveilla. Peu à peu, les petits vieux s'assemblèrent autour du lit. Montagard alla voir. Une voix grommela :

– Encore un de la Résidence !

Montagard reconnut Syntheuil plongé dans le coma. Il respirait profondément, ronflait. Sa gorge était encombrée de mucosités. Masson et le veilleur de nuit s'affairaient et tentaient de disperser les curieux.

– Lui qui aimait tant les couleurs, murmura Montagard.

– Il y a longtemps qu'il ne les distinguait plus, répliqua Masson. Allez donc vous coucher, monsieur Montagard !

Montagard obéit.

Syntheuil survécut sans reprendre conscience. Un jour, il disparut. Montagard crut qu'il était mort. Il avait été simplement transféré à l'infirmerie B. Claire pensait qu'il n'y resterait pas longtemps et que Desportes demanderait sa mutation prochaine dans la salle des grabataires.

Puis la vie reprit son cours à l'infirmerie et comme Montagard n'avait pas entendu le glas, il pensa que Syntheuil vivait encore. C'était probable mais non certain. Il était possible que Syntheuil ait été enterré civilement ou ait été incinéré. Cette dernière solution ne déplaisait pas à Montagard. Il trouvait que c'était une façon assez propre de disparaître sans être abandonné à la décomposition.

Les jours passèrent. Montagard oublia. Il n'y avait plus de saisons.

Un matin qui était sans doute pour les autres un matin d'automne, Montagard a vu le directeur arrêter sa voiture devant la porte de la citadelle administrative et y disparaître.

Desportes a surgi dans la chambre entouré de ses internes et de ses stagiaires. Ils y ont pénétré en rôdeurs, en chasseurs qui cherchent leur proie. Tout à coup, Montagard s'est aperçu que Kupfer montrait des signes d'inquiétude. Il s'efforce de se dissimuler derrière le journal qu'il parcourt. Il reste immobile et essaye de se faire oublier.

Les médecins s'avancent et, selon leur habitude, commencent à consulter les feuilles de température. Kupfer sait qu'il a commis une faute qu'on ne lui pardonnera pas. Depuis une semaine, il urine au lit et il ne sait pas pourquoi. Son cerveau lui paraît embrumé. Le besoin est brusquement si pressant qu'il n'a pas le temps de se lever. Les veilleurs doivent changer ses draps.

Les médecins progressent lentement. Ils cherchent. Ils passent innocemment devant Pilduski et devant

Montagard. Finalement, ils s'arrêtent auprès du lit de Kupfer. Ils l'entourent. Kupfer est cerné. On lui ôte son journal des mains, on lui palpe le ventre. La bouche de Desportes esquisse une moue. On chuchote. Montagard se rend compte que Claire et les internes prennent le parti de Kupfer.

– Je veux bien, je veux bien, répète Desportes. Mais qui, alors ? Indiquez-moi quelqu'un d'autre. Allons voir ailleurs.

Le cortège s'éloigne et Kupfer croit qu'il est sauvé. Il a tort. Une demi-heure plus tard, Montagard observe de nouveau les médecins revenus dans la chambre.

Desportes questionne Claire.

– Je ne te comprends pas. Tu te plains d'avoir trop de travail et vous me dites qu'il pisse au lit. D'ailleurs, j'ai besoin d'une place. Vous muterez Kupfer à l'infirmerie B.

C'est fini. Il suffit maintenant à Kupfer d'attendre. Il ne paraît pas accablé par cette décision. Il se résigne très vite et il commence à rassembler les quelques objets qui lui sont familiers.

Sur la fin du même jour, on a changé le matelas et les draps du lit.

Montagard sait que son tour viendra bientôt.

Le lit abandonné par Kupfer ne demeura pas longtemps inoccupé. Le lendemain de son départ, Montagard eut la surprise de voir arriver Lebrun. Il apportait, lui aussi, sa petite valise qui contenait ses chers cahiers. Il était accompagné de deux solides gaillards d'infirmiers qui le déshabillèrent en un clin d'œil et l'invitèrent à se glisser entre les draps. Montagard observa l'attitude de son ancien ami, écouta ses protestations lorsqu'on le dépouilla de ses vêtements mais se tut.

Lebrun reçut la visite des internes puis de Desportes qui était pressé. La raideur qui depuis longtemps entravait ses mouvements s'était beaucoup aggravée. Il marchait à pas menus et, dès qu'il s'arrêtait, était saisi d'un tremblement de tout le corps dont la rapidité s'exacerbait comme s'il se fût trouvé en perpétuel déséquilibre. Ce tremblement était si vif qu'il interdisait à Lebrun de se servir lui-même.

On s'aperçut bien vite qu'il ne pouvait se nourrir seul. L'aide-soignante était obligée de lui présenter sa pitance cuillerée après cuillerée et lorsqu'il était rassasié un mince filet de salive s'écoulait du coin de ses lèvres sur ses vêtements.

Il découvrit la présence de Montagard après quelques jours seulement. Il parut en éprouver une vive satisfaction et l'émotion accrut le tremblement.

Montagard, sans rancune, l'initia aux habitudes de l'infirmerie et l'accueillit comme un vieux camarade dont les hasards de l'existence l'avaient pour un temps séparé.

Montagard, malgré son incuriosité, ne manqua pas de l'interroger sur le destin de leurs anciens compagnons. Lebrun s'assit sur le lit et alluma une pipe. Il annonça la mort de Mme Renaudin, décédée depuis trois mois dans le Midi. Renaudin était éploré. Il vivait dans une maison de retraite près de la mer. Lebrun n'avait reçu de lui qu'une seule lettre. Depuis, il ne savait plus rien.

– J'ai dû supporter la cohabitation avec Tavernier, dit-il. Ce n'était pas facile. Son idée fixe ne l'a pas quitté. Il surveille toujours le rivage, du moins ce qu'il en reste de visible. Il reste persuadé qu'il va se passer quelque chose. Il croit reconnaître partout des agents ennemis. Il guette les allées et venues de chacun et écoute le moindre bruit.

La pipe de Lebrun crachota :

– Je ne pouvais plus dormir, ajouta-t-il. Tavernier veillait chaque nuit. Il devenait de plus en plus violent. On ne peut plus apercevoir l'océan de la Résidence. Les immeubles s'élèvent partout et Tavernier se rendait compte que sa surveillance était illusoire.

Montagard regarda Lebrun avec commisération :

– Tu as beaucoup maigri.

– Tu me trouves vraiment changé ?

– Il ne te reste plus que la peau et les os.

Lebrun soupira :

– Nous voilà réunis une fois encore. Et cette fois, jusqu'à la fin. Tu ne m'en veux pas ?

– Il y a longtemps que j'ai perdu l'habitude de juger quiconque, dit Montagard. Non, je ne t'en veux pas. La vie est ici acceptable. Il y fait chaud, la nourriture est suffisante, le personnel dévoué. Que demander de plus ?

Lebrun, ému, baissa la tête. Pidulski toussa. Lebrun essuya ses paupières rougies de son mouchoir.

– Cesse de trembler, dit Montagard, tu me fatigues.

– Tu m'as devancé de quelques mois.

– D'un an et tu n'es jamais venu me voir.

– Que t'aurais-je dit ? Que nous n'étions plus que dix à la Résidence.

– Dix ! Il y a eu de la casse.

– Des démissions aussi. Desportes y a suspendu les admissions. Il ne veut plus recevoir là-bas que des vieillards valides.

– Tu as raison. Tes visites n'auraient servi à rien.

Lebrun se tut. Il écoutait le vent.

– J'ai à tout hasard apporté un flacon de l'eau des Herbiers, reprit-il. Veux-tu que nous le partagions ?

– Je ne crois pas à l'eau de saint Hilaire.

– Tu as tort. Cette source attire de plus en plus de gens. De toute façon, lorsqu'il n'y a plus rien à espérer, on peut toujours essayer d'en boire. Grâce à elle, Saint-Pierre s'étend de plus en plus. Et il existe des projets…

– Quels projets ?

– Une ville nouvelle, au nord, vingt mille personnes y logeront dans cinq ans.

– Ça ne m'étonne pas. On exploite la crédulité publique.

– Tu es toujours aussi intransigeant !

– Toujours et il est trop tard pour changer.

Lebrun regagna les abords de son lit, feuilleta ses cahiers. Il revint pourtant peu après vers Montagard pour lui demander où se trouvaient les cabinets. Il se tenait le bas-ventre.

– Au fond du couloir, à droite. Fous le camp, tu vas pisser dans ton pantalon.

La ville pressait l'hospice de plus en plus étroitement. Un no man's land de banlieue subsistait encore. Lorsque le vent soufflait du sud, la puanteur d'une usine d'assainissement des eaux usées parvenait jusqu'à l'hospice.

De nouvelles enseignes tapageuses avaient surgi sur la ville. Les lumières des stations d'essence multipliées, l'incandescence des publicités colorées de feux agressifs l'entourait. Montagard découvrait une fois encore les pavois frissonnants sous le vent aigrelet de la nuit. Les enseignes nouvelles de cinémas, « L'Imperator » « Le Royal », rougissaient les eaux de l'estuaire.

La nuit descendit et l'esprit de Montagard fut envahi par la mémoire des champs, des eaux, des ciels et des arbres. Il fut épouvanté en songeant qu'un jour viendrait où il perdrait la perception des sons, des couleurs, des odeurs. Il se rassura pourtant. Ses compagnons acceptaient leur condition. Il regarda vers la fenêtre : la nuit, le fourmillement des étoiles pesait sur la cour.

Il n'était que trop vrai, songeait-il, que chacun admettait sa condamnation. Il fallait croire que l'Enfer était acceptable pourvu qu'on s'y trouvât encore vivant. La puissance de la résignation humaine était telle qu'elle finissait par rendre quiconque insensible aux tourments.

Il se tourna dans son lit. La chambre n'était pas obscure. Il était gagné par une angoisse qu'il n'avait pas connue jusqu'ici. Pour la première fois, il ressentait un dédoublement de son être et il ne reconnaissait pas son double bien qu'il lui fût proche. D'une proximité étrange. « Qu'es-tu devenu, Montagard ? Tu n'es plus le même et pourtant tu es toujours là. »

Brusquement, le souvenir de sa femme s'insinua en lui. Il la revit. Ils étaient jeunes et marchaient côte à côte dans cette allée de peupliers où pour la première fois il avait saisi la main de Maria. C'était juillet. Il ne pouvait détacher son regard de ce visage brun, aux yeux noirs, aux cheveux légèrement ondulés. Ils s'arrêtèrent. Elle appuya sa tête à son épaule. L'étang était proche. Les cheveux de Maria avaient le parfum du foin. Une pie s'envola. Un pivert frappait de son bec l'une des plus hautes branches. Dieu que le corps de Maria sentait bon ! Il se trouvait profondément remué, victorieux, protecteur et protégé. Elle l'aimait donc autant qu'il l'aimait. Alors la vie serait simple. Il entendit Maria murmurer : « Nous ne serons jamais seuls. »

Quelques jours plus tard, la fébricule et les douleurs des os s'installèrent à nouveau. Elles condamnèrent très vite Montagard à ne plus quitter son lit. Une escarre apparut à l'un des talons. Il se demanda quelle position adopter pour moins souffrir. Cette question n'avait pas de sens. Au cours de certaines nuits, il mordait son drap pour ne pas hurler.

Masson, vigilant, venait chaque matin assister aux soins que prodiguait Claire avec son adresse et son dévouement coutumiers.

Tout pansement procède, lui aussi, d'un rite et Masson assistait au déroulement de cette liturgie en observant les progrès du mal et il lisait dans le regard de Claire dont le visage soudain s'empourprait le désarroi et l'impuissance.

– Est-ce que la plaie va s'agrandir ? demandait-elle.

Masson disait que M. Montagard devait se lever davantage.

– Je ne tiens plus debout, répliquait-il. Faudra-t-il me couper le pied ?

Ils répondaient que ce geste serait inutile et comme Montagard cessait de s'alimenter, ils décidèrent de mettre en place des perfusions.

Les visages de Masson et de Claire étaient soucieux. Il était dans leur habitude de tout tenter pour prolonger la vie.

Ces perfusions ne procurèrent à Montagard qu'une douleur supplémentaire non seulement par la répétition de la pénétration de l'aiguille mais surtout par la longue immobilité qu'elles imposaient. Pourtant Claire était habile, ses gestes prompts et précis et elle surveillait avec patience l'écoulement goutte à goutte du liquide.

Parallèlement au déclin de Montagard, l'état de Lebrun empirait. Dans la chambre surchauffée, éclairée par l'hiver, désorienté par sa nouvelle vie recluse, Lebrun se clochardisait. Le goût de vivre, cet élan élémentaire, l'abandonnait. Il portait un pantalon couvert de taches dont il laissait la braguette ouverte et crachait dans une boîte en carton posée sur la table de nuit.

« La clochardisation » était un mot dont usait souvent Fangio lorsqu'il assistait à la déchéance progressive des hommes transférés à l'infirmerie. Ce phénomène presque constant, auquel Montagard avait échappé, survenait avec plus ou moins de précocité. Desportes estimait, sans en être assuré, que s'il avait disposé d'un personnel plus nombreux, il aurait pu en reculer l'échéance de quelques mois. Mais le « nursing » était impossible dans son domaine. Le mot était charmant et combien révélateur.

Se clochardiser, c'était avant tout le refus de toute hygiène corporelle, du bain hebdomadaire, de se raser ou de se laisser couper les ongles. C'était aussi le refus de prêter attention à la façon de saisir une fourchette ou une cuiller. C'était accepter l'ennui dans un art immobile de l'attente, sans prendre intérêt aux moindres événements survenant dans la chambre qui auraient pu distraire de cette contemplation interne et passive. C'était regarder sans voir, écouter sans entendre et ne laisser affleurer qu'une conscience suffisante pour parvenir à végéter dans le calme et le gris.

Ainsi Lebrun glissait vers l'absence. Il avait atteint le stade de l'apparente résignation que rompaient parfois de brusques accès d'agressivité. Il cherchait alors avec énervement ses cahiers, en feuilletait les pages qu'il ne pouvait plus lire. Les lignes tracées de sa fine écriture se brouillaient devant ses yeux. Il arrivait que l'un d'entre eux glissât de ses doigts. Toute sa vie s'écroulait dans cette chute. Ses mains aveugles, tremblantes, s'efforçaient de saisir le cahier tombé.

Un jour, Claire, plus prompte, ramassa le cahier avant lui. Elle eut le temps de lire ces quelques mots : « Aujourd'hui vent du nord-ouest. Anniversaire de la mort du général et de la mort de Titine. Ne pas oublier l'héritage Bornas. Deux parcelles au lieu dit le "Grand Lurin". »

Tels étaient les secrets jalousement gardés par Lebrun. Ses carnets ne contenaient rien.

Il était évident que ni lui, ni Montagard ne se trouvaient à leur place dans cette chambre de l'infirmerie A.

Cette réalité aveuglait les médecins qui devraient bientôt décider du sort réservé aux deux compagnons.

Les nuits étaient de plus en plus longues. On approchait une fois encore du solstice. Montagard s'était presque habitué à sa douleur. Et même, il ne pouvait plus la considérer comme étrangère. Elle appartenait maintenant à sa substance et elle était parvenue à recréer l'unité de sa personne un instant désunie.

– Vous paraissez souffrir de plus en plus, demandait Desportes, soucieux.

Jamais, aux yeux de Desportes, qui avait vu pourtant beaucoup mourir, le personnage de Montagard n'avait acquis une telle profondeur. Montagard n'était même pas un symbole. Il était tout simplement l'homme souffrant, excorié.

– Ah, disait Montagard, il me semble que si je cessais de vivre, ma douleur persisterait encore, à ma place, dans ce lit, comme un souvenir.

Desportes se rendait compte, une fois encore, qu'il était ignorant, démuni, et que rien, sinon les drogues qui plongent dans l'inconscience, ne parviendrait à soulager Montagard.

Avait-il le droit de les utiliser et à partir de quel seuil ? S'il les employait trop précocement, il s'avouerait vaincu par la division qu'il apporterait à l'unité de l'être. Fallait-il à tout prix apaiser ou laisser à chacun la conscience de sa propre existence ?

La réponse de Fangio était simple : il fallait utiliser ces drogues à partir du moment où le malade les réclamait.

Mais Montagard ne demandait rien.

–Vous m'étonnez, dit un jour Montagard à Desportes. Vous paraissez encore convaincu de l'utilité de ce que vous faites.

– Nous sommes ici pour gagner du temps, répliqua Desportes.

– Et si le temps ne comptait pas ?

– Mais le temps compte.

Et Desportes ajouta sur le ton de la plaisanterie :

– À moins que vous ne soyez convaincu de la vie éternelle ! Vous n'auriez pas cette faiblesse.

Un grand vol de mouettes dérivait au-dessus de l'estuaire. Desportes s'agita, releva un pan de sa blouse. Des clés tintèrent dans sa poche. Il ajouta :

– On ne doit pas renoncer à soi-même.

– Nous finissons tous ainsi quand nous savons que la partie est perdue. C'est une expérience qu'il faut vivre pour comprendre, murmura Montagard.

– Votre corps vous a tellement déçu ?

– Nous nous entendions bien.

Les yeux de Montagard chavirèrent :

– Maintenant, il me déçoit, ajouta Montagard dans un souffle.

Masson baissa la tête. Jamais Desportes ne l'avait autant déçu. Son insistance enfreignait les règles de la bienséance et de la pudeur. Sans doute Desportes essayait-il de se rassurer.

– Voyez-vous, murmura Montagard gagné par une fatigue de plus en plus grande, je crois en ma femme. J'ai foi dans sa vie. Il n'est pas possible qu'elle ait disparu.

– Accepteriez-vous, dit brusquement Desportes, d'être transporté à l'infirmerie B. J'ai longtemps espéré en l'ouverture du pavillon D. Les travaux n'y sont pas encore achevés. Dès que nous serons en mesure d'y accueillir des malades, vous serez le premier à y être admis.

– Vous n'avez pas à me demander mon avis, répliqua

Montagard d'une voix faible. C'est votre affaire. Qu'est-ce que descendre d'un étage. Je consens volontiers.

– J'attendais de vous plus qu'un consentement, dit Desportes.

– Une absolution ? Vous l'avez. Mais je sais que vous ne serez jamais satisfait.

Desportes se retirait déjà et glissait vers le lit auprès duquel Lebrun était assis.

– Le cas de Lebrun ne pose aucun problème. Bien entendu, lui aussi doit être transféré à l'infirmerie B. Deux autres pensionnaires arriveront ce soir. Ils sont incapables de vivre en dortoir.

Desportes savait que Masson condamnait son attitude. Dans le couloir il saisit le bras de l'interne :

– Je comprends votre indignation, Masson. Je sais combien tout cela est difficile à saisir. Courir à sa perte, soit, mais avancer vers elle pas à pas…

« Nous vivons un temps où les religions meurent. Il faut avoir le courage d'attendre, ajouta-t-il. L'attente sera longue. Il faut compter par siècles. Nous ne pouvons savoir ce que nous apporterait un nouveau Dieu. De toute façon, nous ne le connaîtrons pas. »

Masson était exaspéré par les confidences de Desportes. Il les jugeait inopportunes.

– Je ne partage pas votre opinion, dit-il sèchement.

Le ciel était si bas que la neige semblait proche.

La chambre de l'infirmerie B où se trouve Montagard n'est pas tellement différente de celle qu'il occupait à l'infirmerie A : elle s'ouvre aussi sur un couloir et la disposition symétrique des chambres y est la même. Les odeurs y sont seulement plus fortes et plus tenaces. Aucun lit n'y est plus vacant. Des hommes très maigres y sont étendus. Lebrun a été placé dans une autre chambre.

Le rythme des journées n'a pas changé. Comme tous les pensionnaires sont invalides, les toilettes occupent plus longtemps les aides-soignantes. L'infirmière prend volontiers quelques loisirs et donne des soins d'esthéticienne à ses camarades de travail. Montagard déplore d'avoir perdu Claire.

À l'heure des pansements, les patients présentent leurs fesses à la friction quotidienne à l'alcool. On essaie, comme on peut, de retarder l'apparition des escarres, l'un des fléaux de l'infirmerie.

Montagard ignore tout de ses nouveaux compagnons dont la résignation et le calme sont tout de même surprenants. L'un d'eux, ne pouvant supporter la douleur qui, lorsqu'il est allongé, transperce ses orteils, s'assied chaque nuit sur le bord de son lit. Montagard observe dans la pénombre ce compagnon immobile, silhouette blanche coiffée d'un béret. Pour passer le temps, le vieil homme fume et la flamme d'une allumette éclaire de temps en temps les draps. Des volutes de fumée s'élèvent et se perdent dans l'obscurité de la chambre.

Pourtant, au plus profond de la nuit une vague clarté s'immisce. Il a neigé. D'abord à gros flocons. La neige recouvre la cour et les toits des ateliers de l'hospice. Ces ateliers, Montagard les connaît bien : ils abritent les services d'entretien.

Les plombiers, les plâtriers, les menuisiers y travaillent. Chaque pensionnaire a pu, en se promenant dans la cour, apercevoir, dressés contre le mur, les cercueils qui attendent leurs hôtes. Ce n'est qu'un détail dans l'animation créée par la ronde des métiers, une note plus funéraire que funèbre qui peut, à la rigueur, indiquer à chacun la fragilité du temps et de l'espace dans lequel il se meut. Personne n'y prête attention.

La putréfaction de Montagard progresse. Ses deux talons sont écorchés et l'un d'eux est noirâtre. Ses reins ne tarderont pas à l'être. Il ignore les raisons de son déclin.

Peu à peu, la perception de plus en plus aiguë de ses pertes de substance, de sa désincarnation, l'incline à glisser vers un sentiment d'anéantissement dont il est conscient. Il pressent que tout en lui y concourt. Il se décompose. Il divague.

Au cours des nuits, il pense qu'il est embarqué sur un navire parti pour un très long voyage dont l'équipage a été décimé au fil des mois. Le navire, sans matelots, sans mâture et sans voiles, dérive. Peut-être, est-ce tout l'hospice qui vogue ainsi dans l'ombre. Il aperçoit dans le lointain les lumières d'une ville. Il n'en touchera jamais le port.

Ce balancement le berce et l'apaise. Il se tourne vers la fenêtre et regarde tomber la neige. Tout laisse à penser que sa chute ne sera que passagère. Après les gros flocons qui ont fondu à la chaleur des vitres, le vent a soulevé la neige en tourbillons et l'a fouettée en bourrasques. La pluie maritime n'aurait pas dû tarder. Mais le vent a cessé et la neige est tombée plus drue d'un ciel gris avec un entêtement singulier, dans le silence.

Le froid s'est installé. Des stalactites scintillantes demeurent pendues aux chéneaux de la menuiserie et Montagard entend chaque matin un bruit de pelles et de pioches. On casse la glace sur le sol de la cour et les hommes tracent des passages sur la neige qu'ils saupoudrent de sel.

Pendant la nuit, la limpidité du ciel est celle d'une coupole translucide qui reçoit une lune rouge et un ramassis d'étoiles dures comme du silex. Montagard découvre, à leurs places, les constellations immuables dont il ignore le nom. Lentement son esprit abandonne ses compagnons d'infortune, l'hospice, la terre. Il s'élève peu à peu dans le ciel et ne s'y trouve pas étranger. L'ascension par laquelle il chemine avec peine lui permet d'atteindre la paix où la douleur s'efface. Il monte dans un silence qui recèle en lui-même plus d'une ambiguïté. Il accède à un espace sacré et il se laisse recevoir dans ce refuge. Il appartient au monde et à son ordre.

Qui pose une main sur la sienne ? Il ne sait pas trop si ce contact l'appelle ou le retient. Sa femme serait donc près de lui ?

Le ciel nocturne s'efface, se dilue. Une clarté le foudroie. Maria est là. Les routes de ce temps sont encore poudreuses. La poussière couvre les haies d'aubépins. L'été. Juin, sans doute. Maria est à son côté. Il revient de la guerre. Une musette bat son flanc. Maria porte une fourche sur son épaule. Les foins sont coupés. Des échelles s'appuient aux cerisiers. Maria a noué sous son menton un mouchoir qui couvre sa nuque et ses cheveux noirs. Elle est de plus en plus sèche et aussi noire que l'un de ces grillons qui crissent dans la chaleur de l'herbe rase. Ils marchent côte à côte et ne se parlent pas.

Voilà la porte de la maison ouverte. Les mouches couvrent la table. Un chien clabaude dans le lointain.

Mais on s'empresse dans le couloir de l'infirmerie. Fangio passe. Des conciliabules se tiennent auprès d'un lit. Lorsque tout s'apaise, il est trop tard, trop tôt peut-être. Le jour est là et Montagard ouvre les yeux.

Sa belle-fille a beaucoup espacé ses visites. Montagard est satisfait. Il n'est pas sûr que la pitié existe dans le monde. Seule la solitude est vraie, royale. Sa belle-fille l'a compris.

Il ne possède plus rien. Tout ce qu'il possédait a fondu au cours de son séjour. Une employée, frileuse par ce temps, est venue l'avertir et lui a demandé de répondre à un questionnaire de l'Aide sociale. Le voici tout aussi démuni que les autres. Il a signé comme il a pu.

La pluie maritime est revenue. Les cendres des morts sont emportées par son ruissellement vers l'estuaire et le large. Il fait gros temps sur la côte. Les grains balaient les rues de la ville obsédante que l'océan n'épouse qu'à peine désormais.

Desportes est resté plusieurs jours absent. Il s'est rendu presque contre son gré à l'un de ces congrès où des médecins, des sociologues et des psychologues s'assemblent pour s'entretenir de la vieillesse qui y est mise en accusation. Il est de bon ton de nier qu'elle existe parce que tous en ont peur.

Il est revenu plus sombre que jamais. Où sont, ce matin, les étudiants qui ont passé un an auprès de lui ? Où sont Daniel Manillier, Jean-François Thizy, Pascale Convert, Roland Ladreyt, François Bergeron, Christiane Thomas, Nicole Dumont ?

Il se souvient de la fraîcheur de leurs visages, de leur sensibilité, de leur intelligence. Les filles se sont mariées, les garçons se sont installés. Il ne les voit plus et il aimerait les avoir tous encore auprès de lui.

Il a eu la satisfaction de garder Thérèse Laurencin qui, son stage terminé, est demeurée là et prépare un diplôme. Elle assure les fonctions de troisième interne.

Il revient des pavillons vers l'hospice et songe à ceux qui pourrissent derrière ses murs. Thérèse Laurencin est à son côté.

– Vous avez une chance inouïe, murmure-t-il une fois encore. La chance de vivre une expérience exceptionnelle.

– Quelle expérience ? demande Thérèse Laurencin, menue, vivante, aux grands yeux.

– La chance de connaître la décomposition qui précède certaines morts.

Elle ne répond pas. Desportes ignore encore sa fragilité.

On traverse le jardin d'hiver où poussent les plantes vertes dans la tiédeur humide.

– La pensée que Montagard nous échappe m'est intolérable, dit Desportes.

– D'autant plus qu'on ne sait pas de quoi il va mourir, ajoute Thérèse Laurencin.

Ils traversent la cour. Voici Desportes à son bureau.

Il appelle au téléphone la citadelle administrative. Il aimerait qu'on se hâtât d'ouvrir le pavillon rouge. M. Legrain l'assure que ses préoccupations sont les mêmes que les siennes mais il ajoute que la situation de Montagard est semblable à celle de beaucoup d'autres.

C'est vrai. Desportes ôte lentement sa blouse, s'approche du lavabo et se lave les mains. « Comme Pilate », pense-t-il.

– Il ne reste plus que sept pensionnaires à la Résidence, dit Thérèse Laurencin. Je pense que nous pourrons bientôt la fermer.

Toujours la pluie océanique. Au cours des journées interminables, Montagard reste étendu et brisé. Il écoute. Des bruits de travaux parviennent jusqu'à lui. Il entend des chocs sourds qui se répètent à intervalles réguliers. Il lui semble que le sol tremble et que la masse de l'hospice en est ébranlée. Il lui est impossible d'évaluer la distance. Au nord ! Cela doit se passer entre Saint-Pierre et Saint-Macroix. On doit construire une ville.

Les bruits cessent la nuit et reprennent le matin. Les yeux fixés au plafond, Montagard imagine que des ouvriers à l'aide de merlins enfoncent des pieux dans le sol mouvant de la côte. Il voit la pluie ruisseler sur les suroîts.

Des pas approchent de son lit. Montagard tourne la tête. Il reconnaît Tavernier. Il a perdu sa superbe militaire. Le tissu de son gant noir s'effiloche.

L'intérêt de Montagard s'éveille une fois encore. Il fait un effort.

– Je vais bientôt venir vous rejoindre, confie Tavernier à Montagard. Orsini m'a repéré. L'avant-dernière nuit, je me suis égaré dans la Résidence. J'ai fait du chemin, j'ai ouvert des portes en bas, en haut. Les chambres étaient vides. J'ai circulé. J'avais l'impression d'être éveillé et j'ai vu trois gars. Il paraît qu'il n'y avait personne. J'ai continué à circuler et je croyais être enfermé.

« Tantôt je visitais le grenier, tantôt des couloirs et j'ouvrais des portes qui ne donnaient sur rien. Je n'osais pas appeler. Je rôdais. Des couloirs, des couloirs. Tout à coup, Orsini s'est dressé devant moi. »

– Il n'y a jamais eu de grenier à la Résidence, dit Montagard.

– Je sais, j'ai dû délirer. Je suis venu vers vous parce que vous seul pouvez me comprendre.

Tavernier s'est incliné et sa bouche est proche de l'oreille de Montagard. Il raconte maintenant que de grands chantiers ont été ouverts. On construit une route dont le tracé suit grossièrement la côte. Elle court derrière les dunes. Dans l'arrière-pays se dessine une ville dont les travaux de viabilité ont déjà commencé.

– Bientôt, au nord, l'horizon sera complètement fermé. Nous serons prisonniers.

Montagard interroge Tavernier du regard :

– Le plat pays ?

– Une banlieue.

Les deux hommes vieillis demeurent un moment silencieux et tous deux s'imaginent que ce sera le paysage futur. Une ville entière entourera les pavillons et l'hospice où s'achèvent les destinées humaines.

En fait l'encerclement était accompli mais Tavernier ne pouvait en avoir la notion précise, d'autant plus que les pavillons colorés semblaient conserver un air d'indépendance. Situés au sud de l'estuaire, aucun mur ne les séparait de la ville.

Leur position en surélévation, les routes qui les cernaient ou pénétraient leur aire, les barrières fermées le soir dès huit heures, les panonceaux annonçant leur présence et invitant au silence montraient qu'ils n'appartenaient pas à la cité.

Ils étaient pris entre la ville et l'estuaire et des postes de garde étaient placés à chacune des issues.

Le plat pays ? « Une banlieue », avait répondu Tavernier. Pis ! Il était éventré par l'immense chantier d'un boulevard périphérique circulaire et la construction d'un pont sur l'estuaire. La Résidence était ainsi prise à revers. Marteaux piqueurs, grues, bulldozers. Entre de hautes palissades que couvraient des affiches multicolores, on travaillait de jour et de nuit quand les hauts lampadaires jetaient sur le sol bouleversé et sur l'agitation des hommes une lumière jaune.

Le tracé de ce boulevard rejoignait au nord les routes qui permettaient d'atteindre les supermarchés.

Des immeubles neufs bordaient les avenues. Immeubles de verre destinés à recevoir des banques et des bureaux d'affaires. Par là, l'encerclement n'atteignait pas tellement l'hospice, protégé par ses hauts murs, mais déjà les bâtiments administratifs. Les avenues se dirigeaient vers la route littorale dont les abords étaient entièrement construits. Immeubles, villas, parkings.

Assiégés, ni Tavernier ni à plus forte raison Montagard n'avaient pu se rendre compte de la furie dévastatrice des constructeurs. Seule la dissémination étendue des lumières nocturnes aurait pu la faire entrevoir. Mais Tavernier ne regardait plus l'océan ni le ciel. La ville avait consommé sa perte comme elle avait tué la terre. Il était absent des jours et des nuits.

Montagard se dressa avec peine sur son lit :

– Où en sont vos plans ? demanda-t-il à Tavernier

– Je les ai détruits. Ce que je croyais être des épaves de navire n'étaient que d'anciens blockhaus ayant appartenu autrefois à un système de défense contre un débarquement. Je suis guéri maintenant. Dans ma vie, je n'aurai été qu'un soldat prisonnier.

– Vous vous êtes enfin aperçu que l'océan était vide. Vous n'aviez pas compris que l'invasion viendrait sournoisement par l'intérieur. Et ce ne sont pas des ennemis qui nous entourent. Ce sont des indifférents.

Montagard se tut un instant.

– Ceux qui pensent être le mieux enracinés sont tôt ou tard arrachés à leur condition et plongés dans une terre inconnue, murmura-t-il.

Et il ajouta :

– On ne sait pas ce qui se passe dans les profondeurs.

Cet effort a épuisé Montagard. Il laisse glisser la tête sur son oreiller. La fatigue le submerge. La chambre est chaude et silencieuse. Les autres malades respirent faiblement.

– Voulez-vous être mon ami ? demande Tavernier à Montagard. J'ai admis que je devais dorénavant me résoudre à l'inaction.

Montagard ne l'entend plus. Il ne peut être l'ami de personne et Tavernier s'éloigne puis revient sur ses pas.

– Montagard, crie-t-il, Hortense Ribollet m'a chargé de vous avertir que la petite Eulalie Patricot a été reçue à son certificat de sténodactylo.

Montagard ne répond pas.

Le lendemain, on a retrouvé le corps de Tavernier auprès de la berge de l'estuaire. Il n'était pas mort et on a pu le ranimer. Il a été transporté dans une infirmerie.

– Vous souvenez-vous, a dit Desportes, de cette vieille femme obèse qui était allée se jeter à l'eau parce que je lui avais prescrit un régime amaigrissant ? Je me suis toujours demandé quelle image elle pouvait avoir de son propre corps.

– Je n'étais pas encore là, dit Fangio, mais vous nous avez souvent raconté cette histoire.

– Je ne m'en souvenais plus. Je vieillis moi aussi. Travaillons, ajouta-t-il en s'asseyant à son bureau.

Il était de plus en plus dépassé par le tri auquel il devait se livrer.

– Nous n'avons plus de lits disponibles, dit Mme Blondin, la surveillante en chef. On peut espérer deux décès prochains à l'infirmerie des grabataires. Montagard et Lebrun seront les premiers à occuper ces lits dès qu'ils seront libres. Tous deux sont dans un tel état qu'ils ne s'apercevront de rien. Mais la surveillante du pavillon tilleul a téléphoné pour que nous réservions une place d'hospice à l'une de ses convalescentes. Elle ne peut rentrer chez elle et ses enfants refusent de s'en occuper.

– Tout se complique ! s'écria Fangio. S'il nous faut aussi recevoir des convalescentes qui ont perdu la tête et qui marchent à côté de leurs pantoufles !

La Résidence appela à son tour. L'un des sept survivants venait de faire une chute et Mme Legros pensait qu'il était urgent qu'elle soit transportée dans une infirmerie.

– Allez donc voir, Mlle Laurencin, dit Desportes. Nous ne la prendrons que si la nécessité l'impose.

Des cris parvenaient du couloir :

– Ce sont encore la Créach et la Rosenthal qui se disputent, dit Fangio.

– Vous ne vous rappelez pas que la mère Rosenthal est morte.

– Il en passe tellement !

– Je suis ennuyé pour Montagard, reprit Desportes. Dans combien de temps pensez-vous que le pavillon D sera ouvert ?

Personne ne pouvait répondre à cette question.

Les cris avaient cessé dans le couloir. Une infirmière parut sur le seuil du bureau :

– Nous avons surpris des employées qui soulevaient leurs jupes, des jeunes…

– Et alors ?

– Elles excitaient les vieux. Elles montraient leurs cuisses et ils se…

– Ils se branlaient !

L'infirmière baissa la tête en souriant.

– Qu'est-ce que vous voulez que ça me foute ! cria Desportes. Elles ne se font pas payer au moins ?

– Même pas, dit l'infirmière.

Les pavillons, l'hospice n'étaient plus qu'une cité de vieillards encerclée par la ville.

– Je perds de plus en plus de temps chaque matin pour parvenir jusqu'ici, disait Desportes. Il n'existe pourtant aucune frontière précise mais tout est plus lent.

– Plus vieux, ajoutait Fangio.

– Plus vieux, oui, c'est le mot.

Un matin, alors qu'il dépouillait le courrier, l'attention de Desportes fut retenue par une nouvelle importante. Pour la première fois, on venait de découvrir des cellules anormales dans la moelle osseuse de Montagard. Desportes appela aussitôt ses internes pour leur faire part de ce résultat.

– Pratiquement, le diagnostic est établi.

– Est-ce une victoire ou une satisfaction de l'esprit ? dit Thérèse Laurencin.

Fangio réfléchissait. Il dominait Desportes, assis, de toute la hauteur de sa taille. Le regard de Desportes croisa celui de Thérèse Laurencin que le mot « diagnostic » irritait. Elle pensait que pendant longtemps la mort avait été une chose très simple, acceptée de tous et que personne alors ne songeait à savoir quelle en était la cause. Desportes devina sa pensée :

– Est-ce notre faute si les gens veulent savoir pourquoi ils meurent ? Quant à dire que je retire une satisfaction particulière de cette connaissance, je n'irai pas jusque-là. Dans le cas de Montagard, même si le diagnostic avait été établi de façon plus précoce, nous n'aurions rien pu faire. Le plus curieux est que nous nous sommes conduits comme si nous le savions.

– Nous avons retardé l'échéance, dit Fangio. Nous ne pourrons jamais savoir s'il meurt de maladie ou de vieillesse.

– Vous avez raison, Fangio. Nous sommes tellement habitués à raisonner faussement ! Tout ici-bas est usure et toute vie porte en soi le germe de sa propre destruction tant par son patrimoine héréditaire que par la façon dont elle réagit aux agressions externes ou internes. Tout ce qui nous est permis de penser c'est que la sénescence survient plus ou moins tôt. Les chances données au départ ne sont pas égales et personne n'y peut rien ou presque. Et si vous voulez bien admettre que le cerveau est un organe comme les autres dont la vie et le vieillissement sont intimement liés à des échanges moléculaires accomplis avec plus ou moins de facilité, vous conviendrez que le mot liberté n'a pas de sens.

Masson se montrait impatient. La réalité du monde, songeait-il, n'était-elle qu'un immense brassage d'énergie matérielle où la multiplicité des hasards avait produit l'homme comme un crépitement éphémère et finalement insignifiant de l'être.

Il comprenait que cette vue pouvait être à la fois déchirante et exaltante. Déchirante parce qu'il n'existait pas de beauté, pas de choix, pas de vérité humaine. Exaltante, parce que la pensée était là, malgré tout, et qu'elle permettait à chacun de prendre conscience de sa puissance et de sa faiblesse.

Seulement, à bien y réfléchir, le calcul des probabilités montrait qu'il n'avait existé aucune chance pour que l'accident se produisît. L'homme ne pouvait être que le fruit d'un anti-hasard, c'est-à-dire d'une volonté.

– Je ne vous crois pas, dit-il à Desportes.

– Vous avez tort, Masson. Vous êtes probablement porteur d'un gène qui vous invite à croire en Dieu. Je suis convaincu qu'il existe une constitution physiologique de la Grâce. Vous êtes ainsi fait. Vous êtes un animal religieux. Vous êtes prédestiné et vous n'en êtes pas plus libre.

La chaleur était étouffante dans le bureau. Desportes alla fermer le radiateur.

– Pour en revenir à Montagard, souvenez-vous que son père est mort lui-même d'une longue maladie sur laquelle on ne put jamais mettre un nom.

– Son état a beaucoup empiré, dit Fangio. Les escarres qui avaient paru se stabiliser pendant quelques jours ont repris leur évolution.

– Toujours la même pourriture, dit Desportes en se dressant, excédé.

Il ajouta d'un ton sinistre :

– Ma femme doit prendre deux ou trois semaines de vacances. Elle est très fatiguée. Je le comprends. Accepteriez-vous de venir dîner avec moi l'un de ces prochains soirs au restaurant ?

– Je ne sais pas si je pourrais me libérer, dit Masson que les discours de Desportes avaient piqué.

– Il est vrai, reprit Desportes, qu'il faudra bien que l'un d'entre vous assure la garde. Vous vous arrangerez entre vous. Nous aurons d'autres occasions de nous réunir. De toute façon, nous emmènerons Claire avec nous.

Pendant une semaine, Desportes s'abstint de paraître dans la chambre de Montagard. Comme il aimait les certitudes, il avait demandé à Masson de bien vouloir pratiquer une nouvelle ponction de moelle osseuse.

La réponse du laboratoire vint quelques jours plus tard. C'était une phrase banale et effrayante qu'avait signée une main anonyme : « Moelle particulièrement pauvre. Rien à signaler. »

– Ceci ne prouve rien, dit Masson. Il a suffi que la ponction porte sur une zone plus ou moins désertée pour que cet examen ne confirme pas le premier.

– C'est vrai, reconnut Desportes. Mais nous ne pouvons recommencer de nouvelles recherches sans imposer à Montagard des souffrances inutiles.

Desportes continuait malgré tout à parcourir les résultats communiqués par le laboratoire. Il était déçu. La sonnerie du téléphone retentit :

– Encore des emmerdeurs qui demandent des nouvelles ! Mais pourquoi ne gardent-ils pas leurs vieillards chez eux !

Il saisit le récepteur. En fait, il était en communication avec les bureaux de la citadelle administrative. En un instant il en revit le pauvre ameublement et cet ignoble tableau représentant un vieillard fumant la pipe, la chemise entrouverte, coiffé d'un béret. Son visage s'empourpra soudain. La voix nasillait dans l'appareil.

– Je vous remercie, monsieur le Directeur. Vous m'apprenez une grande nouvelle.

« Mes petits, s'exclama-t-il en posant le récepteur, le pavillon rouge sera mis à notre disposition dans quelques jours. Peu importe qui nous y ferons entrer. »

Il se leva de sa chaise, marcha jusqu'à la fenêtre qu'il ouvrit. Il respira l'air frais à pleins poumons. Très vite, pensif, il revint prendre sa place à son bureau.

– Il me semble, dit Thérèse Laurencin, qu'il serait sage d'y transporter d'abord les malades de l'infirmerie A.

– En somme, les moins atteints, dit Desportes.

– C'est évident. Les malades de l'infirmerie B suivront. Quant aux grabataires, encore faudrait-il les trier. Certains d'entre eux ne supporteraient pas le voyage.

– À propos, quelles nouvelles rapportez-vous de la Résidence ?

– Une chute sans gravité de Mme Latour, l'une des dernières pensionnaires valides.

– En tout cas, je vois que vous êtes parfaitement au courant du jeu des mutations à l'hospice. Vous êtes pleine de bon sens.

Thérèse Laurencin s'insurgea :

– Pas du tout ! Je trouve même votre méthode déplorable.

– Si vous pouvez faire mieux, dit Desportes conciliant, je vous laisse toute liberté.

Il interrogea les autres internes :

– Croyez-vous que Montagard puisse être transporté ?

– Ce sera bien juste, dit Fangio. Pour le moment sa mutation à l'infirmerie C s'impose. Les aides-soignantes se plaignent de ne plus pouvoir le soulever bien qu'il ne pèse plus très lourd.

Fangio avait donné son avis. Il avait esquissé le geste d'un homme robuste qui soulève un corps inanimé ou enraidi échappant à toute prise.

– Allons voir Montagard, reprit Desportes d'un ton décidé.

Ils partirent ensemble. La cheftaine les accompagnait en boitillant. Desportes savait qu'il devait gravir trente marches avant de parvenir à la passerelle qui conduisait à l'infirmerie B. Une brume ténue flottait sur la ville. On entendait dans le lointain la rumeur de l'océan. Le printemps semblait proche. Quelques vieux étaient assis à la terrasse de la cantine adossée à une butte de terrain où des acacias commençaient à reverdir. La flèche d'une grue se profilait derrière la citadelle administrative. Le temps était doux.

Lorsqu'il pénétra dans la chambre, Desportes comprit que ses internes ne lui avaient pas menti. Montagard n'était qu'un squelette recouvert d'une peau parcheminée et semée d'ecchymoses. Il demeurait collé aux draps de son lit par la putréfaction des chairs. Desportes se pencha sur Montagard dont les lèvres étaient sèches et pâles. Ses yeux étaient clos. Jamais, lui semblait-il, il n'avait vu semblable abandon.

– Je viens vous annoncer que le pavillon rouge est ouvert, murmura-t-il.

Les paupières de Montagard s'entrouvrirent puis se refermèrent. Desportes, de l'extrémité des doigts, les rouvrit. La pupille était élargie, l'iris la cernait d'un bleu très pâle, semblable à celui de l'océan à l'heure lucide des belles matinées de septembre. Desportes plongea son regard dans ce puits d'ombre et n'y découvrit rien. La surface ne réfléchissait que son propre visage et le plafond de la chambre.

– M'entendez-vous ? dit Desportes.

Il parut à tous que Montagard essayait de parler. Ce ne fut qu'une impression passagère.

– Il est inconscient, fit Masson.

– Dès lors, rien ne s'oppose à son passage à l'infirmerie des grabataires. Nous verrons ensuite ce que nous pouvons faire.

Lorsque Desportes et les internes s'éloignèrent, Montagard ouvrit les yeux. Il appartenait encore à ce monde mais il n'avait plus rien à dire à quiconque.

Comme M. Legrain l'avait promis naguère, on célébra l'anniversaire de Mme Laroche, la centenaire de l'infirmerie 2, le surlendemain. La famille avait été conviée à cette cérémonie. On apporta des cadeaux : des fleurs, des confiseries. On but du champagne. Mme Laroche consentit à tremper ses lèvres dans une coupe. Des discours furent prononcés par les autorités. Et Mme Laroche qui depuis longtemps ne savait plus son âge fut tout de même enchantée de cette fête bien qu'elle n'en comprît point le sens.

Au début de cet après-midi, on descendit Lebrun, Tavernier et Montagard à l'infirmerie C. Montagard conservait encore assez de lucidité pour ne pas comprendre pourquoi Tavernier appartenait à cette fournée. Il ne pouvait juger aussi bien que des observateurs étrangers de l'état de prostration dans lequel était tombé l'ancien guerrier. Celui-ci n'était plus qu'un vieil homme replié sur lui-même, refusant toute nourriture et n'aspirant qu'à disparaître.

On déposa les trois anciens de la Résidence dans des lits à barrières dans l'infirmerie des grabataires.

Dans sa faiblesse et sa torpeur, Montagard était incapable de dénombrer les gisants de cette salle commune. Elle était vaste, à peine cloisonnée par des murettes basses carrelées de faïence de couleur paille bordée d'un liséré rouge. Du fond de la salle, l'infirmière pouvait surveiller le comportement de chacun. L'agitation y était constante. Beaucoup de grabataires s'efforçaient d'enjamber les barrières des lits au risque de se rompre les os en tombant. Une odeur de putréfaction s'exhalait dans l'air surchauffé de la salle et on devait mettre en marche des vaporisateurs qui projetaient des nuages de produits odoriférants. Des plantes vertes étaient disposées çà et là. Un immense philodendron accrochait ses lianes aux tuyaux du chauffage central.

Jusqu'ici, Montagard avait toujours occupé un lit proche de la fenêtre. Désormais, il se trouvait placé entre un vieux assis sur son lit dont il ne cessait de lisser les draps d'une main décharnée et une forme enraidie dont le dessin de la couverture montrait seul qu'un homme était glissé sous elle.

Il n'était pas facile de s'orienter dans cette infirmerie. Les vitres étaient de verre dépoli pour mettre la salle à l'abri des regards. Cependant, après quelques jours, Montagard parvint à comprendre sa position. Il se trouvait face à l'océan. Il n'en entendait pas le murmure. Tout l'hospice reposait, semblait-il, dans un étrange silence. Nul cri, nul bruit ne parvenait à lui par les dortoirs. Il pressentait pourtant les mouvements de fourmilière de la ville, les formidables dépenses d'énergie, les agitations des supermarchés, les processions de pèlerins et de curistes, les foules se pressant devant les éventaires visqueux de poissons et de coquillages, les verdures des légumes ternis, les quartiers de viande rouge aux étals des bouchers dans l'odeur fade des nourritures terrestres aux couleurs éclatantes.

À certaines heures, l'obscurité de la salle devenait soudain bruyante. Elle était peu à peu gagnée par les cris, les appels, les délires. Plus qu'ailleurs, les promeneurs nocturnes, égarés dans l'ombre, cherchaient à regagner leur lit perdu.

Montagard ignorait où se trouvaient placés Tavernier et Lebrun. Seulement, il entendait parfois la voix de Tavernier qui appelait : « Montagard, Montagard. »

Une nuit, Tavernier était parvenu à se lever. Il avait longtemps erré dans la salle et il était arrivé à retrouver Montagard. Il avait essayé de se glisser dans son lit, à côté de lui. Montagard aurait bien accepté de partager sa couche avec cet enfant. Mais Tavernier avait glissé en se hissant sur le lit et Montagard se souvenait encore des doigts crispés sur son bras. Tavernier était tombé et les veilleurs avaient dû le relever.

Ensuite, le silence avait pesé dans la nuit. Les cris s'étaient tus. Montagard percevait la vacuité des deux infirmeries supérieures de l'annexe. Elles étaient vides et les rats avaient déjà occupé cet abri livré à leurs courses folles et à leurs luttes incessantes. C'était encore la vie.

Montagard ne parvenait pas à mourir et des nuits et des jours passaient dont il était incapable de faire le compte. Le temps était immense et Montagard vivait sa désincarnation dans une quiétude grandissante. Il avait perdu peu à peu la notion du rythme des journées qu'avaient marqué jusqu'ici dans les autres salles les gestes des femmes dont la tâche est de soigner. Il existait pourtant, au cours des matinées, un instant où il appartenait encore à la douleur.

Il est alors couché sur le côté et des mains le maintiennent dans cette position. L'infirmière panse cette immense escarre qui, des fesses jusqu'au dos, n'est qu'une plaie chaque jour plus étendue et plus creuse. Il baigne dans son suintement. Il perçoit l'extrémité de la sonde ou de la pince qui fouille les galeries et se heurte à l'os. La pince saisit entre ses mors des fragments sanieux de chair morte que les ciseaux découpent à la frontière des tissus encore vivants. Alors éclatent et fusent des éclairs douloureux qui fulgurent dans ses jambes et jusqu'à ses orteils. Lorsque la souffrance s'apaise, l'image lumineuse de l'estuaire jaillit dans sa mémoire flétrie. Ainsi la douleur atroce et les instants de repos rythment les alternances du flot et du reflux : pleine mer puis les sables humides et les eaux mortes qu'abandonne le jusant.

La nuit, il se souvient de son passé qui lui apparaît dérisoire. Son temps est révolu, l'heure est proche. La nuit est propice à la connaissance de la désincarnation. Elle le berce et l'isole.

Il balbutie quelques paroles qui ne lui paraissent avoir aucun sens. Il renonce et recommence sans savoir pourquoi. Il glisse dans la paix de son désarroi. Il n'est pas tout à fait seul. D'autres l'ont déjà précédé sur ce chemin vers ce passage : son père, sa mère, son frère, son fils, sa femme, sa femme la plus charnelle des créatures, qui fut sa chaleur et n'est plus qu'une voix. Une seule pensée le retient : la revoir et la toucher à nouveau.

Il ne demande rien si ce n'est d'être reçu dans un sein. Il consent que son corps s'en retourne à la terre qu'il a tant aimée. Il lui doit cette dépouille mais non cette lueur de conscience qui demeure en lui. Il écoute. L'appel qu'il entend n'est pas celui d'une mystique mais celui de la raison. Il croit que l'âme est immortelle parce qu'elle est homogène à l'éternel. Dieu lui est plus nécessaire que lui-même. Il a été, lui, responsable de sa vie. Sa mort ne le regarde pas.

Voici ses mains appuyées par leurs paumes sur le lit. Tout ce qui reste de lui est offert. Une timide pensée l'emporte jusqu'à l'adoration.

Le jour va naître.

Un matin, Masson raconta à Desportes qu'il avait été appelé au cours de la nuit. Tavernier en se penchant à la fenêtre de l'infirmerie avait fait une chute dans la cour de l'hospice. Une chute de deux mètres à peine. Tavernier était mort cependant.

La veille au soir pourtant, Tavernier avait eu un instant d'étrange lucidité. Il avait dit à Masson qu'il ne savait pas ce qu'on allait faire de lui et qu'il redoutait que les autres n'en fussent pas mieux assurés. Les autres, non seulement les autres hommes qui finiraient leur vie comme lui-même achevait la sienne mais aussi ceux qui décidaient dans l'immédiat du destin de tous.

À cet instant, Mme Blondin vint avertir Desportes que M. Legrain l'appelait dans son bureau.

Desportes s'y rendit aussitôt. Il espérait que le directeur était sur le point de lui annoncer une bonne nouvelle. Aussi gravit-il allégrement les marches de pierre qui séparaient l'hospice de la citadelle administrative.

Il prit place en face de M. Legrain dont l'humeur ne lui parut pas excellente.

– Dites-moi, Desportes, j'ai eu tort de vous faire confiance. Je viens de m'apercevoir que la Résidence était presque vide.

Sur la table étaient étalés les plans de la maison de retraite du Hardouin.

– La Résidence n'a plus de raison d'être, répliqua Desportes. Nous ne recevons plus de demandes pour des vieillards valides.

– Pas du tout ! Vous êtes trop exigeant. Je viens de recevoir les demandes d'admission pour deux couples qui me paraissent très lucides et très ingambes.

– Pourrai-je examiner ces impétrants ? demanda calmement Desportes.

– Je pense que c'est inutile. Qu'ils s'installent à la Résidence sous la surveillance d'Orsini et de Mme Legros ; vous verrez ensuite. Je ne peux laisser des lits vacants. Vous ne pensez pas à ce que vous faites !

– Les couples que vous me proposez sont-ils très âgés ?

– À coup sûr. Ils ont besoin d'être dégagés de certaines tâches quotidiennes mais leur état ne nécessite pas de soins.

– J'en doute. Dans quelques mois, il faudra recueillir l'un d'eux dans les infirmeries ou dans les pavillons parce qu'il sera malade. S'ils avaient pu se suffire à eux-mêmes, ils seraient restés chez eux.

« Il faut ou bien que les pensionnaires puissent recevoir des soins sur place, à la Résidence, ou la fermer. »

M. Legrain rougit et son poing s'abattit sur la table. Des piles de dossiers chancelèrent.

– Il n'est pas sain de vouloir recommencer une tâche que l'on sait inutile et inhumaine, murmura Desportes.

– Mais enfin vous ne songez pas à ce que vous dites ! s'écria M. Legrain. Partout s'ouvrent des résidences pour les vieillards.

– C'est une erreur, répondit Desportes.

– La Résidence est mon œuvre et je ne veux pas qu'elle disparaisse. Je fus presque un novateur. Les arrivants l'ont visitée et ils en sont enchantés.

Desportes se tut. M. Legrain s'était emparé d'une règle avec laquelle il se tapotait le bras.

– Les résidences sont une duperie. Lorsque les vieillards sont exilés de leur famille, ils ont besoin d'être entourés par des infirmières, des médecins, même lorsqu'ils sont en apparence bien portants.

– Et pourquoi donc ?

– Parce qu'ils ont peur.

– À vous de les rassurer. C'est votre affaire.

– Donnez-m'en les moyens.

– C'est un ordre, Desportes. Il faut obéir ou vous effacer.

– Je ne m'effacerai pas. Le temps me donnera raison. Permettez-moi de vous dire que vous vivez sur des notions périmées.

Desportes se dressa brusquement et claqua la porte. Il revint vers son bureau. Sa colère était sourde. Il informa Masson, Fangio et Thérèse Laurencin de la colère du directeur.

Masson haussa les épaules.

– Il n'a rien compris, murmura Fangio, accablé.

– Non, dit Desportes. M. Legrain est un homme âgé mais très dynamique. Il faut que son budget soit en équilibre et, pour cela, que les lits soient occupés. Il ignore ce qu'est l'extrême vieillesse. Le plus ennuyeux est que je le crois sincère, de bonne foi, un brave homme.

Masson persifla :

–Vous trouvez ?

– Nous mettrons le temps qu'il faudra pour le convaincre.

Et s'adressant à Thérèse Laurencin :

– Auriez-vous l'obligeance de vous rendre demain ou après-demain à la Résidence pour examiner les deux nouveaux ménages que M. Legrain a accepté de recevoir ?

– Sans votre avis.

– Lorsque Montagard et sa femme sont arrivés à la Résidence, on ne m'avait pas demandé mon avis. Eux aussi étaient très alertes. Je n'avais pas encore l'expérience que nous avons acquise désormais.

Fangio conduisait. Masson assurait le service de garde. Il avait ramené Claire et Thérèse chez elles après le dîner qui les avait rassemblés au restaurant.

À la sortie de Saint-Pierre, ils s'engagèrent sur la route en levée qui dominait légèrement la côte. La nuit était claire, l'océan lointain. Plus de dunes mais une longue prairie à l'herbe rase et, plus loin, une large bande de terre littorale blanchâtre que le flot recouvrait à marée haute. Le sol apparaissait craquelé et sec pourtant. Des lamelles de terre soulevée projetaient leur ombre sous la lune.

On apercevait la frange maritime. La courbure de l'océan s'inscrivait largement sous la coupole du ciel où brillaient les constellations printanières. Le moteur de la voiture ronronnait. Par les glaces abaissées s'engouffrait un air frais. Fangio et Desportes se taisaient et Fangio ne comprenait pas ce qui avait poussé Desportes à lui demander de l'accompagner dans cette promenade nocturne.

Ils traversèrent Anne-la-Marine dont les maisons basses étaient endormies. Derrière eux, la ville avait disparu.

– Continuez, dit Desportes. Nous nous arrêterons avant Saint-Benoît-des-Ondes.

Un mur bas séparait la route de la grève. L'ourlet océanique s'éloigna puis réapparut plus proche.

– Arrêtons-nous là, dit Desportes.

Ils s'assirent tous deux sur le mur. Aucun bruit. La rumeur du rivage ne les atteignait pas.

– Le reflux n'est pas terminé, dit Fangio. La marée basse est à minuit.

Fangio avait mis longtemps à s'habituer au visage ingrat de cette côte. Il en aimait l'aridité, les lignes pures bien qu'à peine distinctes, cette étendue désertique où la terre se confondait insensiblement avec la mer.

– Dans quelques mois, dit Desportes, Masson et vous me quitterez. Je comprends. Il faudra songer à faire votre vie, comme on dit. Je sais que Masson nourrit des projets généreux et qu'il veut partir pour un autre continent. Il exercera la médecine dans la brousse.

« Lorsque vous ne serez plus là, rien ne sera plus comme avant. Vous aurez été mes compagnons durant la transformation de la Maison de Retraite du Hardouin. Il me restera Claire et Thérèse Laurencin. Claire, sans doute, pour longtemps. Mais Thérèse ? »

– Je pense qu'elle vous est attachée.

– Je l'espère et je voudrais qu'elle sût que c'est réciproque.

– Elle le sait, dit Fangio.

– Nous ne la connaissons qu'à peine mais j'aime sa franchise, son intransigeance, sa révolte, son désir obstiné de comprendre, par quoi elle tente de masquer sa fragilité. Je pressens ce qu'elle est. Il me reste à le découvrir. Pour Masson, pour vous, Fangio, cela était facile. Mais pour elle ?

Fangio et Desportes étaient côte à côte et leurs épaules se touchaient presque. La nuit était là et ils demeurèrent un long moment silencieux, à regarder l'océan.

– Je ne tiens pas à partir, dit doucement Fangio.

– Vous resteriez ?

Une bouffée de joie inonda Desportes.

– Je vous remercie, dit-il seulement.

Son esprit travaillait déjà et il se demandait comment il pourrait retenir définitivement Fangio auprès de lui. Peut-être, M. Legrain, devant l'extension des tâches médicales, accepterait-il qu'un nouveau service fût créé dont Fangio assumerait les responsabilités.

Le reflux continuait et un souffle venu de l'océan apportait jusqu'à eux les senteurs fades de la rive découverte par le jusant.

Ils marchaient toujours l'un auprès de l'autre :

– Je verrai ça, dit Desportes à voix basse. Nous avons vécu ensemble une aventure.

– Elle n'est pas terminée, remarqua Fangio. Il reste beaucoup à faire. Seulement, je crains que notre aventure, comme beaucoup d'autres, ne s'ouvre sur rien.

– Je le crains aussi, reprit Desportes. Vous n'ignorez pas, Fangio, que la véritable aventure consiste à assumer le quotidien. Je déteste les prouesses par lesquelles chacun essaie de se prouver à lui-même qu'il existe. Ce n'est que divertissement. Mais on ne sait jamais ce qu'on peut découvrir à l'instant même où nous nous y attendons le moins.

Desportes regarda Fangio. Il lui parut plus grand que d'habitude. La lune projetait son ombre sur la route. Il écrasait le sol sur lequel il marchait.

– Croyez-vous en vos semblables, Fangio ? demanda brusquement Desportes.

– Je crois seulement à quelques-uns d'entre eux. Ce n'est pas rien. C'est même beaucoup et très suffisant.

– Je pense comme vous. Nous n'avons pas eu souvent

l'occasion de parler ensemble comme nous le faisons ce soir.

– J'estime, par exemple, que personne ne remplacera jamais Montagard dans sa singularité.

– Il n'aimait pas l'océan et il avait raison. L'océan représente pour moi le symbole de l'absurdité aveugle. Bêtes comme l'océan, les hautes montagnes, la raison, le bon sens. Inaccessibles et incompréhensibles. Tandis que l'étang, la vallée, les collines, la rivière, la plaine, la mesure…

« Quant à l'exemple, aux exemples, je n'y crois plus. J'ai admiré Sisyphe autrefois. Je ne vois pas où se trouvent dans cette histoire l'honneur et le bonheur. J'avais cru trouver dans ce mythe un équilibre. Je n'ai pas pu m'y maintenir. »

– Vous continuez pourtant et vous faites comme si.

– Peut-être mais sans en tirer gloire ou je ne sais quelle attitude de défi. Je continue parce que ce que je fais est suffisamment imbécile pour me trouver en désaccord avec le monde. Le comportement de cet homme était sans doute aussi stupide que le mien mais je ne suis pas sûr qu'il en était conscient. Moi, je le suis mais je ne suis pas condamné comme il l'était lui-même ou comme il pensait l'être.

– Vous croyez ? dit Fangio.

– Que voulez-vous insinuer ?

– Je suis certain que vous me comprenez.

– Oui et non. Le monde existe, nous y sommes et c'est tout.

– Vous ne vous demandez pas ce que vous y faites ?

– Taisez-vous, dit Desportes.

Ils marchaient comme l'aveugle de l'hospice marchait au long du mur.

– Châtillon, Relevant, murmura Desportes. Montagard qui est arrivé vif ici se trouve à sa perte. Nous aurons accompli le même voyage. Nous sommes partis de terres lointaines pour être réunis près de l'océan. Voyage commun à tous.

– Châtillon, c'est le pays de Montagard, dit Fangio.

– Justement. C'est aussi un peu le mien. J'y ai passé autrefois des vacances dans la maison de mon grand-père. De vraies vacances, comme cela existait autrefois. Puis la maison a été vendue.

« Je voudrais vous raconter une brève histoire, Fangio. Le premier remplacement de médecin que je fis, ce fut à Châtillon. La campagne, des bois, des étangs, des fermes isolées. J'avais été appelé dans la nuit de la Pentecôte dans une ferme proche de cette maison que j'avais habitée autrefois. Ma visite terminée, je voulus aller la revoir. L'orage grondait encore. Il avait plu toute la nuit. Une pluie de larges gouttes presque chaudes. L'aube était proche.

« J'ai poussé la grille du jardin. Les orties, les broussailles, de jeunes arbres l'avaient envahi. Je discernai çà et là des pivoines, des rosiers, des lys en fleurs. Sur l'ancien jardin pétrifié, l'immobilité et le silence étaient absolus. Les oiseaux ne s'étaient pas encore envolés. Je m'étais arrêté et j'attendais je ne sais quoi. Ce que je sais, c'est qu'il me semblait qu'une puissance surnaturelle pesait sur le jardin détruit. La main de Dieu, l'esprit de Dieu, Fangio, et j'ai cru.

« De la terre montait une vapeur humide et tiède et dans ce silence solennel, tout à coup, une branche d'un grand frêne, pesante, gonflée d'eau, a cassé net, s'est détachée de l'arbre dans un déchirement immense dont le son s'est perdu vers l'étang.

« J'étais encore immobile quand un coq a chanté. Une faible lueur commençait à l'est à teinter de safran les nuages en déroute.

« Alors je suis revenu sur la terre et depuis ce matin-là...

– Vous vous trompez, dit Fangio. Vous avez cru seulement au dieu païen des jardins. En tout cas, voilà la raison de votre dilection pour Montagard.

– Si vous voulez. Avouez que j'ai bien mal servi. Quant au dieu païen des jardins, il était plus que cela : une sorte de fusion entre l'esprit saint de la Pentecôte et la chair du paganisme antique.

Ils entendirent le bruit mou de leurs pas. L'océan repartait à l'assaut de la grève.

Tout en marchant, Desportes se souvenait qu'aux temps lointains des dernières reviviscences du paganisme, l'empereur Julien avait commandé qu'on amenât sur les plages proches d'Éphèse des éléphants dans la lumière aveuglante de midi. Les bêtes s'étaient approchées sans méfiance de la mer scintillante. Alors, Julien avait ordonné à leurs conducteurs de leur trancher les jarrets et de leur crever les yeux. Le sang s'était écoulé en minces ruisseaux jusqu'à la mer. Les barrissements des éléphants couchés emplissaient le temps et l'espace.

Jusqu'au soir, Julien avait assisté à leur lente agonie.

Ainsi avait-il voulu célébrer les noces du soleil, de la mer, de la terre et du sang.

Cette image violente fulgura dans l'esprit de Desportes pendant quelques instants.

Il s'arrêta, se tourna vers l'océan et la nuit.

– Nous ne pourrions fêter ici qu'à peine des fiançailles, dit-il à voix basse. Tout y est trop incertain, la lumière, le rivage, les morts et leur poussière humide.

Les vagues grossissaient. Elles roulaient parmi les algues et les coquillages les restes des sépultures.

Ils marchèrent vers le rivage. La nuit était tiède, l'air doux. La même tentation grandissait dans l'esprit de Fangio et de Desportes.

– Si nous nous baignions ? dit Fangio.

Ils se déshabillèrent, coururent jusqu'à l'océan où ils nagèrent côte à côte, nus.

Le lendemain matin, tout était prêt pour recevoir Montagard au pavillon D. Masson, Fangio, Thérèse Laurencin gravirent ensemble les marches qui conduisaient à l'infirmerie C.

Desportes voulait croire qu'il était temps encore. Montagard reposait sur son lit et cette matinée ressemblait à toutes les autres matinées qui avaient coulé sur l'hospice. Le soleil éclairait les murs. Les femmes de service étaient à l'ouvrage et procédaient au change des draps souillés.

Thérèse Laurencin s'était arrêtée près de la porte tandis que les autres s'approchaient du lit de Montagard.

Thérèse ne pouvait faire un pas de plus. Elle observait. Ce qui régnait dans cette salle, ce n'était pas la tempête de la souffrance, celle qui arrache des cris aux torturés, mais le marais des douleurs, pas trop fortes, pas trop faibles, son étendue dans les heures, confuse, diffuse, commune à tous les êtres, une longue plainte monotone qui planait à mi-hauteur de la salle, pas trop haut, pas trop bas, et qui ne rejoignait ni la terre ni le ciel.

Cette souffrance laissait à chacun une conscience suffisante si bien qu'hommes et femmes, encerclés, confondus, savaient qu'ils n'étaient plus que des êtres douloureux et qu'ils n'existaient encore qu'en raison même de cette communauté.

Les orbites de Montagard étaient creuses, les paupières entrouvertes. Une insupportable odeur de putréfaction flottait autour de son corps. La poitrine respirait encore et le cœur battait avec une rapidité singulière. Desportes se pencha et se redressa. Son regard croisa ceux de Masson et de Fangio.

– Laissons-le, dit Masson. Vouloir le transporter au pavillon n'a pas de sens.

– Que voulez-vous dire, Masson ? reprit Desportes. Il m'est arrivé souvent d'être confronté avec des situations qui pouvaient paraître absurdes.

Desportes apercevait par la fenêtre le tertre des pavillons et ses pelouses verdoyantes. Les jardiniers disposaient des fleurs dans les massifs. Devant le centre de rééducation des vieilles femmes se lançaient un ballon sous la surveillance de monitrices.

Les portes du pavillon étaient largement ouvertes. Claire était sur le seuil. Elle paraissait attendre.

– Alors, vous ne m'approuvez pas ? dit Desportes à voix basse.

Les deux internes ne répondirent pas.

Le pouls de Montagard devenait imperceptible.

– Vous avez sans doute raison, dit Desportes. Partons.

Ils abandonnèrent Montagard à son agonie. Une aide-soignante veillait auprès de lui, dans le soleil.

Claire attendait en effet.

– Vous n'avez pas fait transporter M. Montagard ? demanda-t-elle.

– Non, dit Desportes, Fangio et Masson ont estimé que c'était inutile.

Desportes et Claire se trouvaient au milieu du hall parmi les convalescents qui attendaient l'heure du déjeuner. Desportes aperçut sur le visage de son infirmière une expression de regret sinon de désapprobation.

– N'y pensons plus, Claire, dit-il.

Masson, Fangio et Thérèse Laurencin entouraient Mme Gilles, la secrétaire. Le vent soulevait les rideaux aux couleurs vives du bureau vitré. Des mouettes étaient posées sur le toit de l'hospice. Desportes songea que depuis dix ans Mme Gilles travaillait auprès de lui. Il avait pu apprécier la droiture et la discrétion de cette jeune femme menue et brune. Il regarda avec insistance le groupe que formaient ceux qui partageaient avec lui la même fidélité. Il demeura là, un moment, entre la joie et la tristesse.

Claire appelait, frappait dans ses mains pour réunir son monde. Il fallait commencer la visite.

Alors on passa de chambre en chambre, d'un lit un autre lit. Mme Gilles entrouvrit la porte :

– On vient de trouver M. Montagard mort, dit-elle.

– L'aide-soignante l'avait donc quitté ! s'exclama Desportes.

– Pour un instant. Elle avait été appelée auprès d'un autre malade. D'ailleurs, il était inconscient.

Les médecins regagnèrent l'hospice à la fin de la matinée. Ils marchaient, les mains derrière le dos, comme enchaînés. Le jour était lumineux. Le vent apportait jusqu'à eux la puanteur de l'estuaire largement découvert à marée basse. Ils croisèrent Orsini qui se rendait à la Résidence d'un pas alerte.

– Je n'ai pas tenu ce que j'avais promis, dit Desportes à voix basse.

Son pied heurta une pierre. Il trébucha et les internes ne purent s'empêcher de sourire.

Une silhouette féminine se dressait devant eux. Fangio reconnut Marianne. Elle s'approcha.

– Il est mort, n'est-ce pas ? De quoi est-il mort ?

– Nous ne le savons pas, répondit Desportes.

Brusquement le ciel se voila et le soleil disparut. Un coup de vent arracha un store des plus hautes fenêtres de l'hospice presque abandonné.

– Il va pleuvoir, dit Desportes. Où en est Lebrun ce matin ?

– Il ne passera pas le jour, répondit Fangio.

Ce 177e titre du Dilettante a été achevé d'imprimer à 2 222 exemplaires le 17 octobre 2003 par l'Imprimerie Floch, à Mayenne (Mayenne).

Dépôt légal : 3e trimestre 2003.
(58376)
Imprimé en France